Concordia-
Marienstiege
Salzgries
Passauer Pl.
Am Gestade
Schwertg.
Rudolfsplatz
Gölsdorfg.
Gonzagagasse
Franz-Josefs-
47
Gredlerstraße
Taborstr.
Große Mohreng.
Praterstr.
Marienbrücke
Untere Donaustraße
Schwedenbrücke
Donaukanal
Morzinpl.
Salzgries
Fischerstiege
Vorlaufstr.
Marc-Aurel-Str.
Ruprechtsstiege
Ruprechtspl.
Katzensteig
Rabensteig
Seitenstettengasse
Sterng.
D.-Friedmann-Pl.
Salvatorg.
Wipplinger
39
1
Judenpl.
Jordang.
Wipplingerstr.
Schulerg.
Tuchlauben
Hoher Markt
Judeng.
Bauernmarkt
Fleischmarkt
Rotenturmstraße
Griecheng.
Schwedenpl.
Franz-Josefs-
Schwedenpl.
Hafnersteig
Laurenzerberg
Postgasse
Auwinkel
Dominikanerbastei
Wiesingerstraße
27
Fleischmarkt
Kleeblattg.
Landskrongasse
Lichtensteg
Ertlg.
Lugeck
Köllnerhofg.
Grashofg.
Wolfeng.
Drachengasse
Heiligenkreuzerhof
Georg-Coch-Pl.
Rosenbursenstr.
Steindlg.
Tuchlauben
Milchg.
Kühfußg.
Wildpretmarkt
Brandstätte
Bauernmarkt
Kramerg.
Rotenturmstr.
Sonnenfelsg.
Bäckerstr.
Windhaagg.
Barbarag.
Predigerg.
Petersplatz
Jungferng.
Freisingerg.
Jasomirgottstr.
Wollzeile
7
Biberstr.
Goldschmiedg.
Trattnerhof
Graben
Stephansplatz
Essigg.
Strobelg.
14
11
Dr.-Ignaz-Seipel-Pl.
Postgasse
Falkestr.
Bräunerstr.
3
Stock-im-Eisen-Pl.
31
Churhausg.
Domg.
Schulerstr.
Riemerg.
Wollzeile
Dr.-Karl-Lueger-Pl.
Weihburgg.
Durchgang
Kupferschmidg.
Liliengasse
Blutg.
Nikolaig.
Singerstraße
Grünangerg.
44
Weiskirchnerstr.
Plankengasse
Spiegelgasse
Seilerg.
Kärntner Straße
Weihburgg.
Blumenstockg.
Ballg.
Rauhensteing.
Franziskanerpl.
9
Riemerg.
Jakoberg.
An der Hülben
Stubenbastei
Cobdeng.
Parkring
Stubenbrücke
Neuer Markt
Donnerg.
Himmelpfortg.
Seilerstätte
Coburgbastei
Liebenberg
Theodor-
Kl. Ungarbrücke
Gluckg.
Marco-d'Aviano-G.
Tegetthoffstr.
35
Johannesgasse
Schellinggasse
Johannesgasse
Maysederg.
Philharmonikerstr.
Annagasse
Krugerstr.
Seilerstätte
Fichteg.
Stadtparksteg
Stadtpark
Walfischgasse
Herbert-v.-Karajan-Pl.
Fichteg.
Schubertring
Am Heumarkt
Reisnerstr.
Opernpassage
Mahlerstraße
Fichteg.
Kantg.
Beethovenpl.
Kärntner Str.
Max-Weiler-Pl.
Akademiestr.
Kärntner Ring
Schwarzenbergstr.
Christinengasse
Kantg.
Pestalozzig.
Johannesg.
Lothringerstr.
Salesianerg.
Beatrixgasse
Bösendorferstr.
40
Ing.-R.-Sallinger-Pl.
Grimmelshausen-g.
Bayern
Dumbastr.
Canovag.
Schwarzenbergplatz
42
Karlsplatz
Lothringerstr.
Heumarkt
Lisztstr.
Marokkanerg.
Ölzeltg.
Lagerg.
Salesianerg.

Georg Hamann

—

50 x Wien, wo es Geschichte schrieb

Georg Hamann

50 x Wien

wo es Geschichte schrieb

UNBEKANNTES
UNERWARTETES
UNGLAUBLICHES

AMALTHEA

Bildnachweis

Alle Abbildungen stammen aus dem Archiv des Autors mit Ausnahme der folgenden: Mohrenapotheke Wien (11)*, IMAGNO/Österreichische Nationalbibliothek (117, 182, 230), Wikimedia Commons (149), IMAGNO/Austrian Archives (245)
* Der Autor und der Verlag bedanken sich bei Mag. Sylvia Friedrich von der Mohrenapotheke Wien für die freundliche Bereitstellung des Bildes.

Wien-Karten im Vor- und Nachsatz: © arbeitsgemeinschaft kartographie

Der Verlag hat alle Rechte abgeklärt. Konnten in einzelnen Fällen die Rechteinhaber der reproduzierten Bilder nicht ausfindig gemacht werden, bitten wir, dem Verlag bestehende Ansprüche zu melden.

1. Auflage August 2016
2. Auflage Juni 2017

Besuchen Sie uns im Internet unter: amalthea.at

Umschlaggestaltung: Elisabeth Pirker/OFFBEAT
Umschlagabbildungen: Ladislaus Eugen Petrovits: Monumental-Plan der Haupt- und Residenzstadt Wien, 1887 (Ausschnitt) © IMAGNO/Austrian Archives (Cover), Archiv des Autors (Rückseite, Klappe)
Herstellung und Satz: Lothar Bienenstein KG
Gesetzt aus der Minion Pro
Printed in the EU
ISBN 978-3-99050-048-4

Inhalt

Vorwort

Auf spannende und interessante Geschichten zu stoßen, ist in Wien nicht weiter schwierig. Es reicht schon, wenn man aufmerksam und neugierig durch die Stadt spaziert und auf die Denkmäler und Erinnerungstafeln achtet, die in großer Zahl zu finden sind. Auch ein ungewöhnlicher Straßenname kann Geschichte erzählen, ein Grabstein, ein Firmenschild, ein unscheinbares Gemälde in einer Kirche oder ein auf den ersten Blick wenig spektakuläres Ausstellungsobjekt in einem Museum.

Dieses Buch führt an solche Orte und spürt die Geschichten auf, die mit ihnen verbunden sind. In 50 Kapiteln werden sie erzählt, chronologisch vom Hochmittelalter bis ins 20. Jahrhundert. Die Wien-Karten am Beginn und Ende des Buches zeigen die Handlungsorte, wobei die vordere Karte jene im ersten Bezirk, die hintere Karte alle übrigen enthält.

Diese Adressen im Titel jedes Kapitels dienen lediglich als »Aufhänger« für die Geschichten, denn über kunst- und architekturhistorische Details der erwähnten Häuser, Kirchen, Denkmäler und Palais wird im Regelfall nicht viel berichtet. Sie sind auch nicht das Wichtigste, denn lohnenswert erscheint vielmehr die Beschäftigung mit den Menschen, die an jenen Orten gelebt und gewirkt oder auf andere Weise ihre Spuren hinterlassen haben.

Die Auswahl der behandelten Themen war keineswegs einfach, denn für jede einzelne Geschichte, die erzählt wird, mussten mindestens drei andere zur Seite geschoben werden. Viele von ihnen sind im Lauf der Zeit in Vergessenheit geraten, zu Unrecht, wie so manch spannende Entdeckung zeigt: Es sind tragische, kuriose, oft unglaubliche Lebensschicksale, die uns begegnen, wie zum Beispiel jenes der Sklavin Anna Maria Königin, des »Anti-Spiritisten« George Homes oder des verhinderten Napoleon-Attentäters Friedrich Staps. Auch von berühmten Wien-Besuchern wird erzählt, von Hans Christian Andersen etwa, von Zar Peter I., Kalakaua, dem König von Hawaii, und vielen anderen. Kurz: Eine bunte Vielfalt an Persönlichkeiten und Ereignissen bereichert die Geschichte Wiens quer durch die Jahrhunderte, und aus dieser Fülle kann das vorliegende Buch schöpfen.

1 Post aus dem Paradies

Mohrenapotheke, Wipplingerstraße 12

Selbst im frommen Mittelalter, zu einer Zeit also, da Gott im Leben der Menschen allgegenwärtig schien, war es keineswegs selbstverständlich, einen Brief aus dem Paradies zu erhalten. Genau genommen stammte das Schreiben, das Mitte des 12. Jahrhunderts erstmals öffentlich bekannt wurde, nicht direkt aus dem Paradies, aber aus seiner unmittelbaren Nachbarschaft. Wundersam schien es in jenem sagenhaften Land allemal zuzugehen.

Empfänger des Briefes war der damalige byzantinische Kaiser Manuel I., als Absender schien ein gewisser Johannes Presbyter auf, der als »Priesterkönig Johannes« zum Mythos wurde. Heute weiß man, dass es sich bei diesem ominösen Schreiben um den Bericht aus einem Phantasieland handelte, eine geschickte Fälschung, vermutlich verfasst von einem hochgebildeten deutschen Kleriker. Damals jedoch, zur Zeit der Kreuzzüge, wollte man nur zu gerne an die Existenz dieses Priesterkönigs und seines Reichs glauben. Zu verlockend waren die dortigen Zustände, zu schön, um *nicht* daran glauben zu wollen: Johannes sei ein Nachkomme des biblischen Königs Salomo und der Königin von Saba. Seine Paläste bestünden aus Gold und Edelsteinen, seine Untertanen kennten weder Hunger noch Verbrechen. Was aber das Wichtigste war: Johannes sei Christ und er stehe mit seinen Hunderttausenden Soldaten bereit, die Europäer in ihrem Kampf gegen die »ungläubigen« Muslime im Heiligen Land zu unterstützen.

In unzähligen Abschriften verbreitete sich dieser Brief bald in ganz Europa, und Päpste und Monarchen sandten daraufhin Expeditionen aus, um das geheimnisvolle Land zu suchen, in Indien, in China, in Persien. Ab dem 14. Jahrhundert verlagerte sich die Suche nach Afrika, präzise gesagt nach Äthiopien, das damals tatsächlich von einem christlichen Herrscher regiert wurde. Alles war jedoch vergeblich: Der legendenumwobene Priesterkönig und sein Land blieben reine Chimäre.

Der Brief jedoch wurde weiterhin in Abschriften verbreitet, versehen mit diversen Einleitungen, Rahmenhandlungen und Illustrationen. Ab dem 16. Jahrhundert wurde er nicht mehr nur händisch abgeschrieben, sondern – dank der Erfindung Johannes Gutenbergs – in großer Zahl gedruckt. Man konnte mittlerweile zwar nicht mehr ernsthaft an die Existenz des mythischen Landes glauben, immerhin war die Entdeckung, Eroberung und Erschließung der Welt durch die Europäer schon zu weit vorangeschritten. Aber findige Geschäftsleute machten sich völlig legitim einige Details aus dem berühmten Bericht zunutze: War darin nicht auch die Rede von einem großen Fluss, der direkt dem Garten Eden entspringe? Wer von seinem Wasser trinke, so hieß es, könne Unsterblichkeit erlangen. Gab es dort nicht auch wundersame Steine, mit denen man sämtliche Krankheiten kurieren könne? War das Land nicht auch im fernen Äthiopien gesucht worden, dem Land der »Mohren«?

Tatsache ist jedenfalls, dass Apotheker im gesamten deutschsprachigen Raum ab der zweiten Hälfte des 16. Jahrhunderts ihre Geschäfte mit dem Bild des »Mohren« schmückten. Neben der Wiener Mohrenapotheke gab beziehungsweise gibt es eine in Krems, Graz, München,

Die Wiener Mohrenapotheke
um 1900

Berlin, Bayreuth, Breslau, Brieg/Schlesien, Kulmbach/Oberfranken und viele mehr.

Zudem setzte ab dem Hochmittelalter die Verehrung der Heiligen Drei Könige ein (1164 waren ihre angeblichen Gebeine aus dem Heiligen Land in den Kölner Dom überführt worden). Zwar werden sie in der Bibel bloß die »Weisen aus dem Morgenlande« genannt und keine näheren Angaben zu ihrer Anzahl, ihrer genauen Herkunft, ihren Namen und ihrem »königlichen« Stand gegeben, im Laufe der Zeit jedoch sah man in ihnen die Vertreter der damals bekannten Erdteile (Europa, Asien und Afrika), die Jesus, dem neugeborenen »König der Könige«, in Bethlehem ihre Reverenz erwiesen hatten. Da in der Bibel nur Gold, Myrrhe und Weihrauch als Geschenke erwähnt werden, fixierte man die Zahl dieser vornehmen Besucher auf drei.

Schließlich setzte man sie auch mit den drei Lebensaltern gleich, wobei in der christlichen Ikonographie Asien zumeist durch einen Greis, Europa durch einen Mann »in den besten Jahren« und Afrika durch einen Jüngling dargestellt wurde. Letzterem wurde schließlich nachgesagt, die Myrrhe als Geschenk mitgebracht zu haben. Das wohlduftende Harz des gleichnamigen Baums galt seit jeher nicht nur als Räuchermittel und Parfum, sondern auch als Arzneimittel, dessen Anwendung von mehreren antiken Gelehrten erwähnt und beschrieben wird.

Ein gesunder, jugendlicher Afrikaner, der aus seiner Heimat wirksame Medizin mitbrachte – auch das dürfte dem Wiener Apotheker als »Qualitätszeichen« gefallen haben und all seinen Kollegen, die ihre Geschäfte mit dem »Mohren« schmückten.

Die Mohrenapotheke gehört jedenfalls zu den drei ältesten Apotheken Wiens und ist – damals noch unter anderem Namen – seit 1350 bekannt. Ab 1588 hieß sie »in signum aethiopis«, später »ad nigrum hominem« (»Zum schwarzen Mann«) und dann »Zum Äthiopier«. Ihr Standort wechselte im Laufe der Jahrhunderte mehrmals, bevor sie 1906 in die Wipplingerstraße einzog. Und wie vor Hunderten Jahren ist im Schaufenster die Figur eines afrikanischen Jünglings vor paradiesischer Landschaft zu sehen.

2 Rudolf von Habsburg, der ungeliebte Landesherr

Rudolf-Denkmal, Heeresgeschichtliches Museum

So sehr die berühmten Worte »Bella gerant alii, tu felix Austria nube« (»Die Kriege mögen andere führen, du, glückliches Österreich, heirate«) später manches Mal zutrafen, so wenig passten sie auf das 13. Jahrhundert. Rudolf von Habsburg musste als 60-Jähriger noch persönlich mit dem Schwert ins Feld ziehen, um jenes Territorium zu erobern, auf dem seine Nachfolger eine Großmacht errichten sollten.

Über ihn, den Stammvater der österreichischen Habsburger, ist so vieles überliefert worden, dass es schwer ist, sich ein Bild von ihm zu machen. Dutzende Legenden und Anekdoten wurden schon zu seinen Lebzeiten als glorifizierende Propaganda verbreitet, und noch bis weit ins 19. Jahrhundert schrieben ihm wohlwollende Historiker sämtliche Eigenschaften zu, über die ein idealer Regent verfügen sollte: Klug sei er gewesen, weise, gerecht, mutig, volksnah und fromm. Sein Biograf, der berühmte Historiker Oswald Redlich, meinte im Jahr 1903: »Es ist ein helles Bild fast ohne Schatten, das die volkstümliche Überlieferung von Rudolf von Habsburg gestaltet hat. Ein helles Bild, doch ein etwas, man könnte sagen, allzu bescheidenes und idyllisches und ein engbeschränktes Bild, … auch ohne die Härten und ohne die Mißerfolge der geschichtlichen Wirklichkeit.«

Die »Härten« gab es zweifellos in Rudolfs Leben. 1273 zum römisch-deutschen König gewählt, oblag es ihm, dem Heiligen Römischen Reich wieder zu Stabilität zu verhelfen. Er war zum Zeitpunkt seiner Wahl aber keineswegs der »arme Graf« oder das »kleine Lichtlein aus Schwaben«, wie oft behauptet wurde, sondern der mächtigste Herr im deutschen Südwesten, mit ausgedehnten Besitzungen zwischen Bodensee und den Vogesen. »Klein« war er bloß im Vergleich zu seinem Konkurrenten, dem noch viel reicheren, ehrgeizigen Ottokar II. Přemysl, der selbst gerne zum König im Reich gewählt worden wäre.

Ottokar war König von Böhmen, Herzog von Österreich, der Steiermark, Kärntens und der Krain. Da er sich Rudolf nicht beugen wollte,

Rudolf von Habsburg vor dem Leichnam Ottokars nach der Schlacht bei Dürnkrut

verhängte dieser die Reichsacht über ihn, was einer Kriegserklärung gleichkam. Während Ottokar noch seine Truppen sammelte und einen Angriff in Böhmen erwartete, zog Rudolf jedoch nach Wien. Es war Oktober 1276. Es kam zur ersten Konfrontation mit jener Stadt, deren Bewohner noch lange brauchen sollten, bis sie die Habsburgerherrschaft akzeptierten.

Große Teile der Stadtbevölkerung sahen nämlich keinen Grund, sich dem unbekannten, fremden König, dem »Zugereisten« aus dem fernen Westen, so einfach zu unterwerfen. Im Gegenteil: Unter Ottokars Herrschaft hatten die Wiener, vor allem die Patrizier, ein sehr behagliches Leben geführt, die Stadt war mit reichen Privilegien ausgestattet worden, es herrschten Frieden und Wohlstand, der Handel blühte. Hier stand man klar auf der Seite des Böhmenkönigs.

Rudolf verlangte die Öffnung der Tore, andernfalls würde er die Weingärten vor der Stadt verwüsten lassen, er verhängte die Reichsacht über Wien, begann mit der Belagerung. Wochenlang hielten die Wiener dem Habsburger stand, weil aber die Lebensmittel knapp wurden und von Ottokars Entsatzarmee immer noch nichts zu sehen war, musste man schließlich einlenken. Der Widerstand war vorerst gebrochen.

Als er nun endlich eintraf, erkannte auch König Ottokar, dass er gegen den Rivalen nicht bestehen konnte, trafen auf dessen Seite doch immer neue Truppen ein. Zähneknirschend musste er sich unterwerfen, auf Österreich verzichten, Rudolf als König anerkennen und – zu seiner großen Schmach – ausgerechnet von diesem seine Länder Böhmen und Mähren als Lehen empfangen. Er soll, so lautet eine der vielen Legenden, darum gebeten haben, die Belehnungszeremonie in einem geschlossenen Zelt abzuhalten, sodass weder Rudolfs noch seine eigenen Gefolgsleute seinen Kniefall sehen konnten. Rudolf ging darauf ein, ließ jedoch, just in jenem Moment, da Ottokar vor ihm kniete, die Zeltwände öffnen, um den Widersacher in seiner demütigen Pose zur Schau zu stellen (so die ursprüngliche Version der Legende, die historisch wohlgemerkt nicht zu verifizieren ist, in abgewandelter Form jedoch Jahrhunderte später in Grillparzers *König Ottokars Glück und Ende* ihren Niederschlag fand).

Auch über eine zweite, subtilere Demütigung Ottokars wird berichtet: Während dieser nämlich in prächtigem Ornat zur Belehnung erschien, nahm Rudolf, in ein schlichtes, graues Wams gekleidet, auf einem Holzschemel Platz. Vor dem bislang verlachten »armen Grafen« hatte der stolze Böhmenkönig nun zu knien!

Auch wenn diese Geschichten übertrieben oder gar erfunden gewesen sein sollten, so war doch klar, dass zwischen den beiden Männern das letzte Wort noch nicht gesprochen war. Die Feindschaft dauerte an.

Bevor es aber zum neuerlichen Konflikt kam, musste Rudolf die widerspenstigen Wiener zur Räson bringen: Im Frühjahr 1278 flog eine geplante Verschwörung mehrerer Patrizier gegen den Habsburger auf, an ihrer Spitze standen Paltram (mit dem Beinamen »vor dem Freithof«) und Heinrich von Kuenring, Ottokars Schwiegersohn. Der Aufstand konnte im Keim erstickt werden, der Unmut schwelte jedoch weiter. Gerade die Kuenringer sollten noch lange im Widerstand aktiv sein, weshalb sie in der habsburgisch geprägten Geschichtsschreibung schlecht wegkamen und Jahrhunderte hindurch als »Raubritter« diffamiert wurden.

Im August 1278 marschierte Ottokar abermals in Niederösterreich ein, um seinen Widersacher herauszufordern und seine verlorenen Länder wieder in Besitz zu nehmen. Im Marchfeld, zwischen Dürnkrut und Jedenspeigen, fand die berühmte Entscheidungsschlacht statt.

Dass Rudolfs Truppen den Sieg davontrugen, ist bekannt, *wie* sie aber siegten, sorgte damals für einige Irritationen – und zwar bei Freund und Feind! Der Habsburger hielt nämlich einen Teil seiner Reiter in den Weinbergen versteckt und ließ sie während der Schlacht plötzlich von der Seite, aus dem Hinterhalt, Ottokars Armee angreifen. Heute würde man das freilich als kluge Taktik bezeichnen, damals jedoch verstieß eine so »hinterlistige« Art des Kämpfens eindeutig gegen den Ehrenkodex eines anständigen Ritters, weshalb Rudolf große Schwierigkeiten gehabt hatte, überhaupt Kommandeure für diese Truppe zu finden. Ulrich von Kapellen und Konrad von Sumerau, die den Auftrag schließlich schweren Herzens annahmen, fühlten sich sogar bemüßigt, sich bei ihren ritterlichen Kameraden für den Einsatz zu entschuldigen!

Zweiter Wermutstropfen war die Art und Weise, wie man mit König Ottokar verfuhr. Er wurde nicht etwa gefangen genommen und gegen hohes Lösegeld wieder freigelassen (wie es üblich gewesen wäre) – nein, einige österreichische Ritter rissen den bereits Verwundeten vom Pferd und ermordeten ihn.

Auf zahlreichen historisierenden Darstellungen ist König Rudolf zu sehen, der dem toten Feind die letzte Ehre erweist. Tatsächlich ließ er dessen einbalsamierten Leichnam ganze 30 Wochen in der Wiener Minoritenkirche aufbahren, bevor man ihn den Böhmen zur Bestattung überließ. Das war zweifellos Zeichen des Respekts, aber eben *auch* Zeichen des Triumphs, konnte und sollte doch jeder sehen, wer aus dem Krieg siegreich hervorgegangen war – und wer darin den Tod gefunden hatte.

König Rudolf starb 1291 im Alter von 73 Jahren in Speyer, wo er auch begraben liegt. Seine Nachkommen hatten es zunächst nicht leicht, gegen die antihabsburgische Stimmung in Österreich zu regieren, doch bekanntlich legte sich der Widerstand in späteren Zeiten. Die »zugereisten« Schwaben wurden schließlich zu Einheimischen, die mehr als ein halbes Jahrtausend österreichischer Geschichte maßgeblich prägen sollten. Stammvater Rudolf wurde mit zahlreichen Denkmälern gewürdigt, darunter jenem in der Feldherrenhalle des Heeresgeschichtlichen Museums.

3

Die Pest von 1349

Pestsäule, Graben

»Vienna ventosa aut venenosa«, hieß es im Mittelater: »In Wien herrscht entweder der Wind oder eine Seuche.« Tatsächlich sollte es bis weit in die Neuzeit kaum eine Generation von Wienern geben, die von furchtbaren Epidemien oder Pandemien verschont blieb, wie etwa der Ruhr, der Cholera, dem Typhus oder den Pocken. Am gefürchtetsten aber war stets die Pest.

Es begann im Jahr 1347: Ein halbes Jahrtausend war damals bereits vergangen, seitdem in Europa der letzte Pesttote begraben worden war, und nun kehrte die Krankheit plötzlich wieder, schlimmer und verheerender denn je zuvor. Über Handelswege aus Asien und über die Häfen des Mittelmeeres wurden die Erreger eingeschleppt, die sich binnen Monaten über den ganzen Kontinent ausbreiteten, von Haus zu Haus und von einem Bauernhof zum nächsten. 1348 waren weite Teile Italiens, Frankreichs, Spaniens und Englands sowie Kärnten und die Steiermark betroffen, Anfang 1349 wurden die ersten Fälle in Ungarn bekannt und kurz darauf, zu Ostern, erreichte die Krankheit Niederösterreich und Wien.

Sie traf hier auf eine Bevölkerung, die in den Jahren zuvor viel durchgemacht hatte: Eine gewaltige Heuschreckenplage und mehrere Überschwemmungen waren für Missernten und Hungersnot verantwortlich gewesen, dazu kam im Jahr 1348 das schlimmste Erdbeben, das Österreich jemals heimsuchte. Viele Menschen waren geschwächt und hatten keine Widerstandskräfte mehr – doch selbst die Gesündesten konnten dem Angriff der Pestbazillen nichts entgegensetzen.

Die aus heutiger Sicht katastrophalen Wohnverhältnisse in Wien (und allen anderen Städten jener Zeit) waren der raschen Ausbreitung der Krankheit in höchstem Maße förderlich. In den engen Gassen lagen Kot und Abfälle knöcheltief, dazwischen liefen Schweine, Hunde und Geflügel herum – und natürlich Abertausende Ratten, deren Flöhe den Pesterreger auf die Menschen übertrugen.

Mit plötzlich auftretendem, hohem Fieber begann die Krankheit, dazu kamen Schüttelfrost und Gliederschmerzen, bald zeigten sich unter der Achsel, am Hals oder in der Leistengegend eitrige, schmerzhafte Beulen, oft auch dunkle Flecken auf der Haut, woher die Bezeichnung »Schwarzer Tod« stammt. Bei manchen Menschen griff die Krankheit auf die Lunge über und wurde durch blutigen Auswurf und Tröpfcheninfektion noch schneller verbreitet. Die durchschnittliche Lebenserwartung eines an der Lungenpest erkrankten Menschen betrug nur wenige Tage, die Wahrscheinlichkeit, sie zu überleben, lag bei etwa fünf Prozent.

Wer konnte, verließ fluchtartig die Stadt, auch der Landesherr, Herzog Albrecht II., zog sich eilig nach Purkersdorf zurück.

In Wien herrschten nun die Pestknechte, meist eilig aus der Haft entlassene Verbrecher, die gegen hohes Entgelt für Ordnung zu sorgen und die Toten zu bestatten hatten. Sie waren nicht zimperlich; so wird berichtet, dass sie nicht selten plünderten und die Bevölkerung drangsalierten. Ihre Vorgaben waren dennoch streng: Alle Erkrankten sollten möglichst schnell in eines der Siechenhäuser außerhalb der Stadtmauern gebracht werden, wie etwa nach St. Marx oder in das Pestlazarett auf der heutigen Währinger Straße. Wer sich weigerte, sein Haus zu verlassen, wurde darin eingemauert. Um dieser Gefahr zu entgehen, verschwiegen viele Familien, von der Krankheit betroffen zu sein, und legten nachts ihre Toten einfach auf der Straße ab.

Die regulären Spitäler Wiens waren mit der Situation heillos überfordert, und das dortige Personal (sofern es überhaupt noch da war) überließ die Sterbenden meist ihrem Schicksal. Die meisten studierten Mediziner hatten fluchtartig die Stadt verlassen, nur die einfachen Wundärzte waren geblieben. Dazu muss gesagt werden, dass weder die einen noch die anderen eine Möglichkeit sahen, der Katastrophe Herr zu werden.

Noch längst nicht wusste man nämlich von Bazillen und von der Übertragung durch Flöhe oder durch Husten. Eine ungünstige Sternenkonstellation sei verantwortlich für die Pest, so glaubte man vielerorts, und meist wurde die Seuche als direkte Strafe Gottes für das sündige, unsittliche Leben der Menschen verstanden. Wer, wie die hochgebildeten Mediziner, in »wissenschaftlichen« Kategorien dachte, musste sich an die tradierten Schriften der antiken Gelehrten halten, wonach Krankheiten durch vergiftete Luft entstanden, durch »Miasmen«, also üble Dünste. Durch die Haut, so hatten es die Ärzte gelernt, dränge das Pestgift in die inneren Organe und müsse durch Abführmittel oder Aderlass zum Abfließen gebracht werden.

Wenn man die Kranken in Siechenhäusern zu isolieren versuchte, so tat man das nicht etwa, um Ansteckung durch Tröpfcheninfektion und Auswurf zu vermeiden, sondern um sich vor deren »Ausdünstungen« zu schützen. Man beseitigte auch nicht den Abfall in den Höfen, Häusern und Straßen, der den Ratten als Nahrung und Brutstätte diente, sondern bekämpfte bloß den Gestank, der von dort ausging. Durch das Verbrennen von wohlriechenden Hölzern, Kräutern und Harzen hoffte man, die Luft reinigen zu können (die Feuer boten jedoch höchstens den Vorteil, dass die Ratten sich nicht näherten).

An Medizin gab es nichts, das half. Ärzte empfahlen Kräutertinkturen, Priestersalz (gebranntes Salz mit Kräutern vermischt) oder »Theriak«, das seit der Antike bekannte, vermeintliche Heilmittel gegen Gifte aller Art, ebenfalls aus Kräutern bestehend und teilweise mit Opium vermischt. Auch Diäten und Schwitzkuren wurden verordnet und der reichlich seltsam anmutende Rat gegeben, man möge Traurigkeit und Aufregungen vermeiden.

Wenn gar nichts mehr half, wurde gebetet: Zeitgleich mit der Pest trat die religiöse Sekte der Flagellanten auf, die »Geißler«, die kreuz und quer durch Europa zogen, um die Menschen zu tätiger Buße aufzurufen. Gnade und göttlichen Schutz, so proklamierten sie, könnten nur jene erlangen, die sich durch erlebten Schmerz in die Nachfolge Christi begaben. Egon Friedell nannte sie in seiner berühmten *Kulturgeschichte der Neuzeit* eine »Parallelepidemie«, eine »grauenhafte Lawine von Fanatikern, Irrsinnigen und Verbrechern«.

Auch nach Wien kam diese unheimliche Prozession. Hunderte Flagellanten zogen auf die Marktplätze und in die Kirchen der Stadt, um dort öffentlich ihre nackten Oberkörper bis aufs Blut zu geißeln. Dazu sangen sie »Christus war gelabt mit Gallen, Deß sollen in ein Kreuz wir fallen«, umringt von einer hysterischen Menge, die den Weltuntergang nahe glaubte.

Es liegt auf der Hand, dass viele Menschen in ihrer verzweifelten Situation nach Sündenböcken suchten, nach Schuldigen für die vermeintliche Heimsuchung Gottes – und wie so oft in der abendländischen Geschichte traf es die Juden. So wie fast überall in Europa kamen auch in Österreich Gräuelgeschichten auf, diese hätten die Brunnen vergiftet und so die Pest unter die Menschen gebracht, und diese Schauermärchen verbreiteten sich fast noch schneller als die Krankheit selbst. In Krems, Mautern und Mödling kam es zu blutigen Pogromen, bei denen Hunderte Juden dem christlichen Mob zum Opfer fielen. In Wien konnten ähnliche Massaker nur durch entschlossene Drohungen Herzog Albrechts verhindert werden.

Auch die Flagellanten beteiligten sich an den Morden, überhaupt waren sie in ihrem apokalyptischen Erweckungseifer immer radikaler und aggressiver geworden. Dem damaligen Papst Clemens VI. erschien ihr Treiben jedenfalls bald nicht mehr geheuer, weshalb er den Kirchenbann über sie verhängte und sie als Häretiker verurteilte.

Der »Schwarze Tod« wütete noch bis 1353 in ganz Europa und hinterließ menschenleere Dörfer, unbestellte Felder und fast entvölkerte Städte. Rund 25 Millionen Menschen erlagen der Pest, was einem Viertel der europäischen Gesamtbevölkerung entsprach. Auch in Wien gab es kaum eine Familie, die verschont geblieben war.

Dabei war dies erst der Beginn: Ab nun sollte die Pest immer wiederkehren, alle paar Jahre oder Jahrzehnte, bis zu den beiden letzten großen Pandemien, die 1679 und 1713 auch in Österreich wüteten. Die Pestsäule am Graben beziehungsweise die Karlskirche erinnern an sie.

Doch die letzten drei Pesttoten Wiens waren nicht etwa in der Barockzeit zu beklagen, sondern im Herbst 1898! Ein paar Ärzte waren damals im Auftrag der Akademie der Wissenschaften nach Indien gereist, um Pesterreger für Untersuchungen nach Wien zu bringen. Hier infizierte sich der Institutsdiener Franz Barisch bei der Fütterung von Versuchstieren und starb drei Tage später. Zuvor hatte er die junge Krankenschwester Albine Pecha angesteckt, die im Kaiser-Franz-Josef-

Spital nun vom Pestexperten Dr. Hermann Franz Müller behandelt wurde. Trotz größter Sicherheitsvorkehrungen zeigten sich auch bei ihm bald die untrüglichen Symptome der Krankheit.

Ganz Wien befand sich durch die reißerischen Presseberichte in Unruhe, Pestbaracken wurden errichtet, so mancher Bewohner stellte sich auf ein neuerliches Massensterben ein. Doch mittlerweile war ein erstes, wirksames Pestserum entwickelt worden, das aber erst in aller Eile aus Frankreich herbeigeschafft werden musste.

Für Albine Pecha und Hermann Müller kam es zu spät. Müller, der in sicherer Erwartung seines baldigen Todes eine Behandlung durch Kollegen ablehnte, dokumentierte sein Sterben in der Isolierabteilung selbst, schrieb einen Abschiedsbrief an seine Familie und setzte sich schließlich eine tödliche Dosis Morphium. Im Hof 8 des Alten AKH erinnert ein Denkmal an ihn.

Ein Theriakhändler preist die Wirksamkeit seines Mittels gegen Gifte aller Art an, Darstellung aus dem 17. Jahrhundert

4 Das »Malefizspitzbubenhaus«

Mariahilfer Kirche, Barnabitengasse

In der Rauhensteingasse stand bis ins späte 18. Jahrhundert ein düsteres Gebäude mit schweren, eisenbeschlagenen Toren und vergitterten Fenstern, ein Haus, das, so Wilhelm Kisch, »den finstern Geist der Unduldsamkeit und Grausamkeit« vergangener Zeiten verkörperte. Es war das »Amtshaus« von Wien, und so harmlos dieser Name heute auch klingt, so unbehaglich muss manchem früher bei seiner Erwähnung zumute gewesen sein. Seit dem Jahr 1368 war hier nämlich das Hauptgefängnis der Stadt untergebracht, auch »Schergenhaus«und später »Malefizspitzbubenhaus« (von lat. maleficus = Übeltäter) genannt.

Allerdings war ein mittelalterliches Gefängnis etwas anderes als heutzutage, wurde es doch zumeist nur zur Verwahrung eines Angeklagten während des Strafprozesses verwendet. Langjährige Haftstrafen, so wie wir sie kennen, waren bis weit in die Neuzeit eher selten und wurden höchstens über Kriegsgefangene und politische Häftlinge verhängt, die aber nicht in der Rauhensteingasse, sondern im Kärntner Turm eingesperrt wurden (wo heute das Hotel Sacher steht).

Im Regelfall setzte es vielmehr Ehren- oder Leibesstrafen, zum Beispiel Prangerstehen, Auspeitschen oder Brandmarken, und bei schwereren Verbrechen die Todesstrafe. Diese konnte aber nur dann verhängt werden, wenn ein formelles Geständnis des Angeklagten vorlag. Wenn es nicht aus freien Stücken abgelegt wurde, so half man nach. Das Schergenhaus war ebenjener Ort, an dem bis ins Jahr 1776 die »peinliche Befragung« durchgeführt wurde. In den weitläufigen, unterirdischen Gewölben befanden sich nicht nur die lichtlosen Gefängniszellen, sondern auch die Folterkammern des alten Wien.

Es erscheint heute grotesk, aber in einer Zeit tiefer Gottesfurcht und hysterischen Teufelsglaubens war die Folter sowohl den weltlichen als auch den kirchlichen Autoritäten einzige Waffe zur »Wahrheitsfindung«. In der damaligen Vorstellung existierte »das Böse« tatsächlich, es lauerte überall, um die Menschen zu befallen, sie in

Versuchung zu führen und zu Verbrechen anzustiften. Dieses Böse musste mit allen Mitteln bezwungen werden, und die Folter sollte gewissermaßen dazu dienen, den sündigen Menschen von seiner Verstocktheit zu befreien und ihn – nach erfolgtem Geständnis – der Gnade Gottes zuführen zu können. Nach dem Historiker Richard van Dülmen wurde die peinliche Befragung »zum entscheidenden Instrument des Kampfes gegen den Satan«.

Sie wurde keineswegs leichtfertig verhängt und unterlag strengen Regeln. Erst wenn die Schuld eines Angeklagten durch Indizien oder Zeugenaussagen so gut wie bewiesen schien, trat der Freimann (also der Scharfrichter) in Aktion. Oft reichte freilich bereits die Androhung der Folter oder die Präsentation der Folterinstrumente aus, um ein Geständnis zu erreichen.

Es ist auffallend, dass vor allem Männer und Frauen aus ärmeren sozialen Schichten oder auch Ortsfremde der Tortur unterzogen wur-

Das Amtshaus in der Rauhensteingasse mit der Kreuzigungsgruppe (rechts), gegenüber das alte Himmelpfortkloster

den sowie Menschen, die über keinen guten Leumund verfügten. Angesehene Bürger oder gar Adelige wurden zumeist milder behandelt.

Es war sehr selten, aber dennoch möglich, dass ein Delinquent alle Stufen der Folter durchlitt, *ohne* ein Geständnis abzulegen. In diesem Fall – so sah es das Gesetz vor – galt er als unschuldig und wurde freigelassen. Eine Entschädigung für die überstandenen Qualen gab es nicht, vielmehr musste er, der an Körper und Seele Gezeichnete, die Stadt verlassen und feierlich schwören, nie zurückzukehren und keine Rache zu nehmen. Der Grund für die Vertreibung liegt auf der Hand: Durch den körperlichen Kontakt mit dem Scharfrichter, der während der Folter zwangsläufig hergestellt wurde, hatte der Delinquent seine Ehre verloren. Eine Rückkehr ins normale Leben war somit ausgeschlossen.

Die Ehre eines Menschen hatte in früheren Jahrhunderten schließlich eine eminent hohe Bedeutung, bestimmte sie doch den sozialen Status. Obwohl der (bis 1772) »unehrbare« Scharfrichter eine wichtige Rolle innerhalb der Gesellschaft einnahm und für seine Arbeit gut bezahlt wurde, wollte doch niemand in seine Nähe geraten. Bekanntlich musste er im Wirtshaus an einem eigenen Tisch sitzen, hatte in der Kirche den hintersten Platz und durfte nur eine Frau aus einer anderen Scharfrichterfamilie heiraten.

Daraus ergab sich verständlicherweise ein Dilemma, als das Amtshaus, also die Wohn- und Arbeitsstätte des Scharfrichters, im frühen 18. Jahrhundert einem größeren Neubau weichen sollte. Das *alte* konnte zwar ohneweiters von – ohnehin tief auf der sozialen Skala stehenden – Taglöhnern abgerissen werden, aber kein anständiger Maurer, Zimmermann oder Dachdecker hätte sich freiwillig bereit erklärt, am Bau eines *neuen* Gefängnisses mitzuwirken – denn er hätte dadurch seine Ehre verwirkt und sich vor seinen Berufskollegen bloßgestellt!

Die Behörden ordneten deshalb an, dass »alle diejenigen Handwercks-Leute, welche zu einem Hauss-Gebau vonnöthen, Meister und Gesellen« sich am 14. April 1722 im Rathaus einfinden sollten. Ein Stadtrichter ging mit ihnen dann in die Rauhensteingasse und verlas dort feierlich den Magistratsbefehl, wonach die Arbeit am

Neubau für »frey und ehrlich« erklärt wurde. Jeder einzelne Handwerker musste nun vor den Augen aller einen symbolischen Hammerschlag an dem Amtshaus ausführen, sodass »keiner dem andern etwas, bey Leibes-Straff, vorstossen (vorwerfen, Anm.) solle«. Ähnliche Zeremonien fanden übrigens auch bei der Errichtung neuer Galgen statt, in die jeder Zimmermann Wiens symbolisch einen Nagel einzuschlagen hatte.

1776 wurde die peinliche Befragung als Mittel der »Wahrheitsfindung« abgeschafft, auch wenn das Brandmarken, Verstümmeln oder Auspeitschen noch jahrelang als Leibesstrafe praktiziert wurde. Das Amtshaus in der Rauhensteingasse wurde 1785 abgerissen, nur die Kreuzigungsgruppe, die auf alten Ansichten deutlich über dem Tor zu erkennen ist, blieb erhalten und ist heute in einer Nische an der linken Außenwand der Mariahilfer Kirche in der Barnabitengasse zu sehen. Die Figuren zeigen Jesus und die beiden Schächer – als Sinnbild für die gerechte und die ungerechte Strafe.

5 Das Scharlachrennen – woher der Rennweg seinen Namen hat

Rennweg

Herbst des Mittelalters ist eines der berühmtesten Bücher des großen niederländischen Kulturhistorikers Johan Huizinga; es erschien erstmals 1919. Für die Menschen des 14. und 15. Jahrhunderts, so schildert Huizinga darin eindrucksvoll, war das Leben »… eine unaufhörliche Abfolge von Misswirtschaft und Aussaugung, Krieg und Räuberei, Teuerung, Not und Pestilenz« und »… der Druck von Höllenangst, Teufels- und Hexenfurcht hielten ein Gefühl allgemeiner Unsicherheit wach, das wohl dazu angetan war, den Hintergrund des Lebens schwarz zu färben«. Schließlich heißt es: »Es ist eine böse Welt. Das Feuer des Hasses und der Gewalt lodert hoch empor, das Unrecht ist mächtig, der Teufel bedeckt mit seinen schwarzen Fittichen eine düstere Erde.«

Huizinga verwendete treffende und kraftvolle Worte, um die Situation der Menschen zu schildern, und doch dürfen wir keinesfalls annehmen, dass deren Dasein ausschließlich von Kummer und Elend geprägt wurde. Neben verzweifelter Gottes- und Sinnsuche in einer oft feindlichen irdischen Sphäre, neben Askese und Weltabgewandtheit in baldiger Erwartung des Jüngsten Gerichts gab es doch stets auch Übermut und ausgelassene Lebensfreude.

Das populäre Scharlachrennen in St. Marx

Eine ganze Reihe von Volksfesten, von Umzügen, Spektakeln und Spielen sind für das spätmittelalterliche Wien dokumentiert. Da gab es etwa die – nicht zuletzt durch die Neidhart-Sage bekannten – »Veilchenfeste« und die damit verbundene Freude, nach einem langen, entbehrungsreichen Winter endlich wieder blühende Blumen zu sehen. Da gab es die Sommer-Sonnwendfeiern auf dem Hohen Markt, die prachtvollen Adelsturniere am Hof und am Neuen Markt, die bürgerlichen Turniere auf der Brandstätte (das »Bürgerstechen«), die Faschingsumzüge, die Tombolas und das Zielschießen mit Armbrust oder Büchse, es gab das Würfel- und Kartenspiel, das Kegeln und schließlich die Wettbewerbe im Weitwurf schwerer Steine.

Das weitaus berühmteste Volksfest aber bestand in einem Pferderennen, ähnlich jenen in zahlreichen italienischen Städten des Mittelalters (wobei der weltberühmte »Palio« von Siena bekanntlich heute noch stattfindet). Seit dem späten 14. Jahrhundert wurde dieses Wiener »Scharlachrennen« zweimal jährlich vor den Toren der Stadt veranstaltet und daran anschließend ein ebenso populäres Wettlaufen von Männern und Frauen.

Es war kein Fest des Adels, sondern des selbstbewussten Bürgertums, ein Fest der Kaufleute und der Handwerker. Nicht ohne Grund wurde es zeitgleich mit den beiden großen Jahrmärkten abgehalten, die ab Christi Himmelfahrt und rund um den Katharinentag (25. November) für jeweils vier Wochen stattfanden und den Handel in Wien kräftig belebten.

Für Abertausende Zuseher war gesorgt, wenn der feierliche Auszug der Reiter aus der Stadt nach St. Marx begann: Der Stadttrompeter ritt an der Spitze, dahinter die festlich geschmückten Rennpferde, es folgten die Läufer und Läuferinnen, die versammelte Bürgerschaft, die Schützenkompanien mit ihren Fahnenträgern, die Pfeifer und Spielleute und schließlich der Bürgermeister in seinem Galaharnisch, begleitet von seinen Ratsherren.

Auf einer festlichen Tribüne in St. Marx wartete meist bereits der Landesherr mit seinem Hofstaat, der sich das Schauspiel nicht entgehen lassen wollte. Bevor die Reiter mit ihren Pferden losgaloppierten, wurden Wetten auf den Sieger abgeschlossen (manches Mal so hohe, dass sie von der Obrigkeit beanstandet wurden). Die festgelegte Strecke führte über den heutigen Rennweg, der auf diese Weise zu seinem Namen kam, zum Wienfluss und über die Ungargasse zurück nach St. Marx.

Jeder, der zuvor im Rathaus ein Startgeld entrichtet hatte, durfte mit seinem Pferd am Rennen teilnehmen, meist waren es zwischen sechs und 16 Reitern (im Jahr 1515 sogar 39). Dem Sieger winkte keine Geldprämie, sondern ein kostbares scharlachrotes Wolltuch. Im Mittelalter waren Farben von besonderer Bedeutung, konnten sie doch gesellschaftlichen Rang und Ansehen ausdrücken. Das Rot stand besonders weit oben auf der Skala (man denke an das königliche Purpur- oder an das Kardinalsrot), was den Wert des Tuches unterstrich.

Der zweite Preis bestand in einer neuen Armbrust, und wer als Dritter die Ziellinie überquerte, wurde mit einem Trost- oder Spottpreis bedacht: einem Spanferkel (der Ausdruck »Schwein gehabt« hat hier übrigens seine Wurzel, er beschrieb das Glück, gerade noch die letzte Auszeichnung ergattert zu haben).

Nach der Siegerehrung begann der Wettlauf der jungen Burschen, als Letztes folgte jener der Frauen. Es waren dies übrigens die sogenannten »Hübschlerinnen«, Prostituierte, die damals noch nicht so schamhaft versteckt und moralisch verdammt wurden wie in späteren Zeiten, sondern als eigene »Klasse« innerhalb der städtischen Gesellschaft akzeptiert waren. Gerade bei öffentlichen Festen oder feierlichen Einzügen hochgestellter Persönlichkeiten hatten sie etwa als Tänzerinnen ihre fixe Rolle, wurden dafür aus der Stadtkasse bezahlt und anschließend zum Essen eingeladen.

Der Sieger und die Siegerin der Wettläufe bekamen als Preis je ein Stück Barchent, einen teuren Stoff aus Leinen und Baumwolle (die ab dem 14. Jahrhundert aus dem Orient importiert wurde). Ein großes, von der Stadtverwaltung spendiertes Festmahl im Rathaus beendete das offizielle Programm schließlich.

Rund 150 Jahre lang wurde dieses beliebte Volksfest gefeiert, bis ihm die Erste Türkenbelagerung ein Ende setzte. Versuche, es neu zu beleben, misslangen, das letzte »Scharlachrennen« fand 1534 statt.

6 Der Tod eines Bürgermeisters

Am Hof

In der Geschichtsschreibung kommt Wolfgang Holzer zumeist nicht gut weg. Als »demagogisch und verschlagen« wird er bezeichnet, als unsympathisch, derb und taktlos, und je weiter man zeitlich zurückgreift, desto negativer wird die Beurteilung seiner Person. Karl Weiß nannte ihn 1872 in seiner *Geschichte der Stadt Wien* gar »wüthender als Nero, mordsüchtiger als Kain«.

Und tatsächlich tat Holzer alles, um bei Zeitgenossen und Historikern als doppelter Verräter zu gelten, als Hasardeur, der sich auf ein gefährliches Spiel in einer gefährlichen Zeit eingelassen hatte – der Zeit des Bruderzwists zwischen den beiden Habsburgern Friedrich III. und Albrecht VI. Dementsprechend kurz war Holzers Karriere als Wiener Bürgermeister: Nur ein paar Monate lagen zwischen seinem Amtsantritt im August 1462 und seiner Hinrichtung im April des folgenden Jahres.

Holzer war durch den Handel mit Ochsen und Pferden reich geworden. In Wien kaufte er sich mehrere Häuser, er wurde 1452 Münzmeister und bald darauf Mitglied des Stadtrats.

Damals war Friedrich III. Oberhaupt des Hauses Habsburg und seit Kurzem neuer Kaiser des Heiligen Römischen Reichs. Doch seine Macht in den österreichischen Ländern bestand höchstens auf dem Papier, er sah sich bedrängt von allen Seiten, hatte sich mit den Böhmen und den Ungarn auseinanderzusetzen, mit Raubrittern und oppositionellen Adeligen und – nicht zuletzt – mit der eigenen Verwandtschaft.

Sein jüngerer Bruder, Herzog Albrecht VI., war ein ehrgeiziger, aufbrausender und energischer Mann, verfügte somit über Eigenschaften, die dem Kaiser nur selten nachgesagt wurden. Albrecht war mit seiner Funktion als Regent über die Vorlande (also die habsburgischen Besitzungen zwischen dem heutigen Vorarlberg und dem Breisgau) nicht zufrieden, er wollte mehr vom Familienerbe haben. 1458 zwang er mithilfe der dortigen Stände seinen Bruder, ihm auch das Land ob der Enns (Oberösterreich) abzutreten, und schließlich wollte er auch das Land unter der Enns (Niederösterreich) mit Wien.

Friedrich hatte dort viele Feinde, die antikaiserliche Stimmung war nicht zu übersehen. Da er nämlich seine Söldnertruppen nicht mehr bezahlen konnte, zogen diese marodierend umher, plünderten Dörfer und versetzten das Land in Angst und Schrecken. Die Bauern trauten sich nicht mehr auf die Felder und die Kaufleute bangten um ihre Einnahmen aus dem Handel. Viele Wiener setzten daher ihre Hoffnungen auf Albrecht.

In Wien kam es im August 1462 zum Putsch: Bewaffnet drangen 60 Bürger ins Rathaus ein, setzten den gesamten Stadtrat sowie den kaisertreuen Bürgermeister Christian Prenner ab und wählten an seiner Stelle Wolfgang Holzer, den Parteigänger Albrechts.

Dass es dem neuen Bürgermeister nicht an Selbstbewusstsein und Geltungsdrang mangelte, zeigte sich bereits zehn Tage nach seiner Wahl. Kaiser Friedrich, der bekanntlich in Wiener Neustadt residierte, erschien mit seinem Gefolge vor den Stadtmauern Wiens – und Holzer ließ ihn nicht herein! Erst nachdem Friedrich den Rathaus-Putsch seiner Gegner als rechtsgültig anerkannt hatte, durfte er nach drei Tagen in die Stadt einziehen.

War das schon eine veritable Blamage für den Kaiser, so folgte bald darauf eine regelrechte Demütigung: Friedrichs mitgeführtes Söldnerheer konnte abermals nicht von ihm bezahlt werden, weshalb es – kurz vor der Lese – die Weingärten vor der Stadt plünderte. Die Wiener erklärten sich daraufhin offiziell und »von göttlichen rechtens

Der Putsch im Rathaus von 1462

wegen« als nicht mehr an ihren Gehorsamseid dem Kaiser gegenüber gebunden. Ein »Fehdebrief« wurde übergeben. Was folgte, war also juristisch gesehen keine Rebellion, sondern eine Inanspruchnahme des verbrieften Widerstandsrechts, denn Friedrich hatte seine landesherrlichen Verpflichtungen zum Schutz der Wiener Untertanen nicht ausreichend erfüllt.

Anfang Oktober wurde mit der Belagerung der Hofburg begonnen. Zwei Monate lang saß Kaiser Friedrich mit seiner Familie und 200 Mann in der Burg fest, während draußen seine wenigen verbliebenen Getreuen verhaftet und enteignet wurden. Bürgermeister Holzer bereicherte sich dabei schamlos an den beschlagnahmten Vermögen der Geflohenen und Vertriebenen.

Die Situation in der Hofburg wurde kritisch, denn die Nahrungsmittel gingen langsam zur Neige, sodass man gezwungen war, selbst Hunde und Katzen zu essen. Auch wurden die Angriffe immer heftiger. Der kaiserliche Hofdichter Michael Behaim gehörte ebenfalls zum Kreis der Belagerten und schrieb: »Da war ein Schießen gegen das Schloss, dass es in den Lüften toste. Ehe einer ein Ei geschält, hatte er wohl hundert Schüsse gezählt.«

Anfang November kam Herzog Albrecht in die Stadt. Kaiser Friedrich musste endgültig einsehen, dass er die Auseinandersetzung nicht für sich entscheiden konnte. Unter Vermittlung des Böhmenkönigs Georg Podiebrad kam es am 12. Dezember zu einem Waffenstillstand und zu einer Kompromisslösung zwischen den beiden Brüdern: Albrecht sollte Niederösterreich und Wien auf die Dauer von acht Jahren erhalten, musste sich aber verpflichten, dem Kaiser eine jährliche Entschädigung von 4000 Gulden zu zahlen.

Friedrich zog sich widerwillig nach Wiener Neustadt zurück und Albrecht hatte, was er wollte: Niederösterreich – und Wien als Residenzstadt. Alles schien sich in Wohlgefallen aufzulösen, doch das wahre Drama sollte erst folgen.

Herzog Albrecht erwies sich nämlich, nun, da er am Ruder saß, als eitler, strenger und vor allem verschwenderischer Landesherr, der ein unberechenbares Regiment führte. Wer sich erhofft hatte, dass sich unter ihm alles zum Besseren wenden würde, sah sich bitter enttäuscht.

Im Gegenteil, manches wurde sogar schlechter. Papst Pius II. (Friedrichs Freund aus früheren Jahren, Enea Silvio Piccolomini) erließ gegen jene, die an der Belagerung der Hofburg teilgenommen hatten, eine Bannbulle, und der Kaiser sprach die Reichsacht über das ungehorsame Wien aus, das ihn so bloßgestellt hatte.

Bürgermeister Holzer wurde es bald mulmig zumute, denn die wirtschaftliche Situation der Stadt wurde immer prekärer und die Unzufriedenheit wuchs. In seiner politischen Entscheidungsfreiheit sah er sich durch den Herzog beschränkt, das Verhältnis zwischen den beiden Männern war angespannt. Dazu kam die ganz persönliche Angst vor finanziellen Einbußen.

Er, der eben erst dem neuen Landesherrn die Treue geschworen hatte, wechselte also die Seiten. In vertraulichen Gesprächen mit Friedrichs Unterhändlern hatte man ihm Amnestie zugesagt und neue Reichtümer – sofern er mithelfe, Wien wieder dem Kaiser zu unterstellen. Holzer schlug ein.

In der Nacht auf Karsamstag, dem 9. April 1463, ließ er die Stadttore öffnen, um Friedrichs bereitgestellte hundert Reiter und 400 Fußsoldaten einzulassen. Mit ihnen sollte er den Handstreich wagen.

Doch Holzer beging einen schweren Fehler. Anstatt sofort zur Hofburg zu eilen und Herzog Albrecht zu überraschen, veranstaltete er, die Stadtfahne vor sich schwenkend, einen großen Triumphzug durch die Straßen. Doch es war zu früh, um zu triumphieren, wie sich bald zeigen sollte.

Albrecht war rasch gewarnt. Er, der keineswegs bereit war, Wien wieder aufzugeben, stellte sich der Konfrontation und ritt Holzers Zug entgegen. Es kam zu einem heftigen Wortgefecht auf offener Straße, während Albrechts Getreue sich sammelten. Tumult brach aus, Kampf.

Die kaiserlichen Söldner, die offensichtlich nicht so recht wussten, was eigentlich ihre Aufgabe war, wurden von Albrechts entschlossenen Kämpfern und Teilen der Stadtbevölkerung in die Flucht geschlagen; Holzers Haus am Hohen Markt wurde geplündert. Der Bürgermeister hatte seine Position überschätzt: Jene, die ihn einst an die Macht gebracht hatten, kehrten ihm nun den Rücken zu. Er entkam nur mit Mühe.

Zwei Tage später griff man ihn vor den Toren der Stadt auf und machte ihm den Prozess. Herzog Albrecht war verständlicherweise wütend über den Hochverräter, und Holzers trotziges Benehmen während der Verhandlung trug nicht gerade dazu bei, ihm mit besonderer Gnade zu begegnen. Unter Folter sollte er seine Mitverschwörer nennen, doch er blieb standhaft. Dann wurde die Todesstrafe verhängt. Gemeinsam mit fünf Ratsherren und dem gefangen genommenen Hauptmann der glücklosen kaiserlichen Soldaten sollte er am 15. April Am Hof hingerichtet werden. Eine große Menschenmenge versammelte sich dort zur Mittagsstunde.

Das Urteil lautete auf Vierteilung, eine der grausamsten und in hohem Maße entwürdigenden Strafen der damaligen Zeit. Doch als Holzer, der als Letzter an der Reihe war, sah, dass alle seine Schicksalsgenossen gnadenhalber geköpft wurden, glaubte auch er, auf die humanere Enthauptung hoffen zu dürfen. Umso größer war sein Entsetzen, als er beobachten musste, wie der Scharfrichter das Schlachtbrett auflegte. Auf Albrechts Befehl hin wurde Holzer keine Gnade gewährt. Er versuchte aufzubegehren, er bettelte und flehte, er wollte »sterben als ein frommer Christ«, rief er, doch vergebens.

Er wurde lebendigen Leibes zerhackt, seinen Kopf und weitere Teile seines geschundenen Körpers stellte man auf Stangen vor den Stadttoren öffentlich zur Schau, den Rest verfütterte man an die Tiere.

Herzog Albrecht hatte damit die Auseinandersetzung klar für sich entschieden, wenngleich ein weiterer Krieg gegen seinen Bruder Friedrich unvermeidlich schien. Da zeigte sich plötzlich – im Winter 1463 – eine dunkle, nussgroße Beule unter seiner Achsel. Zwei Tage später war er tot. Natürlich machte das Gerücht die Runde, er sei von Friedrichs Getreuen vergiftet worden, doch dürfte es sich tatsächlich um die Pest gehandelt haben, weshalb man seinen Leichnam in aller Eile in der Fürstengruft von St. Stephan bestattete.

Kaiser Friedrich zog nun abermals in Wien ein, dem geltenden Erbrecht nach rechtmäßiger Landesherr, und erließ eine Amnestie für seine einstigen Gegner, die ihm letztlich wieder die Treue schworen. Seine Regierungszeit war weiterhin geprägt von Kriegen und Krisen, doch er überlebte all seine Feinde und schuf die Grundlagen für die kommende Großmacht Österreich.

7 Ulrich Zwingli und die »Artistenfakultät«

Sonnenfelsgasse 19

Die Wiener Universität wurde im Jahr 1365 gegründet, sie ist somit die älteste des deutschen Sprachraums und war – nach Prag – die zweitälteste auf dem Gebiet des Heiligen Römischen Reichs. Rund um den heutigen Dr.-Ignaz-Seipel-Platz befanden sich in lockerer Streulage die universitären Einrichtungen, die Hörsäle und Kanzleien, das Archiv, die Professorenwohnungen und die »Bursen«, die Wohnheime der Studenten.

Um 1500 etablierte sich hier eine in ganz Europa bekannte »Humanistenschule«, die auf den damaligen Landesherrn Maximilian I. zurückging. Dieser, ein großer Freund der Wissenschaften, der Kunst und der Literatur, förderte bewusst die damals »moderne« Strömung des Humanismus und holte einige ihrer berühmtesten Vertreter nach Wien (was die hier ansässigen, noch in der Tradition der mittelalterlichen Scholastik verhafteten Professoren freilich nicht immer gerne sahen).

Zu den neuen Lehrern gehörten etwa der »Dichterkönig« Konrad Celtes, sein fränkischer Landsmann Johannes Cuspinian und die Mathematiker und Astronomen Andreas Stiborius und Johannes Stabius. Sie alle lehrten an der sogenannten »Artistenfakultät«, aus der sich später die Philosophische Fakultät entwickeln sollte. Es handelte sich um eine Art Basisstudium, heute am ehesten mit der Oberstufe eines Gymnasiums zu vergleichen, denn die Studenten begannen hier üblicherweise im Alter von 14 oder 15 Jahren (Lateinkenntnisse waren dafür Grundvoraussetzung, war dies doch Unterrichtssprache). Die sieben »artes liberales« wurden gelehrt, jene Künste und Wissenschaften, die ein Student am Ende seiner Ausbildung beherrschen musste: Rhetorik, Grammatik, Dialektik, Arithmetik, Geometrie, Musik und Astronomie. Nach bestandener Abschlussprüfung erhielt man den Titel eines »Baccalaureus« und konnte sich entscheiden, ob man – bis zur Magisterwürde – weiter an der Artistenfakultät oder an einer der drei übrigen Fakultäten (Theologie, Jus oder Medizin) studieren wollte.

Das Studium an der Wiener Artistenfakultät war um 1500 groß in Mode, immerhin waren die humanistischen Professoren, die Maximilian I. geholt hatte, in Gelehrtenkreisen berühmt und hochgeachtet. Aus ganz Europa kamen die jungen Männer, um deren Vorlesungen zu besuchen.

Auch die Zahl der Schweizer Studenten stieg in jenen Jahren deutlich an. Unter ihnen befand sich ein 15-jähriger Bursche aus dem Kanton St. Gallen, der später (neben Luther und Calvin) als einer der berühmtesten Reformatoren in die Geschichte eingehen sollte: Ulrich Zwingli.

Die Quellenlage ist leider spärlich. Wir wissen nicht, welche Vorlesungen er hörte, welche Prüfungen er ablegte und in welcher der zahlreichen Bursen er wohnte. Sicher ist nur, dass er sich 1498 in Wien immatrikulierte und 1500 nach Basel weiterzog, wo er zwei Jahre später sein Studium mit dem Magistertitel abschloss.

Doch gerade diese spärlichen Eintragungen im Wiener Matrikelbuch sind besonders spannend und geben den Zwingli-Biografen bis heute Rätsel auf. Sein Name wurde für das Wintersemester 1498/99 ordnungsgemäß vermerkt, später jedoch durchgestrichen und mit dem Zusatz »exclusus« (»ausgeschlossen«) versehen.

Tatsächlich war es nicht unüblich, dass eine Universität einen Studenten hinauswarf, wenn er sich eines Vergehens schuldig gemacht hatte. Immer wieder gab es etwa Beschwerden der Wiener Bürger darüber, dass ihre Wein- und Obstgärten von Studenten regelrecht geplündert worden waren, es gibt weiters viele Berichte über Schlägereien mit Handwerksburschen, über Raub, Diebstahl, Majestätsbeleidigung und Verführung verheirateter Frauen. Auch allgemeine Disziplinlosigkeit und Ungehorsam, Verstöße gegen die strenge Kleiderordnung, unerlaubtes Entfernen aus der Universität, Trunkenheit, ja sogar Mord und Totschlag sind dokumentiert. Es stellt sich nur die Frage, *was* von alldem sich Ulrich Zwingli zu Schulden kommen ließ.

Eine Rauferei wäre eine einleuchtende Möglichkeit, immerhin herrschte im Jahr 1499 ein kurzer, aber heftiger Krieg zwischen der Schweizer Eidgenossenschaft und den – mit Maximilian I. verbündeten – Truppen des »Schwäbischen Bundes« (daher die Bezeichnung »Schwabenkrieg«). Den Schweizern gelang es damals, ihre Sonderstellung im Heiligen Römischen Reich zu verteidigen. Dass über diesen Krieg auch unter den Wiener Studenten debattiert wurde, ist höchst wahrscheinlich, ebenso, dass sich unter ihnen zwei Lager bildeten. Dass der junge, patriotische Zwingli bei einer heftigen Diskussion die Fäuste sprechen ließ, ist zumindest nicht ausgeschlossen.

Der reformierte Theologe Erwin Liebert und andere halten es jedoch für wahrscheinlicher, dass die Streichung von Zwinglis Namen erst über 20 Jahre später vorgenommen wurde, zu einem Zeitpunkt also, da er sich als Reformator gegen die römische Kirche gestellt hatte. Durchaus denkbar ist sogar, dass Wiens damaliger Erzbischof Johann Faber dahintersteckte, der erbitterte Feind Zwinglis und entschlossene Gegner der Reformation. Das »exclusus« wäre somit der Versuch gewesen, den Namen des »Ketzers« nachträglich aus der Geschichte der Wiener Universität zu bannen.

Doch die Zeiten ändern sich und seit 1994 erinnert eine Gedenktafel am »domus antiqua«, dem alten Kanzleihaus der Universität in der Sonnenfelsgasse, an jene Jahre, da der berühmte Schweizer in Wien studierte.

Der Schweizer Reformator Ulrich Zwingli, der in Wien studierte

8

Von Kaspar Tauber zur Familie Jörger: hundert Jahre evangelischer Glaube in Wien

Lutherische Stadtkirche, Dorotheergasse, und Kalvarienbergkirche, St.-Bartholomäus-Platz

Man kann nicht behaupten, dass es missverständlich formuliert gewesen sei, an Deutlichkeit mangelte es den Worten Erzherzog Ferdinands wirklich nicht: »Dass niemand solch lutherisch und andere verworfene Lehren … in keinem Weg annehmen, predigen, beschirmen und noch denselben anhängen soll«, hieß es im Edikt vom 12. März 1523. In den Dutzenden Erlässen, die während der nächsten Jahre folgen sollten, klang es nicht anders: Druck und Weitergabe evangelischer Schriften wurden unter strenge Strafen gestellt, auf die Schmähung oder Infragestellung katholischer Dogmen standen Gefängnis, Vermögensstrafen, Verbannung oder Tod. Bürgermeister und Beamte wurden dazu aufgerufen, Denunzianten zu engagieren, die »ketzerische« Umtriebe zu melden hatten, weiters wurden Väter dazu aufgefordert, ihre Söhne zu enterben, sofern diese den neuen Glauben annahmen. Wer nicht zur Beichte und zur Kommunion ging, sollte vom Pfarrer gleich bei der Obrigkeit angezeigt werden, ebenso, wer die kirchlichen Fastengebote nicht einhielt.

Es ist auffallend, dass Ferdinand schon 1528, also nur fünf Jahre später, das Unvermögen (oder die mangelnde Bereitschaft) seiner Behörden feststellen musste, diese Richtlinien auch durchzusetzen. Er erkannte vielmehr ärgerlich, es sei »… augenscheinlich am Tag, dass solche … verdamte Ketzereyen in unsern Landen nicht abgestelt, sondern je länger je mehr einreissen, wachsen und sich mehren, darauss wir abnehmen und spühren mögen, dass … unser vielfältig ernstlich aussgangnes General-Mandat wenig vor Augen gehabt, denselben nachgegangen noch Handhabung gethan« werde. Das Problem war also: Immer weniger seiner Untertanen waren bereit, sich an die Worte des Landesherrn zu halten!

Die lutherischen Lehren waren binnen kürzester Zeit – wie fast überall im Heiligen Römischen Reich – auch in den österreichischen

Erblanden auf fruchtbaren Boden gefallen. Durch evangelische Prediger, durch Studenten, fahrende Handwerker und Kaufleute und durch die vielen gedruckten Bücher und Flugschriften wurden Luthers Thesen rasch verbreitet. Sie fanden begeisterte Aufnahme.

Die Missstände innerhalb der katholischen Kirche waren damals so gravierend geworden, dass sich große Teile der Bevölkerung den klaren, einprägsamen und allgemein verständlichen Lehren Luthers (oder anderer Reformatoren) zuwendeten. Manche scheuten dabei auch nicht den Tod – sofern sie nur ihrem Gott und ihrem Glauben treu bleiben konnten: Im September 1524 etwa wurde der wohlhabende und angesehene Wiener Bürger Kaspar Tauber dazu verurteilt, im Büßergewand vor dem Stephansdom öffentlich seine lutherischen Überzeugungen zu widerrufen. Doch zum Schrecken seiner Bewacher begann er plötzlich, sich lautstark vor der versammelten Menschenmenge zu rechtfertigen und darauf hinzuweisen, dass er mit keinem einzigen Wort gegen göttliches Gebot verstoßen hätte! Er habe ein reines Gewissen und wolle vor ein unabhängiges Gericht gebracht werden, sagte er selbstbewusst. Der Chormeister von St. Stephan, der ihn zu beaufsichtigen hatte, versuchte, ihm das Wort abzuschneiden: »Tauber, ihr seyt nit zu predigen, sunder zu widerruffen da hergestellet!«, sagte er und warnte: »er soll sollich rede unterlassen, er werdt sein Sach damit nit gut machen.«

Als Tauber jedoch fortfuhr, sich zu verteidigen und aus der Bibel zu zitieren, brachten ihn die Wachsoldaten eilig fort. »Das meiste Volk«, so berichtet uns ein Chronist, »lief mit ihm, während der Chormeister … schrie, man solle doch dableiben und ihm zuhören, wie nun er an Taubers Statt die Widerrufartikel verlese.«

Kaspar Tauber wurde daraufhin ein weiterer Prozess gemacht, wegen Ketzerei und Ungehorsamkeit der Kirche gegenüber. Er selbst kam dabei nicht zu Wort.

Nachdem das Urteil verlesen worden war, wurden die anwesenden Ratsbürger aufgefordert, es zu bestätigen, doch unter ihnen machten sich Unruhe und Ärger breit, ihre Sympathien schienen bei Tauber zu liegen: »Do murmelten die Herren und Kaufleut mit sambt andern beysteenden volck, und sprachen, … worüber sollen wir zeugknusz geben? Wir haben euer urtail nit verstanden, weyl ihrs in Latain geredt … habt.« Auch Tauber verstand kein Latein, doch erfuhr er bald auch so, wie es um ihn bestellt war: Er wurde zum Richtplatz auf die Gänseweide geführt, wo man ihn enthauptete und seinen Leichnam anschließend verbrannte. Dem Priester, der ihm zuvor die Beichte abnehmen sollte, hatte er geantwortet: »Laßt mich in Frieden, schafft eure Sache, ich habe Gott, meinem himmlischen Vater, gebeichtet, und wenn ich noch achtzigtausend Seelen hätte, wären sie alle durch diesen meinen Glauben zu der Gnade Gottes geborgen.« Eine Gedenktafel in der Lutherischen Stadtkirche erinnert an ihn.

Der junge Erzherzog Ferdinand (erst ab 1531 gewählter römisch-deutscher König Ferdinand I., ab 1558 Kaiser) schien zu jener Zeit tatsächlich überfordert zu sein, er sah sich mit Problemen konfrontiert, für die es keine einfachen Lösungen gab. Er war ein frommer, überzeugter Katholik, und er verstand es als vordringliche Aufgabe, seine Untertanen vor der gefährlichen »Ketzerei« Luthers, Zwinglis und vor allem der Täufer schützen zu müssen. Für die Untertanen nämlich, diesen, wie er schrieb, »armen unverständigen und ainfälltigen unwissenden Christenmenschen«, sah er sich als Landesherr vor Gott verantwortlich.

Andererseits konnte er auch nicht allzu radikal gegen die Evangelischen vorgehen, immerhin brauchte er deren finanzielle und militärische Unterstützung im Kampf gegen die Türken, die bekanntlich 1529 erstmals Wien belagerten und kurz darauf die Steiermark bedrohten (»Der Türk ist der Lutherischen Glück«, hieß es daher damals zu Recht).

Auch erkannte er durchaus, dass die römische Kirche in einer tiefen Krise steckte, ja, dass diese Krise überhaupt erst die Ursache von Luthers Erfolg gewesen war. Er bemühte sich daher, etwa die seelsorgerische Arbeit durch besser ausgebildete Priester neu zu beleben. Doch es gab fast keine mehr! Die Reformation hatte bereits alles durchdrungen, auch die Pfarren und die Klöster: Viele Kirchen waren verwaist, viele Priester und Mönche lebten mittlerweile mit Frauen zusammen, viele Nonnen hatten ihre Ordenshäuser verlassen. Wie hatte es Paul Speratus, der berühmte evangelische Theologe, 1522 im Stephansdom gepredigt? – »daß es tausendmal besser sey, frischlich und unverzagt aus dem Closter auszuspringen und göttlich zur Ehe zu greiffen, denn teuflisch sündigen im Closter« (er wurde freilich gleich darauf aus Wien verjagt).

Ferdinand wurde mit zunehmendem Alter realistisch genug, um zu erkennen, dass er mit blanker Gewalt nicht viel ausrichten konnte, da er nicht einmal auf seinen Adel und seine Beamtenschaft bauen konnte, die selbst zu einem großen Teil dem lutherischen Glauben zuneigten (gegen die Täufer jedoch ging er stets mit aller Härte vor, rund 600 wurden unter seiner Regentschaft zum Tode verurteilt).

Im Jahr 1555 willigte er als Stellvertreter seines Bruders Karls V. (der damals noch die Kaiserwürde innehatte) in den berühmten »Augsburger Religionsfrieden« ein. Für die Evangelischen war es ein großer Moment, erstmals waren sie nun offiziell als Kirchengemeinschaft im Heiligen Römischen Reich anerkannt.

Ab diesem Zeitpunkt erlebte der Protestantismus in Österreich einen weiteren Aufschwung. Vor allem das Bürgertum und der niedere Adel wechselten fast geschlossen auf die Seite der Evangelischen. Wien, das in der zweiten Hälfte des 16. Jahrhunderts knapp 80 000 Einwohner zählte, war beinahe zur Gänze evangelisch (die Schätzungen schwanken zwischen drei Viertel und sieben Achtel der Bevölkerung).

Als Ferdinand im Jahr 1564 starb, waren die Hoffnungen der Protestanten besonders groß, regierte doch nun dessen Sohn Maximilian II., der offen mit der neuen Konfession sympathisierte. Tatsächlich erlaubte er dem Adel bald die ungehinderte Ausübung des Glaubens auf eigenem Grundbesitz. Doch ging er nie so weit, Österreich offiziell evangelisch zu machen. Er hatte seinem Vater Ferdinand versprechen müssen, selbst katholisch zu bleiben, und setzte nun auf Verständigung und Ausgleich zwischen den beiden christlichen Lagern. Eine religiöse Spaltung wollte er jedenfalls verhindern.

Gestritten wurde damals genug: Im niederösterreichischen Landhaus in der Herrengasse (heute »Palais Niederösterreich«) gerieten die katholischen und die evangelischen Herren und Ritter regelmäßig in Rage, weshalb Maximilian 1571 streng vor einem »Friedensbruch« im Hause warnte: »daß sich Niemand, wer der auch sein mag, unterstehe, in oder vor diesem befreiten Landhaus die Wöhr zu blössen (also den

Degen zu ziehen, Anm.), oder balgen und zueschlagen, noch zu romorn.« Wer dem zuwiderhandeln sollte, werde »an Leib und Leben nach Ungnaden bestraft«.

Doch Maximilians Regierung dauerte nur zwölf Jahre; sein Sohn Rudolf II. führte ab 1576 ein strengeres, deutlich katholisch geprägtes Regiment. Mit einem Mal war es nun aus mit den evangelischen Predigten, die der berühmte sächsische Theologe Josua Opitz im Saal des Landhauses für seine Wiener Glaubensbrüder hatte halten dürfen, er wurde aus der Stadt verjagt.

Zu dieser Zeit stieg die Bedeutung von Hernals als neuem Zentrum des Protestantismus.

Das kleine Dorf am Alsbach gehörte damals der angesehenen Familie Geyer von Osterburg, die in Nieder- und Oberösterreich begütert war und sich schon früh dem lutherischen Glauben zugewandt hatte. Am heutigen Bartholomäusplatz stand ihr Rittersitz, das »Schloss«, gleich daneben befand sich die alte Hernalser Pfarrkirche.

Das »Auslaufen« der Wiener Protestanten nach Hernals

Schon 1548 hatten die Herren von Geyer evangelische Prediger aus Deutschland kommen lassen, um hier Gottesdienste abzuhalten. Zu Tausenden strömten die Wiener nach Hernals. Als unter Kaiser Rudolf II. die Gegenreformation einsetzte und 1577 alle evangelischen Messen, Taufen und Hochzeiten verboten wurden, stieg die Zahl der Menschen noch weiter an! Hanns von Geyer hielt sich nämlich nicht an die kaiserlichen Verbote und ließ weiter predigen. Da die Behörden die Hernalser Kirche amtlich gesperrt hatten, stellte er den großen Saal seines benachbarten Schlosses zur Verfügung, und wenn der Andrang der Menschen gar zu groß war, wurde vom Erker herab unter freiem Himmel gepredigt.

Das Selbstbewusstsein der Protestanten war so groß, dass sie am Ostermontag 1578 sogar die versiegelten Kirchentüren aufbrachen, um ihr Gotteshaus wieder in Besitz zu nehmen. Kurz: Trotz aller Strafen und Verbote ließen sich die Wiener nicht davon abhalten, nach Hernals »auszulaufen«, wie es hieß.

Auch nachdem Geyer seinen Grundbesitz 1587 an die Freiherren von Jörger verkauft hatte, änderte sich nichts, denn auch die Jörger waren evangelisch. Einer der ihren, Christoph II., hatte einst sogar bei Martin Luther persönlich studiert, andere Familienmitglieder waren mit dem großen Reformator in brieflichem Kontakt gestanden. Die Hernalser Kirche blieb jedenfalls trotz aller behördlicher Warnungen für evangelische Gottesdienste geöffnet und mehrere bedeutende Prediger wurden aus Deutschland eingeladen, hier zu wirken.

Doch je mehr Jahre vergingen, desto deutlicher zeigten sich die Auswirkungen der katholischen Gegenreformation: Neben all den geschilderten Verboten und Drohungen wurde gleichzeitig versucht, die Menschen auch auf positive Weise wieder zur alten Kirche zurückzuführen. Der skandalöse Ablasshandel etwa – immerhin einst Auslöser für Luthers Aufbegehren – war mittlerweile abgeschafft, die Ausbildung von Priestern deutlich verbessert, die Liturgie reformiert und die viel kritisierte Ämteranhäufung vieler Bischöfe verboten worden.

Mit dem 17. Jahrhundert setzte unter Kardinal Melchior Khlesl die »Klosteroffensive« ein, im Zuge derer zahlreiche Orden in Wien angesiedelt wurden, Orden, die ihre spirituellen und seelsorgerischen Aufgaben endlich wieder ernst nahmen. Vor allem die Jesuiten, die schon von Ferdinand I. nach Wien berufen worden waren, erwiesen sich als tatkräftige und engagierte Kämpfer für die Rekatholisierung des Landes. Mit einem Wort: Die Zahl der Protestanten sank tatsächlich.

Die Mehrzahl der nieder- und oberösterreichischen Adeligen blieb jedoch bei ihrem evangelischen Glauben und konnte 1608 dem neuen Landesherrn Matthias (Rudolfs jüngerem Bruder) jenes Recht wieder abtrotzen, das sie einst unter Kaiser Maximilian schon gehabt hatten: das Recht auf freie Religionsausübung auf eigenem Grund und Boden. Auch das »Auslaufen« der Wiener Bevölkerung nach Hernals wurde nun wieder offiziell erlaubt.

Doch 1618 eskalierte die Lage in Böhmen. Der berühmte »Prager Fenstersturz« führte zum endgültigen Bruch zwischen den evangelischen Ständen Böhmens und ihrem König Matthias. Der Dreißigjährige Krieg war die schreckliche Folge.

Helmhard von Jörger erklärte sich mit den aufständischen Standesgenossen in Böhmen solidarisch – so wie es die übrigen evangelischen Adeligen Österreichs auch taten. Doch sie überschätzten ihre Position. Nach der Schlacht am Weißen Berg 1620 griffen die siegreichen Kaiserlichen hart und rücksichtslos gegen alle Protestanten durch, die Zeit der Komprisse war endgültig vorbei. Auch Jörger wurde als Rebell in den Kerker geworfen, seine Güter konfisziert. Man fällte das Todesurteil über ihn, doch wurde er 1625 begnadigt.

Der Kaiser – mittlerweile war es Ferdinand II. – zog Hernals als Lehen ein und schenkte es dem Domkapitel von St. Stephan. Das Verbot evangelischer Gottesdienste wurde nun hart durchgesetzt: Wer sich nicht zum katholischen Glauben bekannte, musste das Land verlassen. Das wehmütige Gedicht eines Vertriebenen lautete: »Nun muss ich dich verlassen/hernals du Gottes Saal/Da wir beisammen saßen/in Freuden manichmal/Unter des Höchsten Schutze/Und seinen Flügeln breit/Wider des Satans Trutze/Im Frieden lange Zeit.«

Den Jörgern ging es nun wie so vielen anderen evangelischen Familien jener Zeit: Manche ihrer Familienmitglieder blieben ihrem Glauben treu und gingen ins Exil, andere wurden wieder katholisch und passten sich den neuen Zeiten an. Letztere waren wieder hoffähig und hatten die Möglichkeit, Karriere unter den Habsburgern zu machen.

Ihr ehemaliger Besitz Hernals wurde jedoch zu einem Zentrum der Gegenreformation ausgebaut, zu einem katholischen Wallfahrtsort. Noch während des Dreißigjährigen Krieges wurde neben der alten Pfarrkirche auf Anregung der Jesuiten eine Grabeskirche errichtet, die durch sieben Stationskapellen entlang der Straße mit Wien verbunden war (eine dieser Kapellen ist heute noch erhalten, an der Außenmauer der Alser Kirche in der Schlösselgasse).

Nachdem Hernals und seine beiden Kirchen während der Zweiten Türkenbelagerung fast völlig zerstört worden waren, entschloss man sich im 18. Jahrhundert zum Bau eines Kalvarienberges, der später durch die heutige große und prächtige Kalvarienbergkirche erweitert wurde.

An die Jörger erinnert heute noch die gleichnamige Straße, wobei diese freilich nicht nach einem der evangelischen Familienmitglieder benannt wurde, sondern nach Johann Quintin Jörger, der 1624 auf die Welt kam. Als Katholik machte er unter Kaiser Leopold I. große Karriere als Diplomat und niederösterreichischer Statthalter.

9 Das »Sühnhaus« der Büßerinnen

Franziskanerkloster St. Hieronymus, Franziskanerplatz

So mancher Stadthistoriker des 19. Jahrhunderts fühlte sich bemüßigt, dermaßen moralinsauer über die Prostitution des Mittelalters zu schreiben, dass es mehr über die Heuchelei seiner eigenen Gegenwart aussagt als über die vermeintlich losen Sitten von einst. Doch auch damals, im 13., 14. oder 15. Jahrhundert, stand man dem käuflichen Sex mit einer eigenartigen Ambivalenz gegenüber, denn einerseits sah man zwar Unkeuschheit als Todsünde an, andererseits wollte man nicht auf die Steuereinnahmen verzichten, die die »Frauenhäuser«, also Bordelle, einbrachten.

Schon 1278 wurden »gemeine weiben« im Strafgesetzbuch König Rudolfs erwähnt, und es ist mit Sicherheit davon auszugehen, dass es sie bereits früher gab. Ihre Arbeit sei zwar »unwirdig«, doch stellte man sie dennoch ausdrücklich unter obrigkeitlichen Schutz: »Wer sie aber laidigt (etwas antut, Anm.), den sol der Richter puezzen (strafen, Anm.) nach des rates rat.«

Die ersten nachweislichen Bordelle wurden Mitte des 14. Jahrhunderts etabliert, zwei befanden sich im Bereich des Theaters an der Wien, eines am Tiefen Graben, ein weiteres am heutigen Minoritenplatz. Sie standen unter herzoglicher Aufsicht und hatten der Gemeinde einen wöchentlichen Pachtzins zu entrichten (mit diesem Geld wurde übrigens der Scharfrichter bezahlt). Die »freien Töchter«, »Hübschlerinnen«, »schönen Frauen« oder wie immer sie genannt wurden, bildeten damals eine eigene gesellschaftliche Klasse und nahmen bei städtischen Festen und Umzügen ganz offiziell teil (vgl. Kapitel 5).

Im Jahr 1384 wurde durch großzügige Spenden mehrerer Wiener Bürger das »Seelhaus« oder »Büßerinnenkloster« am heutigen Franziskanerplatz gegründet. Es sollte jenen Prostituierten Aufnahme bieten, die ihr bisheriges Leben ändern wollten und sich, wie es damals hieß, »vom offenen sundtigen unleben zu dem allmechtigen got puß und pezzerung begeben wellent«. Wilhelm Kisch schrieb 1883 salbungsvoll: »Doch so wie in der Natur für jedes Gift auch ein Gegengift besteht, so gab es auch in jener Zeit für die gemeinen Laster der Ausschweifung einen Bekehrungsort, wo die reumüthigen Sünderinnen ihre Zuflucht fanden.«

Dem »Büßerinnenkloster« stand eine Meisterin vor, die Frauen kleideten sich in eine eigene, züchtige Tracht aus schlichtem Sackleinen, schliefen in Gemeinschaftssälen und fanden sich mehrmals täglich zu Gottesdiensten und Gebeten ein. Dennoch waren sie keineswegs echte Nonnen, sie mussten sich zwar zu Gehorsam verpflichten, nicht jedoch zu lebenslanger Keuschheit und Armut. Das hieß, sie konnten jederzeit das Kloster verlassen, um zu heiraten. Bis dahin standen sie allerdings unter der Aufsicht von Schwestern des Magdalenerinnenordens, die ebenfalls hier im Hause wohnten. Dieser Orden tauchte erstmals 1220 in Frankfurt auf und verbreitete sich binnen kurzer Zeit in weiten Teilen Europas. Von Päpsten und Bischöfen eifrig gefördert, arbeiteten die Magdalenerinnen an der Bekehrung von »gefallenen« Frauen.

Tatsächlich waren ihre Schützlinge, die »Büßerinnen«, bei den Wiener Bürgern als Ehefrauen sehr begehrt und auch die Obrigkeit sah es gerne, wenn Heiraten zustande kamen. Schon Papst Innozenz III. hatte im Jahr 1198 allen Männern, die ehemalige Dirnen zur Frau nahmen, vollkommenen Ablass ihrer Sünden zugesagt.

Mit größter Deutlichkeit wurde in diesem Zusammenhang festgestellt, dass etwa ein Handwerker, der eine jener Frauen ehelichte, dies »an Ehre und Schimpf und seines Ansehens und seiner Rechte in der Zeche oder Zunft unbeschadet« tat. Wem es also einfallen sollte, einem solchen Mann etwas Schlechtes nachzusagen, musste mit strenger Strafe rechnen, ebenso wurden abfällige Bemerkungen über die Frauen geahndet: »Wer die frawen unpillich betruebet oder leidigt«, hieß es, sollte »an leib und gut« bestraft werden.

In ihr altes Leben als Prostituierte durften die Büßerinnen nicht zurückkehren, denn dann drohte ihnen der Tod: Ein Fall ist dokumentiert, da eine solche Frau aufgegriffen und in der Donau ertränkt wurde. Selbst bei geringeren Verstößen, wie etwa dem unbefugten Verlassen des Hauses, wurde eine harte Strafe verhängt: die Verbannung aus der Stadt. Der spätere Kaiser Friedrich III. intervenierte im Jahr 1450 persönlich zugunsten einer gewissen Martha Elbl, die daraufhin gnadenhalber wieder ins Haus eintreten durfte.

Das »Seelhaus« war eine sehr reiche Anstalt. Nicht nur, dass es von sämtlichen Steuern und Abgaben befreit war, es wurde auch durch Schenkungen und Testamente großzügig bedacht, wie etwa mit ausgedehnten Weinbergen in Grinzing und Nussdorf sowie einem großen Garten in der späteren Leopoldstadt. Darüber hinaus standen ihm die Einnahmen einer Badestube am Rabensteig zu, und ab 1480 erhielten die Frauen sogar das Recht, in ihren Räumlichkeiten Wein auszuschenken (das schrieb zumindest der stets exzellent recherchierende Publizist Siegfried Weyr 1968).

Mehrmals konnte das Seelhaus daher umgebaut und erweitert werden und nahm bald fast den ganzen Häuserblock zwischen Franziskanerplatz, Weihburggasse, Seilerstätte und Singerstraße ein. An-

Eine Bordellszene aus dem 15. Jahrhundert

stelle der ursprünglich kleinen Hieronymuskapelle entstand eine große gotische Kirche.

In der ersten Hälfte des 16. Jahrhunderts begann allerdings der Niedergang der Anstalt. Die Ideen der Reformation fanden, wie überall, auch hier begeisterte Aufnahme, und immer mehr Frauen verließen das Kloster. Ein offizieller Bericht aus dem Jahr 1543 kam zum Urteil, dass unter den letzten acht Verbliebenen von tätiger Bußfertigkeit nicht mehr die Rede sein konnte, im Gegenteil: Von zügellosen Vorgängen und Sittenlosigkeit wurde berichtet.

Vor allem die damalige Meisterin Juliane Kleeberger sorgte durch ihr ausschweifendes Leben für Aufsehen und Ärger. Sie lebte offen mit einem Mann zusammen, noch dazu mit einem Priester, der selbst die gemeinsame Trauung vollzogen hatte. Um ihr aufwendiges Leben zu finanzieren, verkauften die beiden nach und nach das Klostereigentum. Regelrechte Orgien sollen sich bald hier abgespielt haben, denn Kleeberger – so erzählten manche der Frauen dem eifersüchtigen Geistlichen – dürfte auch noch einige Liebhaber gehabt haben. Als der Skandal immer weitere Kreise zog, schritten die Domherren von St. Stephan ein. Eines Nachts wurde das Paar verhaftet. Kleeberger ließ man kurz darauf wieder frei, sie starb wenige Jahre später im Seelhaus. Was mit ihrem Mann geschah, ist nicht bekannt.

Auch noch 1566 wurden obrigkeitliche Klagen über »allerley Leichtfertigkeit, Unzucht, Trunkenheit und Völlerei« bei den Büßerinnen laut, doch war ihr Haus ohnehin bald verwaist. Nachdem kurze Zeit ein Waisenhaus für Mädchen im Gebäude untergebracht war (die »Jungfrauenzuchtschule«), übergab man Kloster und Kirche dem Orden der Franziskaner, unter denen es sein heutiges Aussehen erhielt.

10 Ein Elefant in Wien

Schloss Kaiserebersdorf

Zweifellos gibt es Tiere, die man eher mit Wien zu assoziieren bereit ist als Elefanten, und doch behauptet zumindest ein Exemplar dieser Gattung seit knapp 500 Jahren seinen Platz in der österreichischen Kulturgeschichte. 1552 kam er im Gefolge Erzherzog Maximilians, des späteren Kaisers Maximilian II., von Spanien nach Wien.

In der Literatur wird dieser Elefant zumeist Soliman genannt, doch ist sein Name neueren Erkenntnissen zufolge nicht eindeutig belegt. Gepasst hätte er freilich hervorragend, er sollte nämlich, so heißt es, den damaligen Hauptfeind des christlichen Abendlandes, den türkischen Sultan Soliman (Süleyman), verunglimpfen, jenen Mann, der 1529 vergeblich versucht hatte, Wien zu erobern, und gegen den nun – gut 20 Jahre später – immer noch gekämpft wurde. Doch auch der politisch unverfängliche Name Beppo ist zu finden, der im Wienerischen zu Bepperl oder Pepi wurde.

Erzherzog Maximilian, der Sohn Ferdinands I., lebte einige Jahre in Spanien, am Hof der dortigen Habsburger-Verwandtschaft. Verheiratet war er seit 1548 mit seiner Cousine Maria (der Tochter Kaiser Karls V.). Als er im folgenden Jahr zum designierten Nachfolger seines Vaters als König von Böhmen gewählt wurde, beschloss er, mit seiner Familie zurück nach Wien zu ziehen.

Zur gleichen Zeit etwa erhielt Marias kleine Schwester Johanna von ihrem Bräutigam, dem König von Portugal, ein besonderes Geschenk: einen zwölfjährigen Elefantenbullen aus den portugiesischen Kolonien in Indien. 1550 kam dieser aus Goa in Lissabon an. Johanna ihrerseits hielt es offenbar für eine gute Idee, dieses exotische Tier an ihren Schwager Maximilian weiterzuschenken. So geschah es schließlich, und der Erzherzog sollte in seiner österreichischen Heimat noch viel Aufsehen mit diesem Geschenk erregen.

Im Oktober 1551 schiffte sich Maximilian mit seiner Frau, seinen beiden kleinen Kindern, einem großen Gefolge und dem Elefanten nach Genua ein.

Dort wartete bereits eine Abordnung des böhmischen Adels, die ihn als ihren künftigen König feierlich begrüßte und den Zug von nun an ein gutes Stück der Reise begleitete. Maximilians Gefolge war damit auf rund tausend Personen angewachsen, dazu kamen die prächtigen Kutschen und Sänften, die Transportwagen, die Reit- und Lasttiere – und als unbestreitbarer Höhepunkt der Elefantenbulle. Wo immer dieser prunkvolle Zug vorbeikam, sorgte er (und insbesondere das mächtige Tier) für enormes Aufsehen.

In Trient errichtete man ein riesiges hölzernes Gerüst in Elefantenform, aus dem bei Maximilians Einzug ein prächtiges Feuerwerk gezündet wurde. Chronisten und Dichter schrieben über das wundersame Wesen, und Maler und Kupferstecher verewigten es sowohl auf Papier als auch auf mancher Hauswand entlang der Reiseroute.

Durch das winterlich verschneite Hochgebirge ging es über Brixen (wo heute noch das Hotel »Zum Elefanten« steht) nach Innsbruck und auf dem Wasserweg weiter nach Passau. Donauabwärts gelangte man über Linz (auch dort steht noch das »Elefantenhaus« am Hauptplatz) schließlich nach Wien, wo man Anfang März 1552 eintraf.

Der offizielle feierliche Einzug Maximilians fand allerdings erst Wochen später statt. Durch das Kärntnertor führte der Weg die Kärntner Straße entlang, um über Graben und Kohlmarkt zur Hofburg zu gelangen. Tausende Menschen standen dicht gedrängt am Straßenrand, mit einer Mischung aus Neugier und Furcht vor dem noch nie gesehenen Tier. Kamele hatte man schon früher bestaunen können, selbst Löwen sollen in Wien zuvor ausgestellt gewesen sein, aber ein Elefant war eine echte Sensation!

Nichts konnte die Menge mehr fesseln als jenes »seltsame Ungethüm, … schwarz und schwerfällig, mit langgestreckter, gräulicher Nase, weit hinaufgekrümmten, ungeheuern, aber in blendender Weiße glänzenden Hauern«, heißt es in einer späteren Darstellung. Es soll niemand Geringerer als der berühmte Leibarzt Ferdinands I., Wolfgang Lazius, gewesen sein, der die ängstlichen Leute von der Ungefährlichkeit des Tiers überzeugen konnte.

Beim Rossmarkt, wo sich heute der Stock-im-Eisen-Platz befindet, stand damals ein großes Haus, das den Graben in Höhe der Dorotheergasse an seiner östlichen Seite abschloss und nur zwei schmale Gassen als Verbindung in Richtung St. Stephan frei ließ. Bei diesem Haus kam es zu einem Zwischenfall, als ein fünfjähriges Mädchen durch das Geschiebe und Gedränge niedergestoßen wurde und direkt vor die mächtigen Füße des Elefanten fiel. Dieser hob es jedoch – so ist es überliefert – sanft mit seinem Rüssel auf und reichte es seiner erschrockenen Mutter in die Arme zurück. Der Vater des Mädchens, ein hoher landesfürstlicher Beamter namens Anton Gienger, soll daraufhin an der Außenwand des Hauses ein großes Relief mit dem Bildnis des Elefanten und einer Inschrift auf Deutsch und Latein anbringen haben lassen. (Dass Letzteres tatsächlich existierte, ist sicher, ob es Gienger war, der es in Auftrag gab, jedoch nicht.) Der deutsche Text lautete:

> Dieses Tier heisst ein Elephant, Welches ist weit und breit bekannt, Seine ganze Gröss, also Gestallt Ist hier gar fleissig abgemallt, Wie der König Maximilian Aus Hispanien hat bringen lan (lassen, Anm.) Im Monat Aprilis fürwar, Als man zelt 1552 Jahr.

Als das Relief später stark verwittert war, ersetzte man es durch ein Fresko, das seinerseits im ausgehenden 18. Jahrhundert übertüncht wurde. Das Haus riss man schließlich in der zweiten Hälfte des 19. Jahrhunderts vollends ab, so wie auch das zweite, weniger bekannte Wiener Elefantenhaus in der Kärntner Straße 47.

Im Bereich des heutigen Stadtparks soll der Elefant für einige Zeit öffentlich zu besichtigen gewesen sein, bevor er nach Kaiserebersdorf gebracht wurde. Das kaiserliche Lustschloss lag weit draußen vor den Toren Wiens und wurde – so wie Schloss Neugebäude – von Maximilian II. sehr geschätzt. Er ließ die alte Anlage ausbauen und brachte im weitläufigen Park die erste Menagerie unter, in der bald auch Löwen, Kamele, Bären, Luchse und andere wilde Tiere gehalten wurden. Jahrzehnte später übersiedelte diese Menagerie nach Neugebäude, und erst Mitte des 18. Jahrhunderts wurde der Tiergarten Schönbrunn eingerichtet.

Der Elefant – ob er nun Soliman oder Pepi hieß – verbrachte in Kaiserebersdorf seinen Lebensabend. Am 18. Dezember 1553 verendete er

»incuria rectoris«, durch eine Unachtsamkeit seines indischen Pflegers (und nicht »im Hof des Rektors«, wie ein lange tradierter Lesefehler eines lateinischen Textes nahelegte).

Auch ein toter Elefant stellte damals freilich noch einen großen Wert dar, weshalb Maximilian die Haut sorgsam ausstopfen ließ und seinem Schwager, Herzog Albrecht V. von Bayern, schenkte. Während der alliierten Luftangriffe im Zweiten Weltkrieg, brachte man das Präparat in einem feuchten Münchner Keller unter, wo es letztendlich verschimmelte. Aus den verwertbaren Resten der Haut stellte man Schuhsohlen her.

Ein Teil Solimans ist jedoch erhalten geblieben: Maximilian II. schenkte einige Elefantenknochen dem ehemaligen Wiener Bürgermeister Sebastian Huetstocker. Dieser ließ die Knochen zu einem Stuhl zusammenfügen und mit reichen Gravuren und einer ausführlichen Inschrift über die Geschichte des Elefanten versehen. Mehrfach vererbt und weiterverkauft kam der Stuhl schließlich in den Besitz des oberösterreichischen Benediktinerklosters Kremsmünster, in dessen Kunstkammer er noch heute zu besichtigen ist.

Der Einzug Maximilians und seines Elefanten in Wien

11

Europa wird bunter – Carolus Clusius in Wien

Schloss Neugebäude und Wollzeile 10

Die Allee, die von der Simmeringer Hauptstraße zum Haupteingang des Urnenhains (beim Krematorium Wien) führt, besteht aus Kastanienbäumen. Das wäre nicht weiter bemerkenswert, immerhin zählt die Rosskastanie zu den beliebtesten Park- und Alleebäumen in ganz Europa. Dass der Baum allerdings gerade von hier, vom einstigen Gelände des Schlosses Neugebäude, seinen Erfolgszug durch den Kontinent antrat, ist weniger bekannt. Und nicht nur das: Jener Mann, der Ende des 16. Jahrhunderts die Kastanie in Österreich einführte, kultivierte auch andere Pflanzen, die heute wie selbstverständlich überall in Europa wachsen –Tulpen, Flieder, Iris, mehrere Narzissenarten und letztlich auch die Kartoffel.

Charles de l'Ecluse, genannt Carolus Clusius, kam 1573 als neuer Präfekt der kaiserlichen Gärten nach Wien. Maximilian II. hatte ihn eingeladen, einen medizinischen Garten anzulegen und die heimische Flora zu erforschen und zu bereichern.

Clusius war damals 47 Jahre alt, also kein ganz junger Mann mehr. In halb Europa kannte man den Universalgelehrten aus dem niederländisch-burgundischen (heute französischen) Arras. Seine ausgedehnten Studienreisen hatten ihn nach Gent, Löwen und Marburg, nach Wittenberg und Paris geführt, er hatte Philosophie, Sprachen, Rechtswissenschaften und vor allem Medizin studiert. Besonders die Pflanzenwelt faszinierte ihn. Die »Kräuterkunde« war damals noch auf das Engste an die Medizin gekoppelt und eben erst dabei, sich als eigene naturwissenschaftliche Disziplin (Botanik) zu etablieren.

Clusius leistete für diese Entwicklung Grundlegendes. Bloß das Wissen der antiken Gelehrten zu zitieren, war ihm nicht mehr genug, er wollte die Pflanzen vielmehr in ihrer natürlichen Umgebung studieren, wollte die – oftmals nur abergläubisch überlieferte – heilende Wirkung bestimmter Pflanzen überprüfen, wollte bislang wenig beachtete Blumen, Kräuter und Bäume beobachten, sammeln und wenn möglich in

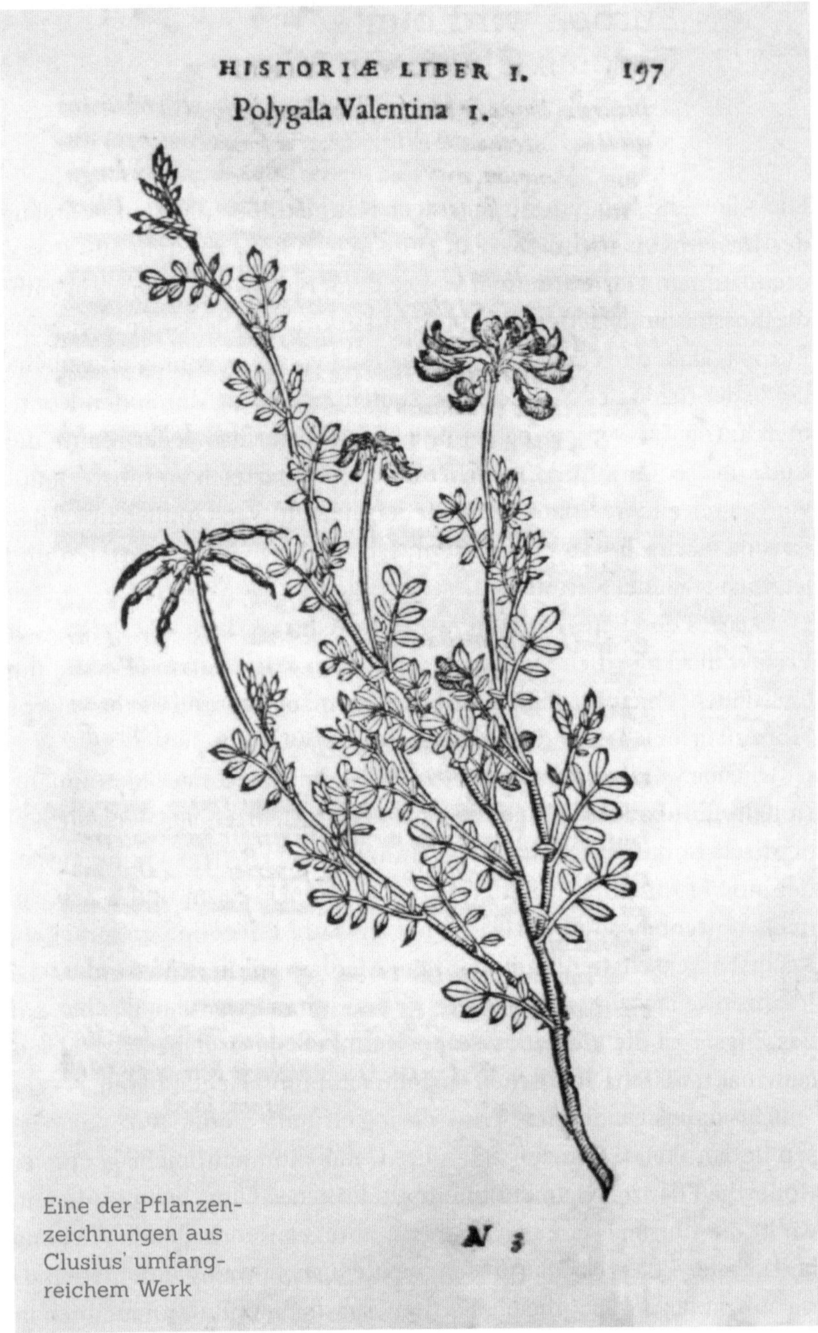
HISTORIÆ LIBER I. 197

Polygala Valentina I.

N 3

Eine der Pflanzenzeichnungen aus Clusius' umfangreichem Werk

ein System bringen. Theoretisches Wissen sollte so mit praktischer Arbeit in und mit der Natur kombiniert werden.

In Kaiser Maximilian fand Clusius einen klugen und verständigen Arbeitgeber. Nach seiner Rückkehr aus Spanien (vgl. vorangehendes Kapitel) hatte sich Maximilian mit großem Eifer seinen beiden Lieblingsprojekten gewidmet: den Lust- und Jagdschlössern Kaiserebersdorf und Neugebäude. »Geistige Erquickung und Erholung« suchte er dort zwischen den Gewächshäusern und Heckenlabyrinthen, den Fischteichen, den Blumengärten und der Menagerie.

Clusius ließ für den Kaiser Obstbäume pflanzen und sich von Bekannten und Diplomaten Samen, Knollen und Blumenzwiebeln zusenden, die er in Neugebäude sorgsam aufzog und züchtete. Tulpen und Kastanien etwa kamen aus dem Osmanischen Reich, der Flieder aus Persien und die Kartoffel aus Amerika. Letztere war damals freilich nur eine exotische Zierpflanze (erst ab Mitte des 18. Jahrhunderts wurde sie in Österreich als Nahrungsmittel bekannt). Ähnlich verhält es sich mit der Kaffeestaude: Auch hier war Clusius der Erste, der sie sich nach Wien schicken ließ, ganze hundert Jahre, bevor man den Kaffee als Genussmittel tatsächlich nutzte.

Seinem fortschrittlichen Verständnis von wissenschaftlicher Arbeit entsprechend, unternahm Clusius ausgedehnte naturkundliche Exkursionen in die nähere und weitere Umgebung Wiens, so etwa auf den Schneeberg und den Ötscher, wo er Hunderte Pflanzenarten erstmals beschrieb und von spezialisierten Künstlern naturgetreu abbilden ließ.

Nach dem Tod seines Dienstherrn Kaiser Maximilian im Jahr 1576 änderte sich die Situation für Clusius allerdings grundlegend. Maximilian, der den neuen evangelischen Lehren gegenüber sehr aufgeschlossen war, hatte sich nicht an der Tatsache gestoßen, dass sein Chefbotaniker Calvinist war. Jetzt aber, unter seinem Sohn Rudolf II., wehte ein rauer Wind für alle Protestanten. Wie viele andere auch wurde Clusius entlassen und verlor damit sein stattliches Gehalt von jährlich 500 Gulden. Abgesehen davon zeigte Rudolf, der in Prag residierte, wenig Interesse daran, die Projekte seines Vaters in Wien fortzuführen. Das noch in Bau befindliche Schloss Neugebäude wurde dementsprechend nur notdürftig fertiggestellt, die Arbeiten an den Gartenanlagen gänzlich beendet.

Schon wenige Jahre später begann der Verfall des Gebäudes und die einst so prachtvollen Gärten verwilderten.

In dieser bedrückenden Zeit fand Clusius in dem ungarischen Grafen Balthasar von Batthyány einen neuen, finanzstarken Unterstützer. Im burgenländischen Güssing (dem damals westungarischen Németújvár) hatte der ebenfalls calvinistische Aristokrat ein Zentrum des Protestantismus geschaffen, einen Ort, an dem humanistische Toleranz herrschte und Kunst und Wissenschaften blühten.

Clusius reihte sich nun in den dortigen Kreis von Dichtern und Künstlern, Gärtnern, Buchdruckern und Gelehrten ein. Oft von Batthyány persönlich begleitet, führte er seine Exkursionen fort. Seine Arbeiten über die pannonische Flora zählten jahrhundertelang zu den einschlägigen Standardwerken, ebenso wie die früheren über die österreichische Pflanzenwelt.

1588 wurde Clusius nach Frankfurt gerufen, an den Hof Landgraf Wilhelms IV. von Hessen-Kassel, 1593 schließlich an die calvinistische niederländische Universität von Leiden. Viele Jahre sollte er dort noch seine Arbeiten fortführen, bevor er im hohen Alter von 83 Jahren starb. Die Tulpen hatte er übrigens von Wien nach Holland mitgenommen, von wo sie heute bekanntlich nicht mehr wegzudenken sind.

In der Wollzeile, dort, wo sich das traditionsreiche Café Diglas befindet, verbrachte Clusius seine Wiener Jahre. An dieser Stelle stand bis 1840 das Haus des Mediziners Johann Aichholz, des einstigen Rektors der Wiener Universität, mit dem Clusius in freundschaftlichem Verhältnis stand. In seinem »hortus cultissimus«, im wohlgepflegten Garten, führte Clusius viele seiner Pflanzenbeobachtungen durch. Dieser Garten befand sich allerdings außerhalb der Stadtmauern (vermutlich im Bereich der Währinger Straße), denn das Haus in der engen Innenstadt verfügte lediglich über einen schmalen, dunklen Innenhof.

In der Wollzeile 10 erinnert bis heute eine Gedenktafel an Carolus Clusius. Wenngleich: Jeder Kastanienbaum und jeder Fliederbusch könnte ebenso gut als Denkmal für ihn dienen.

12 Das schlechte Gewissen des Fürsten Piccolomini

Servitenkirche, Servitengasse

Die letzten Worte in Schillers berühmter Wallenstein-Trilogie gelten einem Mann, der in der Wiener Servitenkirche begraben liegt. »Dem Fürsten Piccolomini!«, heißt es da, kurz bevor der Vorhang fällt. Das Publikum weiß: Jetzt also hat er mit dem ersehnten Fürstentitel den Judaslohn für seinen mörderischen Verrat an Wallenstein erhalten.

Octavio Piccolomini kommt wahrlich nicht gut weg bei Schiller und auch in der modernen Geschichtsschreibung wird er so manches Mal als gewissenloser Intrigant geschildert. Besonders hart ging Wallenstein-Biograf Golo Mann mit ihm ins Gericht. Dieser attestierte ihm eine »kalte, rechnende, erpresserische Geschicklichkeit« und beschrieb ihn als jemanden, der die Gunst der Stunde erkannte, um Vorteile zu erringen, selbst wenn er dafür seinen bisherigen Gönner dessen Mördern ausliefern musste. Andere wiederum sahen in ihm den verantwortungsvollen Offizier, dem seine Treue zum Kaiser wichtiger war als persönliche Freundschaft zum Vorgesetzten. Piccolominis Karriere war

Piccolomini erhält die Erhebung in den Fürstenstand, im Hintergrund der Leichnam des ermordeten Wallenstein, Illustration aus einem Schiller-Band von 1873

die Beseitigung Wallensteins jedenfalls unbestritten und in höchstem Maße förderlich. Dass, wie Schiller es darstellt, seine Erhebung in den Fürstenrang nicht unmittelbar nach Wallensteins Ermordung im Jahr 1634 erfolgte, sondern erst 1650, sei hier nur der Vollständigkeit halber erwähnt.

Piccolomini stammte aus einer alten, vornehmen Familie (die einst schon den berühmten Enea Silvio hervorgebracht hatte, den humanistischen Dichter und späteren Papst Pius II.). Der junge Octavio war ehrgeizig und mutig, das zeigt sich schon anhand seiner raschen Karrieresprünge in der Armee. Im Jahr 1616, als knapp 17-Jähriger, trat er als einfacher Pikenier (als Langspieß tragender Fußsoldat des untersten Ranges) in spanische Dienste, vier Jahre später – der Dreißigjährige Krieg war mittlerweile ausgebrochen – war er bereits Rittmeister der Kaiserlichen, bald darauf Oberstleutnant. 1627 finden wir ihn schließlich im Rang eines Obersts im Gefolge des kaiserlichen Armeechefs Albrecht von Wallenstein.

Bis heute ist nicht ganz klar, weshalb ihn dieser in seinen Stab aufnahm, denn man kannte Wallenstein als misstrauisch. Piccolomini jedoch mochte er. Das lag auch daran, dass die Sterne für ihn sprachen.

Wallenstein war bekanntlich sehr abergläubisch, insbesondere sein fester Glaube an die Astrologie ist umfassend dokumentiert. Viele seiner Entscheidungen fällte er nach den Informationen, die ihm die Gestirne (scheinbar) offenbarten. In Prag schon hatte er den großen Johannes Kepler mit der Erstellung von Horoskopen beauftragt, später war Giovanni Battista Senno sein persönlicher Berater in Sachen Astrologie (der Seni aus Schillers Drama). Mit Letzterem hielt er sich freilich einen äußerst fragwürdigen Vertrauten. Vieles spricht nämlich dafür, dass Senno seinen Dienstherrn ausspionierte und ihn als »falscher, korrupter Mensch« – so Golo Mann – »nach Strich und Faden« betrog.

Piccolomini jedenfalls erhielt ein sehr günstiges Horoskop: Er sei unter der gleichen Sternenkonstellation wie Wallenstein selbst auf die Welt gekommen. Nicht zuletzt deshalb fühlte sich der Generalissimus dem tüchtigen Oberst eng verbunden. Er ernannte ihn zum Chef seiner persönlichen Leibwache.

Gemeinsam zog man gegen die Dänen ins Feld, gemeinsam kämpfte man bei Lützen gegen die Schweden. Hier vor allem tat sich Piccolomini durch Tatkraft und Tapferkeit hervor. Es wird berichtet, dass ihm bei seinen Attacken fünf Pferde unter dem Sattel totgeschossen wurden, er selbst wurde mehrfach durch Musketenkugeln verwundet. Der Einsatz wurde belohnt: Auf Wallensteins Empfehlung hin wurde Piccolomini in den Generalsrang erhoben.

Doch dann wendete sich das Blatt. So wichtig der Feldherr Wallenstein für Kaiser Ferdinand II. auch war, so unberechenbar war er auch. Er nahm sich zu große Freiheiten heraus, fällte längst nicht mehr nur militärische Entscheidungen, sondern führte eigenständig diplomatische Verhandlungen mit dem Feind. Der »Emporkömmling« Wallenstein wurde dem Kaiser langsam gefährlich, und es gab viele Neider und Intriganten, die diesen in seinem Misstrauen gegen den Generalissimus unterstützten.

Piccolomini erkannte die veränderte Situation. Er stand nur noch scheinbar treu an Wallensteins Seite, hinter dessen Rücken jedoch scharte er bereits Offiziere um sich, die seinen Sturz vorbereiteten. Wenn Wallenstein in kleinem Kreis großspurige Schmähreden gegen den Kaiser führte, gab Piccolomini sie heimlich nach Wien weiter: Wallenstein plane einen Staatsstreich, hieß es bald, er habe vor, die Seiten zu wechseln, zum Feind überzulaufen. Ja, selbst von einer geplanten Eroberung Wiens durch seine Truppen und der Ermordung der kaiserlichen Familie war die Rede.

Kaiser Ferdinand beschloss die endgültige Beseitigung seines fähigsten Heerführers – und Piccolomini warb die Mörder an. Im Februar 1634 wurden Wallenstein und seine treuesten Gefolgsleute in Eger hinterrücks ermordet. Schiller lässt einen der Mörder, Walter Butler, nach vollbrachter Tat zu Piccolomini sagen: »Eure Hand ist rein. Ihr habt die meinige dazu gebraucht.«

Piccolomini stand nun auf der »richtigen« Seite und wurde für seine Rolle im Komplott sowie seine weiteren militärischen Einsätze reich entlohnt. Große Besitzungen in Böhmen erhielt er, den Orden vom Goldenen Vlies, den Titel eines Herzogs von Amalfi, er stieg zum Feldmarschall auf, schließlich sogar zum Oberkommandierenden der kaiserlichen Truppen. Er kämpfte noch viele Schlachten (woran die berühmten Gemälde von Pieter Snayers im Heeresgeschichtlichen Museum erinnern) und gehörte zu den wenigen bedeutenden Feldherren, die den grauenvollen Dreißigjährigen Krieg überlebten. Auch sein uneehelicher Sohn und zwei seiner Neffen fielen auf dem Schlachtfeld.

So reich der frischgebackene Fürst Piccolomini zu Ende des Krieges (und zu Ende seines Lebens) auch war – er hatte keine leiblichen Nachkommen, also vermachte er sein Vermögen der Kirche. Ist es zu weit hergeholt, darüber zu spekulieren, ob es auch ein Akt des schlechten Gewissens war, der Versuch, mit sich und mit Gott ins Reine zu kommen? Ein Versuch, Sühne zu üben für den einstigen Verrat an Wallenstein? Wie lässt sich erklären, dass Piccolomini ausdrücklich verfügte, ihm nach seinem Tod kein Grabmal zu setzen? Möglichst schlicht und demütig wollte er sich bei den Serviten beisetzen lassen, bei jenem Orden, mit dem er sich besonders eng verbunden fühlte.

Er sei bei dem Versuch, einem verunglückten Bauern zu helfen, vom Pferd gefallen, heißt es. An den Folgen dieses Sturzes starb er im August 1656 im Alter von 57 Jahren.

Nach seinem Tod ging freilich das Gezanke um sein enormes Vermögen los. Die entfernte Verwandtschaft beanspruchte es für sich und bekam es nach jahrelangem Prozess auch. Der Servitenorden ging dennoch nicht leer aus. Hohe Summen hatte Piccolomini bereits zu Lebzeiten ausbezahlt, mit denen nun der Bau der Kirche und des Klosters in der Rossau finanziert wurde. In der Gruft unterhalb des linken Seitenaltars liegt Piccolomini begraben, nur sein Wappen und stuckierte Kriegsattribute erinnern an ihn. Es hieß sogar, er habe verfügt, dass sein Sarg nicht in der geweihten Erde, sondern an Ketten von der Gruftdecke hängend aufbewahrt werden sollte, als besonderes Zeichen seiner Buße und seiner Demut. Davon lässt sich heute nichts mehr feststellen. Die Gruft war lange Zeit völlig verschüttet, und als man sie vor Jahrzehnten freiräumte, war von einem Sarg nichts zu sehen. Alle damals gefundenen Knochen liegen längst tief unter der Kirche begraben.

13

Die Rettung Wiens durch die Türken

Brigittakapelle, Forsthausgasse

Es heißt, der Dreißigjährige Krieg sei das Schlimmste gewesen, was die Bevölkerung Mitteleuropas bis dahin erleben musste: Ganze Landstriche wurden verwüstet, Dörfer und Städte, Burgen und Klöster in Schutt und Asche gelegt. Die Eroberung des evangelischen Magdeburgs durch den kaiserlichen General Tilly 1631 etwa endete in einem beispiellosen Blutrausch, in dem über 20 000 Männer, Frauen und Kinder niedergemetzelt wurden. Doch auch die Soldaten der Gegenseite brandschatzten, vergewaltigten und plünderten, wo immer sie hinkamen.

Nicht zuletzt die Schweden sorgten für Angst und Schrecken: »Bet', Kindlein, bet', morgen kommt der Schwed'«, begann ein weit verbreiteter Reim. Selbst nachdem ihr legendärer König Gustav Adolf in der Schlacht bei Lützen gefallen war, blieben sie noch jahrelang die gefürchteten Hauptfeinde der katholischen Liga.

Unter der Führung General Lennart Torstenssons zogen sie in der letzten Phase des Krieges eine Schneise der Verwüstung quer durch das Heilige Römische Reich. Ob in Brandenburg, Schlesien oder Mähren: Sie eroberten eine Festung nach der anderen und entschieden alle wichtigen Schlachten für sich.

Nach Torstenssons glänzendem Sieg bei Jankau in Böhmen Anfang März 1645 war die Armee der Kaiserlichen schwer angeschlagen. Kaiser Ferdinand III., der aus Prag nach Wien geflohen war, befand sich in höchster Bedrängnis, denn die Schweden zogen weiter nach Südosten – direkt auf die österreichische Hauptstadt zu. Iglau musste kapitulieren, dann Znaim, nach wenigen Tagen kontrollierte Torstensson bereits das Waldviertel, gelangte nach Krems, nach Göttweig, schließlich am 5. April nach Korneuburg. Wer konnte, machte sich eilig daran, das bedrängte Wien zu verlassen und in den Städten im Süden Zuflucht zu suchen. Es heißt, manche seien gar bis Venedig geflohen.

Ein allerletztes Bollwerk stand noch zwischen dem Feind und der Kaiserstadt: die Wolfsschanze im heutigen Floridsdorf. Diese Befestigung befand sich am nördlichen Ufer der Donau (die damals noch nicht reguliert war und mehrere Seitenarme und Inseln aufwies). Sie war von hoher strategischer Bedeutung, bildete sie doch den Zugang zur Wolfsbrücke, über die die Straße in Richtung Wien führte.

Am 9. April 1645 ließ Torstensson seine Truppen gegen die Wolfsschanze stürmen, und bald zeigte sich, dass die Verteidiger gegen diese Übermacht nicht bestehen konnten. Sie mussten die Schanze aufgeben und sich auf die Donauinseln zurückziehen. Die Lage für Wien wurde spätestens jetzt kritisch.

Doch Torstensson zögerte mit dem Hauptangriff auf die Stadt, denn er wartete auf militärische Unterstützung. Diese sollte aus dem Osten kommen, und zwar in Gestalt von Georg I. Rákóczi, dem Fürsten von Siebenbürgen.

Schon seit vielen Jahren hatte dieser in Ungarn gegen die Habsburger gekämpft, beinahe das ganze Land stand mittlerweile unter seiner Kontrolle. Unterstützt wurde er dabei von den Feinden des Kaisers, von den Franzosen und den Schweden, die ihm für seine Unterstützung im Dreißigjährigen Krieg sogar die ungarische Krone als Dank in Aussicht stellten. Rákóczi stand damals, im Frühjahr 1645, mit seinen Truppen schon in Pressburg, bereit, jederzeit nach Wien vorzurücken, um Torstensson bei der Erstürmung der Stadt zu helfen. Doch ausgerechnet in dieser Situation, da Wien gleichermaßen auf dem Präsentierteller der Feinde lag, wurde der Fürst zurückgepfiffen – vom Sultan des Osmanischen Reichs!

Man kann es als Ironie des Schicksals bezeichnen, dass es ausgerechnet die Türken waren, denen der Kaiser die Rettung seiner Hauptstadt zu verdanken hatte, jene Macht, die im Jahr 1529 selbst versucht hatte, Wien einzunehmen – und es 1683 ein weiteres Mal versuchen würde.

Sultan Ibrahim hatte gute Gründe, Rákóczy zu stoppen: Ungarn, damals schon lange Zankapfel zwischen Österreich und dem Osmanenreich, stand mehrheitlich unter türkischer Kontrolle, der dortige Adel und die regionalen Machthaber mussten im Sultan ihren obersten Lehnsherrn anerkennen. Sie hatten zwar viele Freiheiten, doch endeten auch diese an einem bestimmten Punkt: Wenn ein ungarischer Vasall (in diesem Falle Rákóczy) sich mithilfe einer dritten Macht (also der Schweden) zum *König* von Ungarn krönen lassen wollte, konnte der Sultan dies nicht zulassen. Der Machtzuwachs für den siebenbürgischen Fürsten wäre zu groß gewesen – und für die Türken somit zu bedrohlich. Sultan Ibrahim drängte Rákóczy also dazu, Frieden mit Kaiser Ferdinand zu schließen, der auf diese Weise einem gefährlichen Zweifrontenkrieg entging.

General Torstensson wartete also vergeblich auf Unterstützung. Nach tagelangen, ermüdenden Kämpfen mit den kaiserlichen Truppen um die Donauinseln musste er erkennen, dass Wien ohne Hilfe nicht einzunehmen war. Er wandte sich mit der Hauptmacht seiner Truppen nach Norden und zog brandschatzend und plündernd durch das Weinviertel in Richtung Brünn. Ein Teil seiner Soldaten blieb jedoch weiterhin in der Wolfsschanze.

Erzherzog Leopold Wilhelm, der jüngere Bruder Kaiser Ferdinands, übernahm die Aufgabe, die Schweden endgültig von dort zu vertreiben. Durch einen wagemutigen Sturmangriff mit knapp 40 000 Mann gelang es in den letzten Maitagen tatsächlich, die Befestigung zurückzuerobern. In den folgenden Monaten konnten die Schweden schließlich vollends aus Niederösterreich verdrängt werden.

Lennart Torstensson, Gegner der Kaiserlichen im Dreißigjährigen Krieg, belagerte Wien erfolglos.

An die dramatischen Ereignisse des Mai 1645 erinnert heute noch die berühmte Mariensäule am Hof. Ferdinand III. hatte öffentlich gelobt, seine Länder dem unbefleckten Herzens Mariae zu weihen, sollte die Schwedengefahr durch göttliche Hilfe gebannt werden können. Als unübersehbares Zeichen seiner Frömmigkeit und seines romtreuen Katholizismus ließ er die ursprünglich steinerne Säule erbauen (sie wurde später von seinem Sohn Leopold I. durch eine Bronzekopie ersetzt).

Ob auch die Brigittakapelle, das älteste und namensgebende Bauwerk des 20. Bezirks, als direkte Erinnerung an die Schwedenbelagerung gelten kann, ist schwieriger zu klären.

Zweifellos: Vielen Wienern ist die Geschichte vom »Kugelwunder« bekannt, das auf dem Kuppelgemälde der Kapelle dargestellt ist. Erzherzog Leopold Wilhelm, so heißt es, sei während der Kämpfe um die Wolfsschanze nur knapp dem Tode entronnen. Sein Feldlager befand sich dort, wo heute die Kapelle steht, war also durch den Hauptstrom der Donau von den Schweden getrennt. Eine feindliche Granate durchschlug das Zeltdach, als der Erzherzog kniend im Morgengebet versunken war. Durch göttliche Fügung soll er unverletzt geblieben sein, das Geschoß richtete keinen größeren Schaden an.

Dieses Ereignis soll am Tag der heiligen Brigitta stattgefunden haben, ausgerechnet am Namens- und Gedenktag der berühmtesten schwedischen Heiligen, woraufhin Leopold Wilhelm den Bau einer Kapelle gelobte, die ihr geweiht werden sollte.

So ergreifend diese Geschichte wirken mochte (und so gut sie sich als Werbung für die katholische Seite verwenden ließ), ist sie doch nur schwer mit den historischen Ereignissen in Einklang zu bringen. Die Erstürmung der Wolfsschanze erfolgte Ende Mai, der Brigittatag wurde im 17. Jahrhundert aber am 8. Oktober begangen, zu einer Zeit also, da die Schweden längst keine Gefahr mehr für Wien darstellten (erst seit dem Zweiten Vatikanischen Konzil der 1960er-Jahre fällt der Gedenktag der heiligen Brigitta auf den 23. Juli). Darüber hinaus ließ nicht Leopold Wilhelm die Kapelle errichten, sondern sein Bruder, Kaiser Ferdinand III. 1651 – endlich war der grauenvolle Krieg vorüber – wurde sie fertiggestellt und diente ab nun vorbeiziehenden Reisenden als Andachtsstätte.

14 Über das Streiten vor und nach der Schlacht

Stephansdom: Denkmal zur Türkenbefreiung

Gemeinsame Feinde zu haben, ist bekanntlich nur selten die Grundlage einer dauerhaften Freundschaft. Das zeigte sich auch im Herbst 1683. Die entscheidende Schlacht um Wien war damals eben erst geschlagen: Die türkischen Belagerungstruppen flohen in heillosem Durcheinander vor den verbündeten polnischen, bayrischen, sächsischen und österreichischen Truppen, die Haupt- und Residenzstadt war endgültig von der großen Gefahr, unter osmanische Herrschaft zu geraten, befreit. Und doch: Die Sieger waren weit davon entfernt, sich in harmonischer Einigkeit zu präsentieren.

Von christlicher Solidarität gegen die muslimischen Aggressoren war schon in den Monaten und Jahren vor der Schlacht nur wenig zu bemerken gewesen. Davon, dass sich die Fürsten des Abendlandes darum gerissen hätten, der bedrängten Stadt Wien in Zeiten höchster Not beizustehen, kann wahrlich nicht die Rede sein.

Um den »Politthriller« rund um die berühmte Entsatzschlacht von 1683 zu verstehen, muss man die politische Lage Ende des 17. Jahrhunderts näher betrachten.

Zunächst ging es um Ungarn, den alten Zankapfel zwischen Österreich und dem Osmanischen Reich. Pro forma gehörte ganz Ungarn seit 1526 zur Herrschaft der Habsburger, de facto war es jedoch geteilt. Nur ein schmaler Streifen im Norden und Westen wurde tatsächlich von Wien aus kontrolliert, der weitaus größere Teil stand unter türkischer Oberhoheit. Die evangelischen Adeligen Ungarns und ihre Untertanen, die stets unter den brutalen Rekatholisierungsmaßnahmen der Österreicher zu leiden gehabt hatten, akzeptierten nämlich die Osmanen weitaus lieber als Herren, gewährten ihnen diese doch die größeren Freiheiten.

Hinter den Türken – und somit auch hinter den antihabsburgischen Rebellen Ungarns – standen ihrerseits die Franzosen unter dem »Sonnenkönig« Ludwig XIV. Diesem war jedes Mittel recht, um Österreich, seinen größten Konkurrenten in Europa, zu schwächen. Ob Geld oder

Kanonen: Wenn es gegen Habsburg eingesetzt werden konnte, schickten es die Franzosen in großen Mengen. Dass der katholische König von Frankreich dabei Muslime und Protestanten gegen ein anderes katholisches Land unterstützte, war schlicht Teil beinharter Machtpolitik.

Die Franzosen hatten damals noch einen weiteren wichtigen Partner, das große Königreich Polen-Litauen unter Jan III. Sobieski. Das Land war keine *erbliche*, sondern eine *Wahl*monarchie, in der der polnische Adel den König wählte – und dieser musste keineswegs geborener Pole sein. Die übrigen europäischen Mächte versuchten dementsprechend, durch Bestechung der Wahlberechtigten ihnen genehme Kandidaten auf den Thron zu bringen, um auf diese Weise Einfluss auf die polnische Politik auszuüben. So unterstützten auch die Österreicher einen eigenen Kandidaten, Herzog Karl V. von Lothringen, bloß hatten sie nicht genug Geld, ihn durchzusetzen. Ihre Ausgaben waren, so schrieb es der österreichische Gesandte, »nur ein Schatten von dem, was die Franzosen auslegen«.

Jan Sobieski hingegen war Kandidat der französischen Partei. Er stammte aus vornehmer (aber eben nicht königlicher) Familie, hatte sich als Feldherr einen Namen gemacht und führte ab 1676 die polnischen Staatsgeschäfte – ganz nach den Vorgaben, die ihm von Frankreich aus diktiert wurden. So musste er auf Drängen Versailles' Frieden mit den verhassten Türken schließen, die zuvor immer wieder in Polen eingefallen waren und gegen die Sobieski erbittert gekämpft hatte. Auch die ungarischen Aufständischen, die weiterhin versuchten, das Joch der Habsburger abzuschütteln, musste er – mit französischen Waffen und französischem Geld – unterstützen.

Die Franzosen waren es schließlich auch, die zur gleichen Zeit ihren türkischen Partner zu einem militärischen Vorgehen gegen Österreich drängten. Sultan Mehmed IV. war von einem neuerlichen Krieg zwar alles andere als begeistert – immerhin hatte man 1664 einen vorläufigen Frieden mit Habsburg geschlossen –, aber sein Großwesir Kara Mustafa, ein erfahrener, ehrgeiziger Feldherr, setzte sich durch. Die ungarischen Festungen Raab und Komorn sollten – so das ursprüngliche Kriegsziel – den Händen der Österreicher entrissen werden, erst unterwegs entschloss sich der siegesgewisse Kara Mustafa, auch Wien zu erobern.

Während man sich also im Osmanischen Reich zum Feldzug rüstete, suchte Kaiser Leopold I. händeringend nach Verbündeten.

Er hatte Glück, denn die so enge Freundschaft zwischen Sobieski und den Franzosen war mittlerweile empfindlich abgekühlt. Private Briefe des französischen Botschafters in Polen waren publik geworden, in denen Sobieski als faul, vergnügungssüchtig, korrupt, versoffen und – was den eitlen König wohl am meisten verärgerte – als schlechter Feldherr bezeichnet wurde. Der Bruch mit Frankreich war perfekt und Jan Sobieski wandte sich nun, auch unter dem Einfluss des Papstes, Österreich zu.

In buchstäblich letzter Minute, am 1. April 1683, unterzeichnete er das Militärbündnis mit Kaiser Leopold gegen die Türken, einen Tag, nachdem diese mit ihrer Streitmacht in Richtung Ungarn aufgebrochen waren. Der polnische Beistand kam Leopold freilich teuer, er verpflichtete sich, 1,2 Millionen Gulden an Sobieski zu zahlen und weitere 500 000 für die Ausrüstung der polnischen Armee.

In den kommenden Monaten wurde es für Kaiser Leopold allerdings noch viel teurer. Während Wien bereits von den Türken belagert wurde, befand er sich auf der Flucht, zunächst in Linz, dann in Passau (als »Gast« des dortigen Bischofs musste er sich das Quartier freilich selbst zahlen, das nötige Geld lieh er sich notgedrungen vom reichen Fürsten Schwarzenberg). Es fand ein hektischer Briefwechsel zwischen dem Kaiser und möglichen Verbündeten statt, Eilkuriere ritten durch halb Europa.

Viele deutsche Fürsten sagten von vornherein ab, sie hätten bedauerlicherweise keine Kapazitäten, um helfen zu können. Andere, wie der Kurfürst von Brandenburg, stellten so unverschämt hohe Forderungen, dass Leopold beim besten Willen nicht einwilligen konnte.

Mit den Bayern bestand zwar bereits seit Jänner ein Bündnisvertrag, doch verlangten diese plötzlich – neben Geld für Munition, Verpflegung und Pferdefutter – auch noch 100 000 Gulden »Pachtgebühr« für bayrische Kanonen! Der evangelische Kurfürst von Sachsen, Johann Georg III., bot seine Teilnahme am Feldzug zwar von sich aus an, aber nur unter der Bedingung, neben viel Geld auch den Oberbefehl zu erhalten (den bekanntlich dann nicht er, sondern Sobieski erhielt). Graf Georg Friedrich von Waldeck stellte seine fränkischen und oberhessischen Soldaten nur deshalb zur Verfügung, um den Franzosen eins auswischen zu können. Ähnlich verhielt es sich mit den Spaniern und Portugiesen, die zwar keine Truppen stellten, aber Geld, so wie der Papst, Venedig und Genua.

Einzig Fürsterzbischof Kuenburg von Salzburg verlangte nichts für das Bereitstellen seiner 1000 Soldaten. In heiligem Eifer sah der Radikalkatholik die Möglichkeit, gegen die »heidnischen Barbaren« der Türken vorgehen zu können, so wie zuvor gegen Protestanten, Juden und vermeintliche Hexen im eigenen Land.

Nach der würdelosen Schacherei um Geld und Posten war es bereits Hochsommer, als sich die verbündeten Armeen endlich auf den Weg nach dem belagerten Wien machten. Am 12. September fand schließlich unter Sobieskis Oberkommando der siegreiche Schlag gegen Kara Mustafas bereits erschöpfte Truppen statt. Und nur wenige Stunden später, am Abend desselben Tages, folgte der Streit unter den Siegern.

Sobieski betrat als Erster die überstürzt verlassene Zeltburg des Kara Mustafa (sie befand sich im Bereich des späteren Palais Trautson im 7. Bezirk). Selbstbewusst schrieb er an seine Frau: »Ich habe mich zu seinem Erben eingesetzt, denn der größte Teil seiner Reichtümer ist mir in die Hände gefallen.« Und es waren tatsächlich große Schätze, die der Großwesir zurückgelassen hatte: Bargeld, Schmuck, kostbare Waffen, Edelsteine, Stoffe, Vieh, Öl und vieles mehr. So wie ihr König bedienten sich auch die polnischen Soldaten an der Beute der geflohenen Türken. Waren sie am Nachmittag noch als heldenhafte Kameraden gefeiert worden, so wurden sie nun von den Sachsen, Österreichern und Bayern als beutegieriges Gesindel betrachtet. Empört schrieb Generalfeldwachtmeister Taaffe: »Unsere deutschen Truppen marschierten mitten durch diese Beute, und kein Soldat, weder zu Fuß noch zu Pferd, trat auch nur einen Schritt aus dem Glied, um zu plündern. Wir schätzen den Ruhm dieser Enthaltsamkeit höher als die unermessliche Beute der Polen.«

Bald strömten auch die Einwohner Wiens herbei, um sich vor den Stadttoren alles, was sie schleppen konnten, unter den Nagel zu reißen. Hauptsächlich war es türkisches Gut, doch bestahlen manche Wiener auch die polnischen Soldaten. Es kam zu ersten Schlägereien und Beschwerden. Stadtkommandant Ernst Rüdiger von Starhemberg musste bald eine ernste Warnung an die Wiener ausgeben: Die den Polen gestohlenen Pferde müssten »unverzüglich und bei Vermeidung hoher Strafe« zurückgegeben werden.

Der kommende Tag brachte neuen Konfliktstoff. Sobieski ließ es sich nämlich nicht nehmen, als *Erster* in die befreite Stadt einzureiten. Daran scheint zunächst nichts Unverschämtes erkennbar, immerhin hatte er ja Wien befreit und war der Ranghöchste unter allen anwesenden Fürsten und Feldherren. Dennoch gab es einen höheren: Kaiser Leopold.

Dieser befand sich bereits auf der Heimreise nach Wien, seine Ankunft sollte nicht mehr lange auf sich warten lassen, und ihm, dem Kaiser, hätte es natürlich gebührt, als Erster in seine befreite Haupt- und Residenzstadt einzuziehen. Der polnische König beging – beabsichtigt oder nicht – einen peinlichen Fauxpas, als er durch eine schmale Ausfallspforte beim Schottentor (das Tor selbst war wie alle anderen wegen der Belagerung vermauert worden) in Wien einritt. Seinen Mitstreitern, Herzog Karl V. von Lothringen, dem sächsischen Kurfürsten Johann Georg III., Graf von Waldeck und den anderen, war offenbar mulmig bei der Sache – sie blieben vorläufig außerhalb der Stadtmauern.

Der einfachen Bevölkerung hingegen waren nach den vergangenen, entbehrungsreichen Wochen kleinliche Fragen des Protokolls nicht so wichtig, sie jubelten, als Sobieski kam und die erbeuteten türkischen Fahnen und Rossschweife an ihnen vorbeitragen ließ. Im Stephansdom, in der Jesuitenkirche und bei den Augustinern besuchte der König den Gottesdienst, wobei er mit lauter Stimme das Te Deum sang. Auch das stand eigentlich dem Kaiser zu.

Nach einem gemeinsamen Essen mit Starhemberg zog sich Sobieski schließlich in sein Heerlager bei Schwechat zurück.

Am nächsten Tag, dem 14. September, kam Kaiser Leopold mit dem Schiff an. Über einen hölzernen Steg neben dem (ebenfalls vermauerten) Stubentor ritt er mit allen Verbündeten – außer Sobieski wohlgemerkt – in die Stadt ein, besuchte im Dom die Messe und bezog dann in der Stallburg Quartier.

Am 15. September fand schließlich das Treffen Leopolds und Sobieskis bei Schwechat statt, und dieses sorgte abermals für Verstimmung, diesmal bei den Polen. Der Kaiser, wie der polnische König hoch zu Ross, dankte zwar höflich für die erwiesene Hilfe, und beide zogen gleichzeitig den Hut voreinander, doch als sich Jakub Sobieski, der 16-jährige Sohn des Königs, Kaiser Leopold näherte, ignorierte ihn dieser und grüßte nicht. Für die Polen war das ein Affront erster Güte. Sowohl Vater als auch Sohn schrieben in empörtem Ton über diese Szene: »Der Kaiser griff nicht einmal an den Hut; ich war darüber wie niedergedonnert … Um den Skandal und die Glossen des Publikums zu vermeiden«, so König Jan, »richtete ich noch einige Worte an den Kaiser, worauf ich mein Pferd wendete; wir grüßten einander gegenseitig, und ich ritt wieder auf mein Lager zu.«

Kaiser Leopold nahm diese protokollarische Beleidigung offenbar gar nicht wahr. Immerhin hatte er den »emporgekommenen« Wahlkönig Sobieski nie als ebenbürtig gesehen, stets vermied er es, ihn als Majestät zu titulieren, warum sollte er dessen Sohn nun besonders höflich behandeln?

Der Polenkönig hatte bislang gehofft, Jakub mit Leopolds Tochter Maria Antonia verheiraten zu können. Dieser Plan war nun endgültig

Die Entsatzschlacht vor Wien
im September 1683

gescheitert, die Atmosphäre frostig. Sobieski schrieb an seine Frau: »Nach der Begegnung mit dem Kaiser änderte sich plötzlich alles, es ist, als ob man uns nicht mehr kenne.« Die Wiener weigerten sich, die polnischen Gefallenen in der Stadt zu begraben, und so schrieb der König weiter: »Da viele unserer Leute gegen die Stadt drängen, um dort einige Nahrung zu finden, weil man im Feld vor Hunger stirbt, so hat der Kommandant von Wien Befehl gegeben, sie nicht hineinzulassen und auf sie zu feuern.«

Am 17. September berichtete Sobieski: »Ich setze mich heute in Marsch, um vielleicht einer größeren Hungersnot entgegenzugehen, aber ich will mich von dieser Stadt entfernen, wo man auf die Unseren Feuer gibt.« Gemeinsam mit Karl von Lothringen setzte er den Türken nach Ungarn nach.

Ein anderer Feldherr der siegreichen Schlacht um Wien war zu diesem Zeitpunkt bereits abgereist. Der Kurfürst Johann Georg von Sachsen hatte sich nicht einmal persönlich von Kaiser Leopold verabschiedet, er sei »unpässlich«, so ließ er von unterwegs ausrichten, wünsche jedoch höflich alles Gute. Den katholischen Jubelfeiern wollte der Protestant wohl entgehen, außerdem schien er beleidigt über den geringen Anteil der Kriegsbeute. Er machte sich bereits am 15. September auf den Heimweg, wobei man ihm in Böhmen auch noch die Verpflegung für seine Truppen verweigerte.

Zum Schluss sei erwähnt, dass im Sommer 1683 auch innerhalb der belagerten Stadt Wien nicht immer nur Solidarität und Einigkeit herrschten. So bedrohlich die Situation auch war, es fanden sich einige, die ihren Vorteil aus ihr ziehen wollten. Schuster verlangten plötzlich stark überteuerte Preise für Soldatenstiefel, Büchsenmacher für Musketen und Apotheker für Medikamente. Der Schwarzhandel blühte, und Stadtkommandant Starhemberg hatte alle Hände voll zu tun, die Ordnung aufrechtzuerhalten und unverschämte Geschäftemacher in die Schranken zu weisen. Selbst manchen Klöstern musste er mit Waffengewalt drohen, damit sie Notspitäler für die Verwundeten einrichteten und die im Kampf und an Krankheiten Verstorbenen auf ihrem Grund bestatten ließen (andere hingegen, wie die Barmherzigen Brüder und die Dominikaner, wurden für ihre aufopfernde Arbeit ausdrücklich gelobt).

Viele Geistliche waren aus Wien geflohen, und zwar nicht nur vor den Türken, sondern auch vor dem Unmut ihrer österreichischen Landsleute! So mancher gab nämlich der Kirche die Schuld an der misslichen Lage. Am 5. Juli wurden dem Wiener Bischof Sinelli die Fensterscheiben seines Palais eingeschlagen, wütende Menschen skandierten »Du Schuft, du bist Ursach' an dem Unglück!«. Das einfache Volk wusste nur zu gut, dass die Türken auch in ihrer Funktion als Schutzmacht der Ungarn auf Wien vorrückten. Wäre die katholische Kirche in den Jahren zuvor nicht so erbarmungslos gegen die dortigen Protestanten vorgegangen – so reimte man sich vereinfachend zusammen –, gäbe es nun keinen Krieg. Der Gesandte der Landgrafschaft Hessen-Darmstadt berichtete von einem Überfall mehrerer Bauern auf eine Gruppe flüchtender Jesuiten, die »so übel traktiert« wurden, dass einer starb und vier weitere lebensgefährlich verletzt liegen blieben. »Die Ursache sei gewesen, dass diese Bauern sie sehr gescholten und gesagt haben: Sie, die Jesuiten, seien Ursache an all ihrem Unglück, Flucht und Armut«, und weiter hieß es: »Nunmehr verkleiden sich die meisten Jesuiten in weltliche Kleider, denn wo man sie reisen sieht, ruft ihnen der gemeine Pöbel nach: Da gehen die Urheber!«

Selbst zu den 200-Jahr-Feierlichkeiten des Sieges gab es Streitereien. Diesmal ging es um die Frage, wem wo und in welcher Form ein Denkmal gesetzt werden sollte. Während das liberale Bürgertum den Bau des Liebenberg-Denkmals vor der Mölkerbastei finanzierte (um damit den Bürgermeister von 1683 zu ehren), beschloss das Kultusministerium, ein weiteres im Stephansdom aufzustellen, eines, das Graf Starhemberg im Zentrum zeigen sollte und natürlich Kaiser Leopold, König Sobieski sowie die anderen beteiligten Fürsten.

Nach Kritik am ersten Entwurf vonseiten der Kirche musste der Bildhauer Edmund Helmer sein Denkmal durch die Figuren der Muttergottes und des Papstes Innozenz XI. ergänzen. Den Liberalen war das wiederum zu klerikal, überhaupt kritisierten sie, dass das Denkmal in einer Kirche und nicht unter freiem Himmel aufgestellt wurde. Anderen hingegen war es nicht klerikal genug, fehlte doch die Figur des Marco d'Aviano, der 1683 als päpstlicher Legat die berühmte Feldmesse vor der Schlacht gelesen hatte. Und auch die Tschechisch-Nationalen fanden einen Grund, mit dem Denkmal unzufrieden zu sein, wurde darauf doch nicht auf die heldenhafte Rolle des böhmischen Grafen Kaplíř verwiesen, der einst die zivilen Verteidiger Wiens kommandiert hatte.

Nach all diesen Querelen ist es erstaunlich, dass das Türkenbefreiungsdenkmal im September 1894 endlich enthüllt werden konnte.

Als im April 1945 die Pummerin aus dem brennenden Dachstuhl des Südturms herabstürzte, zerbrach sie nicht bloß selbst, sondern zertrümmerte auch das Denkmal in der Turmhalle. Die erhaltenen Figuren (Kaiser Leopold, Maria und Papst Innozenz) wurden nach dem Krieg wieder an der Wand angebracht.

Das Türkenbefreiungsdenkmal im Stephansdom vor den Zerstörungen im Zweiten Weltkrieg

15

Makabre Geschichten rund ums Zeughaus

Am Hof 10

Was den Seeleuten von alters her nachgesagt wurde, traf auch auf Soldaten zu: Sie waren oft in hohem Maße abergläubisch. Manche Waffen verstanden sie als gleichsam lebendige Wesen, die über besondere Fähigkeiten und Macht verfügten, manche Heerführer (wie Wallenstein oder Gustav Adolf von Schweden) galten ihnen als »gefroren«, als unverwundbar, und es war weiters nicht ungewöhnlich, dass sich Soldaten Knochen von gefallenen Feinden in Amulette einarbeiteten, von denen sie sich Schutz im Kampf versprachen.

Auch als vermeintliche Medizin waren Körperteile von Getöteten im Volksglauben von großem Wert. Wenn Scharfrichter gutes Geld damit machten, das »Armesünderfett« einzelner Gehenkter an Apotheken zu verkaufen, so konnten Soldaten nach gewonnener Schlacht in großem Stil damit verdienen: Ein Zeitgenosse erinnerte sich mit Schaudern daran, wie die kaiserlichen Soldaten nach der Einnahme Belgrads im Jahr 1688 »mit den Cörpern der ermordeten Türcken beym Ausplündern gewütet« hatten: Pfundweise sei das aus den Toten geschnittene Fett damals zum Verkauf angeboten worden. »Ja es wurden gantze Fässer mit abgeschnittenen Türcken-Köpfen nicht anders als in Holland die Tonnen mit eingesaltzenen Heringen angefüllet«, um daraus Heilmittel herzustellen.

Überhaupt hatten die Schädel gefallener Feinde im soldatischen Aberglauben eine große Bedeutung: So etwa wurden im Jahr 1579 900 Köpfe von getöteten Türken in die Fundamente der Grenzfestung Karlstadt (dem heutigen Karlovac in Kroatien) eingemauert, um die Bastionen gegen künftige Angriffe uneinnehmbar zu machen. Darüber hinaus war es – wie in vielen Teilen der Welt – auch in Europa üblich, Schädeltrophäen aus dem Krieg mitzubringen, mit denen man einerseits seinen Mut im Kampf belegen konnte, andererseits die Feinde noch über den Tod hinaus demütigte. Natürlich stieg der Wert eines solch makabren Mitbringsels mit dem Rang und dem Ansehen, das der Getötete zu Lebzeiten innegehabt hatte.

Berühmtestes Beispiel ist der Schädel des türkischen Großwesirs Kara Mustafa Pascha, der im September 1683 vor den Toren Wiens kläglich gescheitert war und deshalb am 25. Dezember desselben Jahres auf Befehl Sultan Mehmeds IV. in Belgrad erdrosselt wurde. Seine ausgestopfte Gesichtshaut wurde als Beweis für die durchgeführte Hinrichtung nach Edirne gesendet, sein Körper vor der Moschee Belgrads bestattet. Letzteres ist zumindest die gängige Version, es gibt allerdings bis heute eine Kontroverse um die Frage, was mit seinen Überresten tatsächlich geschehen ist.

Als die Kaiserlichen 1688 Belgrad einnahmen, sollen einige Soldaten das Grab Kara Mustafas geschändet und dessen Schädel geraubt haben. Der österreichische Feldherr Guido von Starhemberg (ein Neffe Ernst Rüdigers, der einst Wien verteidigte) übergab ihn den Jesuiten, die ihn nach Wien brachten.

Tatsache ist, dass dieser Schädel (ob es nun der echte war oder nicht) als besonders symbolträchtige Kriegstrophäe angesehen wurde, als sichtbares Zeichen des Sieges über den »Erzfeind« der christlichen Welt.

Kardinal Kollonitsch versah ihn gar mit einem Echtheitszertifikat. Gemeinsam mit Kara Mustafas vermeintlichem Totenhemd und einem kleinen Koran wurde er im bürgerlichen Zeughaus Am Hof öffentlich ausgestellt. Auch war eine »carmesinfarb seidene schnur, mit welcher derselb stranguliert worden« zu sehen (welche mit Sicherheit gefälscht war). Ein Gedicht des frühen 18. Jahrhunderts, das den toten Großwesir verspottete, bezog sich auf diese Ausstellungsobjekte:

Sehr Blut-gierig war dieser Mann
Kara Mustapha war sein Nahm
Sein Bitt hat Mahomet erhört
Und ihm in Wien zu seyn beschehrt.
Bleibt wahr/wer andern gruben grabt
Fällt selbst darein/hiers zeichen habt.

Der Schädel wurde bis Mitte der 1970er-Jahre im Historischen Museum (Wien Museum) ausgestellt und dann in einem Depot verstaut. 2006 bestattete man ihn aus Pietätsgründen schließlich an einem geheim gehaltenen Ort in der muslimischen Abteilung des Zentralfriedhofs.

Weniger bekannt als Kara Mustafas Schädel ist jener seines Mitstreiters Abaza Kör Hüseyin Pascha. Dieser hatte während der Wien-Belagerung den Auftrag gehabt, mit seinen Truppen die nordöstliche Flanke und das linke Donauufer zu sichern. Bereits knapp drei Wochen vor der Entsatzschlacht wurden seine Einheiten von kaiserlichen Truppen beim Bisamberg aufgerieben. Schwer verletzt schlug er sich nach Jedlesee durch, von wo er vergeblich versuchte, sich schwimmend ans andere Ufer zu retten. Seine Leiche wurde später gefunden und nach Wien gebracht.

Hüseyin Paschas Kopf kam ebenfalls ins Zeughaus, wo er im gleichen Raum wie der seines Großwesirs Kara Mustafa ausgestellt wurde. Anders als bei diesem jedoch begnügte man sich nicht damit, ihn einfach in eine Vitrine zu legen, sondern montierte ihn auf eine lebensgroße Puppe, die in prächtige orientalische Seidengewänder gehüllt war. Unter dem großen Turban erkannte man noch deutlich den offenbar mumifizierten Kopf mit seinem »schwartz-gekrausten Bart/sambt der annoch in dem Gesicht zusammen geschrumpfften Haut«. Erst im Jahr 1790 wurde das schaurige Exponat ausgemustert.

Kara Mustafa Pascha wird in Belgrad nach der gescheiterten Wien-Belagerung stranguliert.

Vom Zeughaus selbst erzählte man sich einst unheimliche Geschichten: Nachts seien in den Räumen schwere Schritte und Waffengeklirr zu hören gewesen, und so mancher Aufseher soll zu seinem Schrecken – so hieß es 1731 – »einen Türcken in prächtiger Rüstung mit blassem Angesichte und einem starcken schwartzen Stutz-Barth« gesehen haben, der mit starrem Blick die Treppen herabkam und sich dann in Luft auflöste.

Doch sind solche schaurigen Geschichten wohlgemerkt nicht erst zu der Zeit entstanden, da die beiden türkischen Schädel ausgestellt waren, sondern wurden schon Jahrzehnte früher erwähnt. Sie stehen in Zusammenhang mit dem alten Volksaberglauben, wonach Geister oder andere unerklärliche Phänomene auf eine drohende Gefahr oder Unheil aufmerksam machen. Ein geharnischtes Gespenst, das 1609 im Zeughaus dem kaiserlichen Oberst Ferdinand Kollonitsch erschienen sein soll, sei beispielsweise als Warnung vor dessen baldigem Tod zu verstehen gewesen (der zwei Jahre später tatsächlich eintrat).

Auch kennt man Berichte von Bauern und Reisenden, die auf nächtlichen Feldern plötzlich Kampfeslärm hörten, der auf eine baldige Schlacht an diesem Ort hindeutete. Etwas Ähnliches wurde auch über das Zeughaus erzählt: Die vielen Waffen, die in einer solchen Rüstkammer auf ihren Einsatz warteten, würden nämlich einen bevorstehenden Krieg gewissermaßen »wittern« und im Vorfeld eines Feldzugs selbstständig zu kämpfen beginnen. Im Jahr 1643, während des Dreißigjährigen Krieges und zwei Jahre vor dem Angriff der schwedischen Truppen auf Wien, soll im Zeughaus des Nachts ein großer Tumult zu hören gewesen sein: »Daß man anders nit vermeinet/als wann 2 Armeen hefftig miteinander stritten. Welches zimblich lang gewähret. Am Morgen früh/als man den Ort visitirt/sind alle Sachen an ihrem behörigen Ort gefunden worden/ausser einer köstlichen Chasgetthauben (ein Helm, Anm.)/welche auff der Erden gelegen.«

Mittlerweile gibt es keine unheimlichen Vorfälle mehr, die Waffen wurden im späten 19. Jahrhundert aus dem Zeughaus weggebracht und das Gebäude der Wiener Feuerwehr zur Verfügung gestellt. Heute hat hier die Hauptfeuerwache ihren Sitz.

16 Ein Zar inkognito – Peter der Große in Wien

Theresianum, Favoritenstraße

Der apostolische Nuntius in Wien berichtete Ende Juni 1698 an den Papst: »Und endlich erschien die Große Moskauer Gesandtschaft, in der sich, wie Eurer Heiligkeit sehr wohl bekannt sein dürfte, auch der Zar befindet, der nicht viel Aufhebens von sich macht. Die Gesandtschaft hielt ... ihren offiziellen Einzug in der gleichen Weise, wie das auch andere Gesandte zu tun pflegen, und der Aufwand dieses Einzuges war entgegen aller Erwartung recht mittelmäßig.«

In der Tat waren es bloß über 30 »goldstrotzende Carossen«, mit denen Zar Peter und sein Tross durch die menschengesäumten Straßen quer durch die Stadt gefahren wurden, begleitet von lediglich zwei Kompanien berittener Soldaten, Trompetern, Paukern, Fackelträgern, zwölf Lakaien und sieben Pagen – für Barockverhältnisse in der Tat »recht mittelmäßig«. Doch der Zar reiste schließlich inkognito.

Peter I. (genannt »der Große«) war damals Mitte 20 und Herr über das riesige Russland. Doch so groß sein Land war, so rückständig war es auch. In Europa galten selbst russische Aristokraten als ungehobelt, schlecht erzogen und mangelhaft gebildet, man rümpfte die Nase über deren »bäuerische« Manieren.

Zar Peter hatte sich nun in den Kopf gesetzt, sein Reich grundlegend zu reformieren und zu modernisieren. Er setzte dabei auf westliche Technologie, auf Wissenschaft und Kultur. Das norddeutsche, protestantische Arbeitsethos imponierte ihm besonders, mit diesem könne man, so meinte er, das Land endlich an Europa anschließen. Er war, wie es hieß, ein »... Barbar, der sich anschickte, Russland der Barbarei zu entreißen und seinem Land die Zivilisation zu bringen«.

Er zeigte sich begierig, Neues zu erlernen, um es gewinnbringend in seiner Heimat einsetzen zu können. Die neuesten Kenntnisse des Schiffsbaus interessierten ihn ebenso wie jene der Metallkunde, der Medizin, des westlichen Münz- und Geldwesens und der Kanonengießerei. All dieses Wissen wollte er sich auf einer großen Reise durch

Europa verschaffen. Eine engere Bindung an die dortigen Fürstenhäuser sollte darüber hinaus, so hoffte er zumindest, eine militärische Allianz gegen die Türken nach sich ziehen.

Sein Entschluss, ins Ausland zu gehen, bedeutete für viele seiner konservativen Landsleute eine Ungeheuerlichkeit, denn er brach damit mit der alten Zarentradition. Auch seine Absicht, die Freundschaft von Monarchen zu suchen, die nicht dem orthodoxen christlichen Glauben anhingen, schien geradezu ketzerhaft. Doch Zar Peter setzte sich gegen alle Widerstände durch und ging im Jahr 1697 auf die Reise.

Freilich tat er dies nicht allein, rund 250 Personen begleiteten ihn, Diplomaten, Leibwächter, Diener und Dolmetscher. Peter liebte jedoch die Verkleidung und genoss das Spiel, inkognito in fremden Ländern unterwegs zu sein. Offiziell nahm er an der »Großen Gesandtschaft« als einfacher Unteroffizier namens Pjotr Michailow teil. Sein Freund und Vertrauter, der Schweizer François Le Fort, leitete pro forma den Zug.

Dieses Inkognito war allerdings nicht lange zu halten. Im holländischen Zaandam, wo Peter als einfacher Zimmermann den Schiffsbau erlernen wollte, wurde er bereits nach wenigen Tagen von einer neugierigen Menschenmenge belagert, sodass er sich gezwungen sah, in eine geschützte Werft in Amsterdam auszuweichen, wo er vier Monate lang arbeitete (so großartig Lortzings berühmte komische Oper *Zar und Zimmermann* auch ist, so ungenau gibt sie daher die Tatsachen wider).

Es folgte ein Aufenthalt in England, wo die Russen nicht gerade als Inbegriff vornehmer Zurückhaltung wahrgenommen wurden, denn nach zwei Monaten waren die Gemälde, die in ihrem Quartier hingen, zerschossen, der Rasen zertrampelt, die Hecken zerstört und der Fußboden dermaßen verschmutzt, dass man ihn komplett erneuern musste. Über Sachsen ging es schließlich im Frühsommer 1698 in die Haupt- und Residenzstadt des Heiligen Römischen Reichs, nach Wien.

Wobei: Genau genommen ging es zunächst nur nach Stockerau, denn dort mussten erst tagelang die Formalitäten des feierlichen Einzugs der Großen Gesandtschaft abgeklärt werden. Das Zeitalter des Barock war, wie man weiß, nicht gerade bekannt für lockere Spontaneität, jedenfalls nicht, wenn es sich um einen Staatsbesuch handelte. Auch in Wien wusste man schließlich, dass der Zar persönlich unter den Teilnehmern der Gesandtschaft weilte, inkognito hin oder her. Dem Zufall durfte somit nichts überlassen werden, alles musste man langwierig ausverhandeln und planen, das höfische Zeremoniell war von immens großer Bedeutung.

Die Boten ritten nun zwischen Stockerau und Wien hin und her. Die österreichische Bürokratie sah zunächst vor, dass die Russen ihre Pässe sowie eine Namensliste der Reisenden vorlegen mussten, und im Übrigen, hieß es, sei bedauerlicherweise die Zeit für einen Empfang beim Kaiser ungünstig, denn der Hof feiere gerade das Pfingstfest.

Die Russen wiederum fanden, man könne ihren Einzug ruhig ein wenig prunkvoller gestalten, als es von den Österreichern vorgesehen war: Ob man nicht statt der angebotenen Dragonerkompanien (leichte Kavallerie) repräsentativer wirkende Kürassiere (schwere Kavallerie) schicken könne, fragten sie, und statt der einfachen Landwehrtrompeter solche aus der Garde. Ja, hieß es daraufhin aus Wien, man könne durchaus Kürassiere für den hohen Besuch zur Verfügung stellen, diese seien allerdings zur Zeit alle in Ungarn, um gegen die Türken zu kämpfen. Der Zar müsste sich also so lange in Stockerau gedulden, bis man sie nach Wien abkommandiert habe. Peter gab sich nun notgedrungen mit den Dragonern zufrieden.

Was allerdings das in Aussicht gestellte Quartier betraf, war er weniger kompromissbereit: Ein Palais in der Krugerstraße sei nicht komfortabel genug, man hätte lieber eines mit großem Garten in der Vorstadt, immerhin wohne Kaiser Leopold zur Zeit ja auch nicht in der Hofburg, sondern in seinem Sommerschloss, der Favorita (dem heutigen Theresianum).

So ging es tagelang hin und her – natürlich stets in höflichem und respektvollem Ton, wenngleich Zar Peter sich in Stockerau sichtlich zu langweilen begann.

Endlich, am 16. Juni 1698, war es so weit: Die Große Gesandtschaft zog feierlich in Wien ein. Das heißt, besonders feierlich ging es zunächst nicht zu, wie im russischen Protokoll nachzulesen ist: Die Gesandten »… mussten dabei fünf Brücken passieren, aber diese Brücken waren eng und wurden vom Donauwasser überspült, so dass (sie, Anm.) … die Kutschen verlassen und zu Fuß über die Brücken gehen mussten …«

Am Tabor wurden sie schließlich von hohen Hofbeamten willkommen geheißen und im eingangs beschriebenen Zug durch die Stadt nach Gumpendorf geleitet, wo ihnen das Sommerpalais des Grafen Königsegg als Quartier zur Verfügung stand. Erst nach zwei Tagen (und dreimaliger Bitte vonseiten des Zaren) erschien ein russisch sprechender Abgesandter des Kaisers, Graf Czernin, mit dem das weitere Vorgehen besprochen werden konnte. Man vereinbarte ein zwangloses Treffen der beiden Monarchen in intimer Atmosphäre, über Staatsgeschäfte sollte dabei nicht gesprochen werden. Am 19. Juni wurde Peter zur nahe gelegenen Favorita gebracht.

Freilich war selbst das zwangloseste Treffen zu jener Zeit dem Hofzeremoniell unterworfen, und diesem entsprechend sollten sich Peter und Kaiser Leopold in der Mitte des Saals treffen. Doch der ungestüme Zar brachte das Protokoll prompt durcheinander, indem er einfach auf seinen Gastgeber zustürmte und ihn herzlich auf Russisch begrüßte. Die beiden hohen Herren zogen sich nun für eine Viertelstunde in eine Fensternische zurück, wobei Le Fort als Dolmetscher fungierte. Von diesem wissen wir, dass das Gespräch außer Komplimenten und der beiderseitigen Versicherung ihrer Freundschaft nicht viel enthielt.

Abermals folgte typisch barockes Geplänkel: Kaiser Leopold gestattete dem Zaren höflich, Platz zu nehmen und seinen Hut wieder aufzusetzen, den dieser zur Begrüßung gezogen hatte. Peter, noch höflicher, nahm ihn aber gleich wieder ab, weshalb auch der Kaiser den seinigen nicht aufbehalten konnte. Im Originaltext der Zeremonialak-

Zar Peter in einfacher Bauernkleidung bei einem Hoffest mit Kaiser Leopold I.

ten heißt es: »Sie (Ihre kaiserliche Majestät, Anm.) haben dem Czaar gleich angetragen auffzusezen, so er lang nicht thun wollen, entlich aber auffgesezt doch den Huut Bald wieder abgethan, somit also Beede Unbedeckter gebliben.«

Nach diesem ersten freundschaftlichen Zusammentreffen folgte das organisierte »Sightseeing-Programm«: Besichtigung der nach der Türkenbelagerung wiederhergestellten Basteien, Besteigung des Steffls, Spazierritt auf den Leopoldsberg, Besuch der Kapuzinergruft, der Gemäldegalerie, der Schatzkammer und der Hofbibliothek sowie eine Lustfahrt auf der Donau. Dazwischen gab es Opernbesuche, Feuerwerke, Konzerte und Bälle. Peter machte die Bekanntschaft der Kaiserin Eleonore, des Thronfolgers Joseph und Prinz Eugens und ließ sich von Johann Bernhard Fischer von Erlach die Pläne des Schlosses Schönbrunn erläutern, dessen Bau eben erst begonnen hatte. Auch nach Pressburg, Schloss Laxenburg und nach Baden zu den Schwefelbädern reiste der Zar. Er trat dabei zumeist »in deutscher unauffälliger Kleidung« auf, und sein Wunsch, unerkannt zu bleiben, wurde (trotz all des Aufwands rund um seinen Besuch) respektiert.

Alles in allem zeigte sich Peter stets höflich, auch hatte er gelernt, sich diplomatisch zu benehmen und sich dem höfischen Zeremoniell anzupassen. Seine im Vorfeld befürchteten berüchtigten Wutausbrüche blieben aus, wenngleich er manches Mal seine – wie Kardinal Kollonitsch schrieb – »angeborene Grobheit« seinen russischen Begleitern gegenüber auslebte.

Am 28. Juli fand eine letzte, große offizielle Audienz der Gesandtschaft in der Favorita statt. Kaiser Leopold schenkte dem Zaren drei Lipizzaner und einen wertvollen Bergkristallpokal, Peter revanchierte sich mit kostbaren Pelzen, Teppichen und Prunkwaffen. Am folgenden Tag reiste der Zar mit seinem Gefolge ab.

Zwar hatte er vorgehabt, noch Venedig zu besuchen, doch der Aufstand der Strelitzen, der russischen Palastgarde in Moskau, rief ihn auf schnellstem Wege heim. Mit eiserner Hand sollte er die Rebellion bald niedergeschlagen haben, genauso kompromisslos und hart, wie er auch seine Reformen in die Wege leitete, um »das Glück der Russen dem Ruhm Russlands« zu opfern.

17

Ignaz Parhamer, der »Pater Kindergeneral«

Waisenhauskirche, Rennweg

Das Waisenhaus am Rennweg gibt es zwar schon seit über zweihundert Jahren nicht mehr, dennoch kennt man die dortige Pfarrkirche »Mariae Geburt« auch heute noch als »Waisenhauskirche«.

Ihre Weihe am 7. Dezember 1768 war nicht nur eine religiöse Zeremonie, sondern auch ein gesellschaftliches Großereignis – sowie ein musikalisches Erlebnis erster Güte: Neben dem Wiener Fürsterzbischof Migazzi, Kaiser Josef II., seiner Mutter Maria Theresia und anderen Mitgliedern des Hofes drängten sich viele fromme (oder schaulustige) Menschen in die Kirche, um dem Gottesdienst zu folgen. Sie alle wurden dabei Zeugen der Uraufführung der berühmten *Waisenhausmesse*, komponiert und dirigiert vom zwölfjährigen Wolfgang Amadeus Mozart. Das *Wienerische Diarium* berichtete: »Die ganze Musik des Waisenchors bey dem Hochamte wurde von dem wegen seinen besonderen Talenten bekannten Wolfgang Mozart 12.jährigen Söhnlein des … Kapellmeisters Hr. Leopold Mozart, zu dieser Feyerlichkeit ganz neu verfasset, mit allgemeinem Beyfalle und Bewunderung, von ihm selbst aufgeführet, mit der größten Richtigkeit dirigiret, und nebst deme auch die Motetten gesungen.«

Neben den freundlichen Worten für den jungen Mozart wurde im selben Zeitungsartikel auch der damalige Leiter des Waisenhauses gewürdigt, der mit »der unermüdeten und nur ihm eigenen Sorgfalt« hauptverantwortlich für den Neubau der angeschlossenen Kirche war: der Jesuit Ignaz Parhamer. In Wien kannte man ihn damals bereits als »Pater Kindergeneral«.

Parhamer stammte aus Oberösterreich. Nach seinem Theologiestudium und der Priesterweihe beschäftigte er sich schon früh mit Fragen der Pädagogik, was für einen Jesuiten nichts Ungewöhnliches war. Er verfasste Lehrbücher und Schulkatechismen, die in mehrere Sprachen übersetzt in allen Kronländern der Habsburgermonarchie Verwendung fanden. Maria Theresia wurde bald auf ihn aufmerksam und übertrug ihm 1748 die Aufsicht über die Trivialschulen (Volksschulen). Wenige Jahre später berief sie ihn zum Leiter der berüchtigten »Keuschheitskommission«, die über das sittliche Verhalten der Untertanen wachen sollte. 1758 schließlich wurde er persönlicher Beichtvater ihres Mannes, Kaiser Franz I. Stephans. Parhamer stieg somit binnen kurzer Zeit zu einem wichtigen Vertrauten und Mitarbeiter in Maria Theresias Umfeld auf und konnte sich der steten Gunst der Kaiserin sicher sein.

Zu den vielen Reformen, die Maria Theresia in die Wege leitete, gehörte auch die verbesserte Organisation des »Armenwesens«, worunter die Versorgung von Waisen- und Findelkindern fiel. Diese wuchsen bislang entweder in der Obhut von Klöstern auf, im Armen- beziehungsweise im Arbeitshaus oder in privaten Stiftungen wie jener des Freiherrn von Chaos in der Kärntner Straße.

Auch am Rennweg gab es seit 1742 ein Waisenhaus, errichtet vom reichen Fabrikanten Kienmayer, der am benachbarten Grundstück eine große Seidenspinnerei betrieb.

Den Anstoß zur Gründung hatte der spätere Weihbischof Franz Anton Marxer gegeben, der sich nach einem Besuch im Leopoldstädter Zucht- und Arbeitshaus erschüttert von den dort herrschenden Zuständen zeigte. Kienmayer erklärte sich auf Marxers Bitte dazu bereit, 20 Waisenmädchen von dort zu übernehmen, und es sollte nicht lange dauern, bis auch die ersten Buben aufgenommen wurden. Kienmayers Absichten sollen hier nicht schlechtgeredet werden, der Vollständigkeit halber sei jedoch erwähnt, dass er für die Unterbringung der Kinder einen staatlichen Zuschuss erhielt und sie darüber hinaus zur Gratisarbeit in seiner benachbarten Fabrik einsetzen konnte. Auch zeigte sich bald, dass die Lebensbedingungen der hier untergebrachten Buben und Mädchen nicht viel besser waren als im Zucht- und Arbeitshaus, immerhin stieg die Zahl der Kinder innerhalb von 20 Jahren auf rund 300! Die Räume waren ebenso überbelegt wie arg verschmutzt und von Ungeziefer befallen, es mangelte an Leib- und Bettwäsche und vor allem an Lehrpersonal.

Maria Theresia beschloss angesichts der Missstände, das Waisenhaus in eine öffentliche Einrichtung umzuwandeln, und ihr Vertrauter, der tatkräftige Jesuit Parhamer, sollte ihr dabei helfen. Im Jahr 1759 beauftragte sie ihn mit der Leitung des Hauses, wenig später kaufte sie dem in finanzielle Schwierigkeiten geratenen Kienmayer den gesamten Gebäudekomplex ab.

Tatsächlich änderte sich ab nun vieles, denn Parhamer erwies sich als begnadeter Organisator. Er ließ das Waisenhaus großzügig umbauen und erweitern (wobei auch die eingangs erwähnte Kirche errichtet wurde). Die Schlafsäle wurden nun regelmäßig ausgeräuchert, jedes Kind erhielt eigene Wäsche, und all jenen Kritikern, die weiterhin die Ernährung der Zöglinge bemängelten, hielt er energisch entgegen, diese seien »gesund und wohlgestalt« und »verhungern nicht, wie es boshafte Leute falsch ausgesprengt haben«. An Fleischtagen gebe es vielmehr ein »Stückel Rindfleisch, etwas Grünes, als Kraut, Rüben«, abends »Gersten, ein Geschnaitl oder Knödl, Fleck«, an Fasttagen »... Arbessuppe (Erbsensuppe, Anm.) mit Semmelschnitten, eine Mehlspeis (Nudeln, Zweckerl, Griesschmarren), eine Zuspeis (Erbsen, Linsen, Bohnen), abends Zuspeis mit Suppe und täglich 15 Lot Brot (rund ein Viertel Kilo, Anm.)«.

Weiters war für die medizinische Betreuung durch Ärzte und »Krankenwarterinnen« gesorgt, Kinder mit Hautausschlägen wurden separiert, um Ansteckungen zu vermeiden, manche sogar zur Kur nach Baden geschickt.

Besonderes Augenmerk legte Parhamer freilich auf die Ausbildung und Erziehung seiner Zöglinge. Sein Ziel war, wie er schrieb, »... die Heranbildung von wahren eifrigen Christen, wohlgesitteten Bürgern und Untertanen, die tauglich zu verschiedenen Ämtern, fähig zu Künsten, Diensten und Arbeiten sind«.

Der Tagesablauf war straff organisiert, alles bis ins Kleinste durchgeplant: Aufstehen um halb fünf, Messe, Unterricht in Musik, Lesen, Schreiben (Kurrent- und Lateinschrift), Zeichnen (Architektur, Geometrie und Figuren), Mittagspause, Rosenkranzgebet, Unterricht in Rechnen und Handarbeit, um halb sechs abermals Messe, anschließend Abendessen, Bettruhe um sieben Uhr, eine Stunde später Visitation und Haussperre. Der Sonntag stand ganz im Zeichen religiöser Übungen.

In den Handarbeitsstunden lernten die Mädchen Nähen, Stricken und Klöppeln, die Buben Schneidern, Schreinern oder das Schuhmacherhandwerk. Besonders musikalische Kinder wurden von Parhamer darüber hinaus in den Kirchenchor aufgenommen oder erlernten ein Instrument. Nicht wenige Zöglinge erhielten später gute Posten bei den Privatorchestern adeliger Familien, wie Parhamer einmal stolz vermerkte.

Die angestellten Lehrer und Lehrerinnen sollten ihren Schützlingen in allem ein gutes Vorbild »eines auferbaulichen Lebenswandels« sein, sich also vor »Vollsaufen, Feindseligkeiten und Raufhändeln« hüten. Auch »unmäßiger Zorn und ärgerliche Worte« sollten vermieden werden – was natürlich nicht hieß, dass bei Vergehen nicht streng durchgegriffen wurde. Von Arrest, Essensentzug, Arbeitsdiensten bis zu körperlicher Züchtigung reichten die verhängten Strafen, wobei den Kindern aber nicht ins Gesicht geschlagen und sie nicht an den Haaren gezogen werden durften.

Was sein Waisenhaus besonders machte und Parhamer letztlich den Beinamen »Kindergeneral« einbrachte, war der soldatische Drill, dem die Knaben ausgesetzt waren. Überzeugt davon, dass Tugenden wie Gehorsam, Disziplin, Kameradschafts- und Ehrgefühl das Leben eines Heranwachsenden auszeichnen sollten, führte Parhamer seine Anstalt so, als sei sie eine Militärakademie. Abgesehen von diesen grundsätzlichen pädagogischen Überlegungen sollte die militärische Erziehung auch praktischen Zwecken dienen, immerhin befand sich Österreich damals wieder einmal im Krieg gegen die Preußen (dem »Siebenjährigen Krieg«). Künftige Soldaten von klein auf zu trainieren, schien eine patriotische Tat – und wurde von Maria Theresia als solche hoch anerkannt.

Seine Zöglinge, zwischen sechs und 16 Jahre alt, steckte Parhamer in Uniformen und ließ sie mehrmals in der Woche an strengen Exerzierübungen teilnehmen. Er selbst führte dabei mit Unterstützung eines kaiserlichen Offiziers das Kommando. Ab fünf Uhr morgens hatten Buben an den Toren Wache zu stehen, die anderen im Hof auf und ab zu marschieren und alle Kommandos zu erlernen, die ein Soldat beherrschen musste. Sie waren dabei als Grenadiere, Füsiliere oder Kanoniere in Kompanien und Korporalschaften eingeteilt, es gab Offiziere und Unteroffiziere, Trommler, Pfeifer und Fähnriche. Die Buben waren mit Musketen, Säbeln und Bajonetten ausgerüstet und erlernten, die Waffen auch zu gebrauchen. Stundenlang hatten sie das Hantieren mit den Gewehren, das Laden und das Abfeuern, das Schultern und Präsentieren zu üben.

Im großen Innenhof des Waisenhauses ließ Parhamer eine erhöhte Befestigungsanlage, eine Schanze, errichten, die mit 16 Kanonen bestückt war. Bei den Vorführungen, die meist anlässlich von hohem Besuch gezeigt wurden, war die Erstürmung dieser Schanze stets der Höhepunkt.

Besucher kamen häufig, denn Parhamers Anstalt entwickelte sich bald zu einer regelrechten Sehenswürdigkeit. Selbst Papst Pius VI. ließ es sich anlässlich seines Wien-Besuchs 1782 nicht nehmen, den militärischen Darbietungen beizuwohnen. Auch Maria Theresia gehörte zu den regelmäßigen Gästen. Ihre besondere Verbundenheit mit Par-

Der Jesuitenpater Ignaz Parhamer kommandiert seine uniformierten Zöglinge.

hamer äußerte sich darin, dass sie drei ihrer Söhne bei ihm militärisch ausbilden ließ. Überhaupt war es bald für wohlhabende Familien nicht unüblich, die Söhne im Waisenhaus am Rennweg unterzubringen. Damit stiegen unter Parhamers Direktion die jährlichen Stiftungen und Spenden auf ein Zehnfaches (nämlich auf über 400 000 Gulden). Die Zahl der Zöglinge wuchs auf knapp 800 an, immerhin waren auch die Kinder des schon erwähnten Chaos'schen Waisenhauses im Jahr 1767 hierher verlegt worden.

Man darf jedoch nicht glauben, dass die militärische Ausrichtung der Anstalt ungeteilte Sympathien hervorrief. Gerade Vertreter der Aufklärung kritisierten den harten Drill und bemängelten, dass die Kinder unter der strengen Disziplin geradezu erdrückt würden. Für Spiel und Erholung war keine Zeit. Friedrich Nicolai, der berühmte Schriftsteller und Gelehrte aus Berlin, betonte nach seinem Wien-Besuch 1781 die »sehr mechanische Ordnung in diesem auf alle Weise sehr merkwürdigen Waisenhause«. Weiter heißt es bei ihm über die unfreiwilligen kleinen Soldaten: »Kein Charakter war zu unterscheiden, sondern einer sah aus wie der Andere, Alle steif und wie in einen Rahmen eingespannt.«

Eine große Zukunft hatte die Anstalt damals ohnehin nicht mehr. Maria Theresia war mittlerweile gestorben und Kaiser Josef II., zu dem Parhamers Verhältnis bei Weitem nicht so eng war, hatte seine eigenen Pläne. Im April 1783 wurde die Waisenhauskirche zur Pfarrkirche erklärt, die Parhamer, mittlerweile durch mehrere Ehrentitel und Ämter gewürdigt, seelsorgerisch zu betreuen hatte.

In seinem Reformeifer beschloss Josef 1785, das Waisenhaus aufzulösen und in die Alservorstadt (in die heutige Boltzmanngasse) zu verlegen. Der inzwischen 70-jährige Parhamer verkraftete die Zerschlagung »seiner« Anstalt nicht, tief gekränkt starb er wenige Monate später. Das Gebäude des ehemaligen Waisenhauses wurde in eine Artilleriekaserne umgewandelt.

18

Die Trinitarier und das bewegte Leben der Anna Maria Königin

Franz-von-Assisi-Kirche, Mexikoplatz

Im rechten Seitenschiff der Franz-von-Assisi-Kirche am Mexikoplatz, direkt über dem Beichtstuhl, hängt ein Gemälde. Es ist nicht sonderlich groß und von bescheidener künstlerischer Qualität, aber es illustriert auf hervorragende Weise eine interessante historische Begebenheit.

Zwei Mönche sind auf dem Bild zu sehen, durch das rot-blaue Kreuz auf weißem Habit und den schwarzen Mantel als Trinitarier zu erkennen. Sie überreichen einem orientalisch gekleideten Greis einen prall gefüllten Geldbeutel und erkaufen damit die Freiheit einer zerlumpten Gestalt aus der Sklaverei. Dieser Mann hält seine offenbar verkrüppelte Hand im Gewand verborgen, was uns einen Hinweis auf seine Identität liefert: Es ist kein Geringerer als Miguel de Cervantes, der weltberühmte Dichter.

Als junger Soldat in Diensten der spanischen Habsburger hatte er 1571 in der Seeschlacht bei Lepanto gegen die Türken gekämpft, eine Musketenkugel zertrümmerte dabei seine linke Hand. 1575 geriet er in Gefangenschaft muslimischer Piraten und musste ganze fünf Jahre als Sklave in Nordafrika verbringen. Lange Zeit nach seinem Freikauf durch den Trinitarier-Orden schuf er mit dem »Ritter von der traurigen Gestalt«, dem Don Quijote, eine der berühmtesten Gestalten abendländischer Literatur.

Cervantes ist zwar der weitaus Bekannteste, war aber nur einer von Hunderttausenden, die von den Trinitariern aus Gefangenschaft und Zwangsarbeit befreit wurden. Der Orden hatte bereits zu Cervantes' Lebzeiten eine lange Geschichte: Im ausgehenden 12. Jahrhundert, kurz nach Ende des Dritten Kreuzzugs, war er von dem Priester Johannes von Matha und dem Edelmann Felix von Valois gegründet worden. Beide scharten in den Wäldern bei Paris Gleichgesinnte um sich, mit denen sie als Einsiedler ihr Leben ganz im Sinne christlicher Barmherzigkeit und Nächstenliebe führen wollten. 1198 stellten sie ihre noch kleine Gemeinschaft unter dem Namen »Trinitarier« (»Orden der Dreifaltigkeit«) unter päpstlichen Schutz.

Das Besondere war, dass die Trinitarier zwar als direkte Reaktion auf die Kriege im Heiligen Land gegründet wurden, sich aber im Gegensatz zu den Templern, den Johannitern und dem Deutschen Orden (den drei berühmten Kreuzritterorden) vollkommen aus dem Kampf gegen die Muslime heraushielten. Sie wollten nicht kämpfen, sondern helfen und auch mit den muslimischen Feinden kooperieren, denn ihr Ziel war von Anfang an die Befreiung von Christen aus der Sklaverei.

Gefangene Ritter und andere Adelige hatten meist selbst das Geld, sich freizukaufen, um die vielen Mittellosen aber, die entweder als Kriegsgefangene oder als geraubte Kinder auf die Sklavenmärkte des Orients verschleppt worden waren, wollte sich nun der Orden kümmern. In ganz Europa begann man, Geld zu sammeln. Zu drei gleichen Teilen sollte es dem Freikauf, der barmherzigen Arbeit (wie etwa der Errichtung von Spitälern) und schließlich der Erhaltung des Ordens dienen. Als die Spenden immer reichlicher flossen und die Trinitarier plötzlich Gefahr liefen, selbst reich zu werden, verpflichteten sie sich zur Armut. Selbst wenn einer von ihnen ein Pferd besaß, durfte er es nicht reiten, denn so wie einst Jesus Christus wollten sie sich nur zu Fuß oder allenfalls auf einem Esel fortbewegen (der wohlgemerkt auch nur *geliehen* sein durfte).

Papst Innozenz III. förderte die Trinitarier nach Kräften, lag der Freikauf von Gefangenen doch ganz in seinem Interesse. Er wusste schließlich, dass viele christliche Sklaven in ihrer Not zum muslimischen Glauben übertraten und somit als Soldaten für die Sache Roms nicht mehr zur Verfügung standen. Innozenz wandte sich daher kurz nach der Gründung des Ordens höchstpersönlich an den Sultan von Ägypten und den Kalifen in Marokko, um sie davon zu überzeugen, dass von den Mönchen keine Gefahr ausging.

Die Duldung durch die regionalen Machthaber war notwendig, um im Orient Niederlassungen zu gründen. Tatsächlich bestanden bereits Mitte des 13. Jahrhunderts nicht weniger als 600 »Häuser«, wie man die Trinitarierklöster nannte, in Europa, Nordafrika und der heutigen

Türkei. Da die Mönche nicht nur Sklaven *kauften* (und das oft zu überteuerten Preisen), sondern auch den *Austausch* gegen gefangene Muslime organisierten, waren die Herrscher der muslimischen Welt mit ihrem Tun durchaus einverstanden.

Bis die Trinitarier auch nach Wien kamen, dauerte es hingegen lange. Erst nach der Zweiten Türkenbelagerung zogen 1688 erste Mönche des Ordens in feierlicher Prozession in die Hauptstadt des Habsburgerreichs ein. An der Alser Straße erbauten sie Kirche und Kloster (die heutige Minoritenkirche gegenüber dem Haupteingang des alten AKHs). Knapp hundert Jahre wirkte der Orden dort und sammelte während dieser Zeit so viel Geld, dass rund 3000 Männer, Frauen und Kinder aus dem Orient freigekauft werden konnten. Kaiser Josef II. hob den Orden schließlich auf.

Kurz vor Ausbruch des Ersten Weltkrieges kehrten die Trinitarier nach Österreich zurück, wo sie die damals eben erst neu gebaute Kirche am Erzherzog-Karl-Platz (dem heutigen Mexikoplatz) übernahmen. Sie ist neben Baden bei Wien die einzige österreichische Niederlassung des Ordens, der sich heute vor allem um Drogenabhängige, Flüchtlinge und bedürftige AIDS-Kranke kümmert.

Mit den Trinitariern hängt auch die Geschichte der Anna Maria Königin aufs Engste zusammen, die als Maria Theresias »Türkenkind« bekannt wurde.

Ihre genaue Herkunft und ihr Geburtsjahr sind ungewiss. Sie war wohl eine christliche Tscherkessin, stammte also aus dem Kaukasus, vom Ufer des Schwarzen Meeres. Nachdem ihre Eltern an der Pest gestorben waren, wurde das etwa sechsjährige Mädchen von Sklavenhändlern verschleppt und an einen reichen Kaufmann in Konstantinopel verkauft. Vom Sohn des Hauses regelmäßig misshandelt und erniedrigt, entschloss sie sich als 13-Jährige zur Flucht. Mutig schlich sie aus dem Haus ihres Herrn und schlug sich in den engen Gassen der Stadt bis zur Niederlassung der Trinitarier durch. Diese versteckten sie zunächst im Weinkeller, denn sie hatten offiziell nicht das Recht, *entflohene* Sklaven aufzunehmen. Es bedurfte langwieriger Verhandlungen mit dem zuständigen Richter und der Zahlung einer hohen Ablöse, bevor ihr Besitzer auf sie verzichtete (ihr Preis betrug

819 Gulden, eine enorme Summe, wenn man bedenkt, dass andere Sklaven schon um 20 Gulden zu haben waren!).

Mit anderen Freigekauften brachte man sie über Belgrad nach Wien; während der Reise begann sie Deutsch zu lernen. Im Sommer 1745, wenige Tage nach der Ankunft in der Hauptstadt, führte eine große Prozession vom Trinitarierkloster in der Alser Straße in Richtung Innenstadt. Tausende Schaulustige säumten die Straßen, als die 91 Männer und Frauen, allesamt ehemalige Sklaven, zur Hofburg zogen – an der Spitze ging Anna Maria in einem »türkischen Kleid«, wie vermerkt wurde. Die kaiserliche Familie lud zu einem großen Festmahl, die Befreiten wurden gefeiert und reich beschenkt.

Ganz entzückt zeigte sich die Kaiserin vor allem von Anna Maria und beschloss, das junge Waisenmädchen, das so viel durchgemacht hatte, unter ihren persönlichen Schutz zu stellen.

Sie ließ sie von einem Jesuiten unterrichten und im August 1746 in der Hofburgkapelle taufen. Anna Maria behauptete zwar stets, aus einer römisch-katholischen Familie zu kommen, doch scheint das fragwürdig, da die Tscherkessen meist russisch-orthodox waren. Darüber hinaus konnte sich das Mädchen nicht an den Nachnamen ihrer Familie erinnern, weshalb sie nun einen neuen bekam: Königin. Maria Theresia persönlich hatte ihn für sie ausgewählt.

In der Pflegefamilie, bei der sie nun lebte, fühlte sich Anna Maria nicht wohl, doch es gab bald einen jungen Mann, der um sie warb. Er hieß Johann Evangelist Mohrenheim, stammte selbst aus dem Orient, war Christ und einst als Gehilfe eines Wiener Kaufmanns aus Konstantinopel nach Wien gekommen. Er arbeitete auf der Tuchlauben in einem noblen Stoffgeschäft.

Maria Theresia, der sich ihr Schützling anvertraute, holte Informationen über Mohrenheim ein, und als sie erkannte, dass er ein »anständiger« Mann war, willigte sie in die Hochzeit ein. Am 23. November 1747 wurde in der Pfarr- und Wallfahrtskirche von Maria Brunn geheiratet, die Kaiserin war als Trauzeugin dabei und kam für die Kosten des dreitägigen Festes auf.

Anna Maria führte bis zum Tod ihres Mannes 41 Jahre später eine offenbar sehr glückliche Ehe. Von ihren zehn Kindern (von denen sechs in der Kaiserin ihre Taufpatin hatten) erreichten vier das Erwachsenenalter, darunter Joseph Jacob Mohrenheim, der als angesehener Arzt in den Freiherrenstand erhoben wurde. Den Aufzeichnungen von Anna Marias jüngster Tochter Elise ist es übrigens zu verdanken, dass wir die bewegte Lebensgeschichte ihrer Mutter heute noch kennen.

Ein türkischer Reiter verschleppt gefangene Christen auf den Sklavenmarkt.

19

Der Doktor und die Vampire

Augustinerkirche, Augustinerstraße

Orte der Erinnerung an den großen Gerard van Swieten zu finden, ist in Wien nicht weiter schwer: Eine Gasse und eine Kaserne sind nach ihm benannt, seine Büsten stehen im Prunksaal der Nationalbibliothek und im Arkadenhof der Universität, und sein lebensgroßes Bildnis ist an prominenter Stelle zu Füßen seiner Kaiserin am Maria-Theresia-Denkmal an der Ringstraße zu finden. Am nächsten ist man ihm freilich dort, wo er 1772 bestattet wurde, in der Georgskapelle der Augustinerkirche.

Van Swieten war Niederländer, so wie viele bedeutende Wissenschaftler, die damals in Wien tätig waren. 1700 in Leiden geboren und in Löwen zum Doktor der Medizin promoviert, machte er sich schnell einen Namen als bedeutender Arzt. Der österreichische Staatskanzler Kaunitz wurde auf ihn aufmerksam und empfahl ihn (immerhin war van Swieten Katholik) seiner Kaiserin. Maria Theresia betraute ihn daraufhin mit der Behandlung ihrer Schwester Maria Anna, die dennoch 1744 im Wochenbett starb. Van Swieten hatte sein Möglichstes getan und dabei einen derart guten Eindruck bei der Kaiserin gemacht, dass er zum Leibarzt am Hof avancierte.

Als solcher ist er bis heute bekannt, und auch seine Leistungen im Zuge der damaligen Universitätsreform (mit der Einrichtung eines ersten Lehrstuhls für Botanik und Chemie) kennt man zur Genüge. Als Geister- und Vampirjäger hingegen dürfte er einer breiten Öffentlichkeit unbekannt sein.

Schon in den 1720er- und 1730er-Jahren, noch unter der Regentschaft von Maria Theresias Vater Karl VI., mehrten sich die Berichte über schaurige Vorkommnisse an den äußersten Grenzen des Habsburgerreichs. In Siebenbürgen sowie in entlegenen Dörfern Serbiens und Bosniens sprach man angstvoll von Vampiren: Tote, so hieß es, erhoben sich aus ihren Gräbern, sie quälten die Lebenden, würgten sie des Nachts und saugten ihnen die Lebenskraft aus. Nachdem sich 1725 im serbischen Dorf Kislova mehrere unerklärliche Todesfälle ereignet hatten, öffnete man das Grab eines unlängst Verstorbenen und fand diesen fast unverwest vor. Das war der Dorfbevölkerung genügend Beweis, dass er ein Vampir sei. Man beschloss, ihm einen Pfahl durch das Herz zu stoßen und ihn anschließend zu verbrennen. Zeitungen berichteten von diesem Fall, in manchen Regionen brach daraufhin eine regelrechte Vampirhysterie aus.

Beamte, Mediziner und Geistliche wurden von der Obrigkeit mit der Klärung dieses und ähnlicher Fälle betraut, und zur Sicherheit empfahlen sie das einzig probate Mittel: Verdächtige Vampire seien zu enthaupten und zu verbrennen.

Doch gab es auch aufgeklärte Gelehrte, wie den evangelischen Theologen Michael Ranft aus Sachsen, die versuchten, den scheinbar unerklärlichen Vorkommnissen auf naturwissenschaftliche Art zu begegnen. Auch van Swieten gehörte zu ihnen.

Maria Theresia, so heißt es in dessen *Abhandlung des Daseyns der Gespenster nebst einem Anhange vom Vampyrismus* aus dem Jahr 1768, zeigte über die bisherigen Praktiken im Umgang mit vermeintlichen Vampiren die »höchste Ungnade«. Ihren berühmten Leibarzt beauftragte sie, die Fälle genau zu dokumentieren und im Sinne der Vernunft und des Verstandes zu untersuchen.

Van Swieten machte sich 1755 auf den Weg nach Mähren, wo ebenfalls der Vampirglaube grassierte. Seine Abhandlung *Vampyrismus* ist nicht ausschließlich nüchtern-wissenschaftlicher Art, sondern enthält durchaus emotionale Passagen. Es ist deutlich erkennbar, wie sehr sich der Arzt angesichts des Aberglaubens der Menschen ärgerte. Die »ungeheuren Missbräuche, die der Vernunft schnur gerade zuwider sind«, so schrieb er, versetzten ihn gar in »Zornmüthigkeit«.

Alles sei einfach und wissenschaftlich zu erklären, stellte er unmissverständlich fest: Dass Leichname vor allem in den Wintermonaten nur sehr langsam verfaulten, sei kein Werk von Dämonen oder des Teufels, sondern läge schlicht an den tiefen Temperaturen, »wenn die Erde durch die Kälte wohl geschlossen, oder der Sarg selbst von der Luft wohl bewahret ist«.

Darüber, dass im Bistum Olmütz 1731 neun verdächtige Leichen (darunter mehrere Kinder) verbrannt worden waren, und darüber, dass der Leichnam einer gewissen Rosina Polakin im Jänner 1755 das gleiche Schicksal erfuhr, schimpfte er: »Welche Unwissenheit! Erschreckliche Dummheit!«

Wie könne man sich anmaßen, so van Swieten weiter, unschuldige Tote aus der Sicherheit ihrer Gräber zu reißen, sie und den Namen ihrer Familie zu entehren? Er schrieb: »Sogar die Kreuze selbst (ein Zeichen, eine Erinnerung unserer Erlösung ...), die Kreuze sage ich, sind nicht besser verurtheilet worden. Man hat sie schändlich und nur deswegen verbrennet, weil sie auf den Gräbern dieser unglückseligen Schlachtopfer der Ignoranz und des Aberglaubens gestanden sind.«

Dass man die Geister von Verstorbenen auch in Gestalt von Hunden, Katzen oder Kälbern wiedererkennen wollte, sei ebenfalls nur einer »verwirrten und starken Einbildung« zu schulden: »Sogar eine Sau, welche an einem Hause vorbeigrunzete, wurde ... für einen aufgestandenen Vampyre gehalten.«

Van Swieten konnte die Furcht unter den einfachen Bauern jedoch nachvollziehen, denn die »täglichen Erzählungen von Geistern und anderen Blendwerken« sorgten nun einmal nicht für erholsame Nachtruhe. Mit der Angst müsse man sich jedoch auseinandersetzen: In früheren Zeiten, so argumentierte er, trieb auch eine Sonnenfinsternis die Menschen »in entsetzlichste Furcht«, nun aber, durch die Erkenntnisse der Astronomie, konnte man die Bewegungen der Gestirne erklären und berechnen und somit »ganz ruhig die Allmacht des Schöpfers« bewundern.

Maria Theresia teilte van Swietens Auffassung ganz und gar. Sie erließ im März 1755 »den ernsthaften Befehl« an alle Regierungen, Magistrate und Polizeistellen der Kronländer, wonach »dergleichen Aberglauben nicht nur allein verhindert, gestraft, sondern gänzlich aufgehoben seyn sollten«.

Es hieß weiter: »Und wenn sich ein Zufall ereignet, dessen natürliche Ursache man noch nicht genugsam erkennet; sollte sich beileibe keiner mehr erkühnen, sich in diese Händel zu mischen, ohne zuvor Ihrer Majestät davon Nachricht zu ertheilen. Höchstdieselbe werden alsdenn mit jenen Mitteln vorzubeugen wissen, die man in dergleichen Umständen für anständig, nützlich und billig erachten wird.«

Der Vampirglaube wurde gewissermaßen per Dekret abgeschafft,

Titelblatt des Buches, in dem van Swietens Schrift über den Vampir-Aberglauben erschien

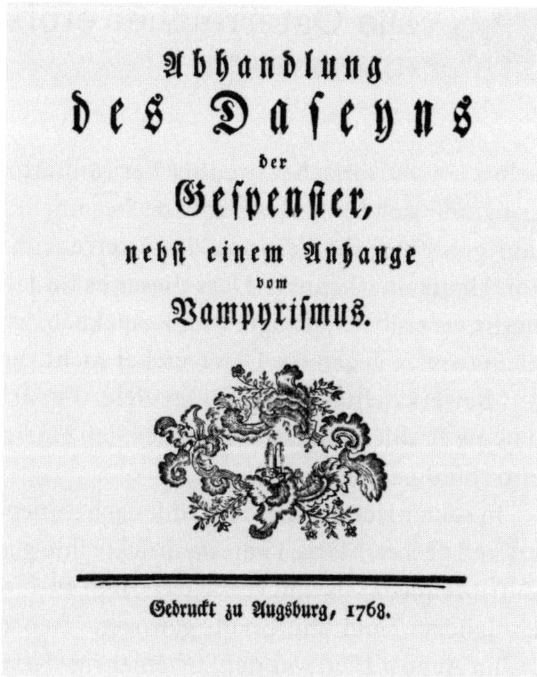

Abhandlung
des Daseyns
der
Gespenster,
nebst einem Anhange
vom
Vampyrismus.

Gedruckt zu Augsburg, 1768.

und wirklich tauchten ab nun keine Fälle mehr in den Zeitungen auf. Ob die strengen Worte der Kaiserin in den entlegenen Bergdörfern tatsächlich etwas am Aberglauben der Menschen änderten, ist allerdings zu bezweifeln.

Auch Gerard van Swieten tauchte über hundert Jahre nach seinem Tod abermals auf, nämlich in einem 1897 erstmals publizierten Klassiker der Weltliteratur: *Dracula*. Bram Stoker hatte für sein Buch gewissenhaft recherchiert, kannte daher höchstwahrscheinlich die Geschichten rund um den berühmten Arzt aus dem 18. Jahrhundert. Stokers Roman sollte ursprünglich in der Steiermark spielen, erst später entschied sich der Autor für Transsilvanien (also das zum Habsburgerreich gehörende Siebenbürgen). Als Gegner des unheimlichen Grafen Dracula setzte er den holländischen Professor Abraham van Helsing ein. Auch wenn es unter Stoker-Experten umstritten ist, so ist es doch sehr wahrscheinlich, dass van Swieten als Vorbild für diesen diente.

20 Die Österreicher erobern Berlin

Hadikgasse

Selbst ein patriotischer preußischer Militärhistoriker späterer Zeit – er nannte sich bloß »F.« – musste in seinem Buch über den Siebenjährigen Krieg die Leistung des österreichischen Offiziers Andreas von Hadik anerkennen. Dass dieser es im Jahr 1757 geschafft hatte, Berlin zu erobern, nötigte ihm Respekt ab, wenngleich »F.« sich eine kleine Spitze gegen die Österreicher nicht verkneifen konnte: Hadik »... bewerkstelligte dies mit so vieler Einsicht in das Kriegswesen, daß die Prahlereien der Östreicher sich einzig bei dieser Gelegenheit entschuldigen lassen«.

In seiner Heimat wurde Hadik nach seinem »Husarenstück« gefeiert und geehrt, Maria Theresia drückte ihm gegenüber ihre »gnädigste Zufriedenheit« aus und versicherte, ihm auch weiterhin »mit kaiserlich königlicher Huld und Gnade gewogen« zu bleiben.

Im August 1756 war der Siebenjährige Krieg ausgebrochen. Er war zu lang und zu kompliziert, um an dieser Stelle detailreich erläutert zu werden, daher sei nur kurz die Ausgangssituation geschildert: Maria Theresia ging es zunächst um die reiche Provinz Schlesien, die sie während des Österreichischen Erbfolgekrieges (1740–48) an die Preußen verloren hatte und die sie nun zurückhaben wollte. Hinter diesem vordergründigen Kriegsziel stand die grundlegende Auseinandersetzung um die Machtverteilung in Deutschland, denn Preußen unter dem energischen König Friedrich II. (von vielen »der Große«, von Maria Theresia »le monstre« genannt) wollte sich endgültig als Großmacht neben Österreich etablieren.

Beide Kontrahenten hatten Verbündete, wobei sich die zum Teil jahrhundertealten, scheinbar unverrückbaren Koalitionen kurz vor Ausbruch des Krieges deutlich verändert hatten: An Österreichs Seite standen (um die Wichtigsten zu nennen) die Sachsen, Schweden, Russen und – was noch vor Kurzem niemand für möglich gehalten hätte – die Franzosen, die doch Jahrhunderte hindurch die Erzfeinde der Habsburger gewesen waren! Da aber Friedrich II. kurz zuvor ein

Bündnis mit England eingegangen war, dem größten Konkurrenten Frankreichs im Kampf um die Kolonien in Übersee, wechselte der französische König Ludwig XV. die Seiten (bislang war er nämlich mit Preußen verbündet gewesen).

Der Krieg beschränkte sich somit nicht auf mitteleuropäische Schlachtfelder, sondern dehnte sich durch den britisch-französischen Konflikt auf die Weltmeere aus, wurde bis in die Karibik und nach Indien getragen und vor allem nach Nordamerika, überallhin, wo die beiden Kolonialmächte ihre Interessen durchzusetzen versuchten (manche Historiker sprechen daher vom ersten »Weltkrieg« der Geschichte).

Zwischen Österreichern und Preußen wurde hingegen hauptsächlich auf sächsischem und schlesischem Gebiet gekämpft. In Böhmen war Friedrich II. zwar auch einmarschiert, konnte vom österreichischen Feldmarschall Daun nach der Schlacht von Kolin im Juni 1757 aber nach Norden zurückgedrängt werden. Die Preußen schienen angeschlagen und geschwächt zu sein, und in Wien wie in Versailles jubelte man über den Erfolg, da Friedrichs Armee bislang als unbesiegbar gegolten hatte. Optimistische Gemüter dürften damals bereits von einem schnellen, endgültigen Sieg geträumt haben, zumal die französischen Verbündeten gemeinsam mit der Reichsarmee von Westen her als Verstärkung heranrückten. Doch Friedrich war klug und erfahren genug, dass er sich nicht in Schlachten verwickeln ließ, die er nicht auch gewinnen konnte.

Er teilte seine Armee, was sie einerseits zwar leichter zu besiegen, andererseits aber auch mobiler machte. Während also die Reichsarmee (die aus bunt zusammengewürfelten Einheiten deutscher Kleinstaaten bestand und nur wenig motiviert war) gemeinsam mit den Franzosen (die umso enthusiastischer waren, zumindest wenn es galt, zu plündern und evangelische Kirchen zu schänden) in Richtung Thüringer Wald zogen, orderte Friedrich seine Truppen hin und her und ließ sie umgruppieren.

Die österreichische Armee, die ihm räumlich am nächsten war, befand sich in Reaktion darauf ebenfalls in ständiger Bewegung. Die Mahnungen aus Wien, endlich zuzuschlagen, wurden immer dringlicher. Kaiser Franz I. Stephan, Maria Theresias Mann, schrieb an seinen jüngeren Bruder Karl von Lothringen, den Oberbefehlshaber der österreichischen Truppen: »Ich zittere um Deine Ehre« und »Du kannst selbst die Wirkung beurteilen, die es auf alle Welt macht, wenn diese kleine preußische Armee immer wieder Mittel findet, Dir zu entwischen, nachdem sie sich so oft und durch solange Zeit in Deiner Nähe befand, ohne Daß Du sie zu schlagen vermochtest.«

Vor diesem Hintergrund trat nun Andreas von Hadik auf, Spross einer alten, aber nicht besonders reich begüterten ungarischen Familie. Eigentlich hatte er Geistlicher werden und sich den Wissenschaften widmen wollen, war aber dem Wunsch seines Vaters gefolgt und so wie dieser Offizier geworden. Schon im Österreichischen Erbfolgekrieg bewies er, dass er für überraschende Aktionen gut war: Mit seinen 300 Husaren drang er damals, 1741, an allen Patrouillen vorbei, hundert Kilometer auf feindliches Gebiet vor, zerstörte ein preußisches Proviantlager und kehrte ohne Verluste zurück.

Mittlerweile war er 45 Jahre alt und in den Rang eines Feldmarschallleutnants aufgestiegen. Durch die ständigen Truppenverschiebungen im Herbst 1757 erkannten er und sein Vorgesetzter Karl von Lothringen, dass sich große Lücken in den preußischen Reihen aufgetan hatten, ja, dass eine offene Schneise den direkten Weg in die Mark Brandenburg und somit nach Berlin ermöglichen könnte!

Während sich Friedrich II. mit seinen Einheiten in Leipzig befand, sammelte Hadik eine kleine, aber kampferprobte Truppe um sich, bestehend aus gut 5000 Mann, darunter 2100 Reiter. Am 11. Oktober verließ er Elsterwerda (nördlich von Dresden) und rückte in Richtung Norden vor. Fußsoldaten ließ er von den Reitern mitnehmen und in regelmäßigen Abständen entlang des Weges absetzen, sodass der Rückzug gedeckt und die Verbindung untereinander aufrechterhalten werden konnte.

König Friedrich hatte inzwischen die Gefahr erkannt, die seiner Hauptstadt drohte. Am 15. Oktober sandte er seinem Generalfeldmarschall Moritz von Dessau einen »ernstlichen Befehl«: »Ihre Order ist Berlin vohr allen Dingen zu Deken«, und fügte hinzu: »... ich kann keinen Menschen zu ihnen Schiken ich werde aber Selber So baldt möhglich zu Ihnen Stosen.« Doch es war zu spät. Bereits am folgenden Morgen, am Sonntag, dem 16. Oktober (seinem 46. Geburtstag), erreichte Hadik Berlin, das Schlesische Tor lag vor ihm.

In der Stadt hatten mittlerweile Gerüchte die Runde gemacht, dass österreichische Einheiten auf dem Weg seien, die Torwachen wurden daraufhin verstärkt und die königliche Familie auf eine Evakuierung nach Spandau vorbereitet. Diese Unruhe war berechtigt, verfügte Berlin doch nur über eine schwache Garnison, fast ohne Kanonen. Zwar versuchte man jetzt in aller Eile, eine Kavallerie aufzustellen, doch die Rekruten machten sich nicht gut auf den requirierten Bierbrauerpferden. Für die erfahrenen Husaren Hadiks waren sie keine ernst zu nehmenden Gegner.

Hadik schickte nun einen Trompeter zur Stadt, der die Forderung überbrachte, binnen einer Stunde 300 000 Taler zu zahlen, wolle man nicht die Beschießung Berlins riskieren. Dieser kehrte mit der Antwort zurück, dass der Stadtmagistrat keine Entscheidung fällen könne, zumal »man von der Richtigkeit und Authenticität des erhaltenen Befehls nicht überzeugt sey«. Hadik gab daraufhin Befehl, die Zugbrücke des Tors mit den vier mitgeführten Kanonen zu beschießen. Nach nur drei Schüssen rissen die Ketten, die Wachen wurden überwältigt, Spreebrücke und Schlesisches Tor waren besetzt. 200 sächsische Soldaten, die gezwungenermaßen in preußischen Diensten standen, ergaben sich sofort.

Es folgten Kämpfe am Kottbusser Tor und in der Louisen-Vorstadt, die ebenfalls von den Österreichern klar für sich entschieden werden konnten. Hadik sandte eine zweite Botschaft an den Berliner Stadtpräsidenten, wonach »da er bereits Meister der Stadt wäre, der Magistrat die Milde, welche Ihre Majestät die Kaiserinn … stets beizubehalten gewohnt seyen, nicht mißbrauchen solle, sondern sich alsogleich zu unterwerfen« habe. Im Übrigen forderte er nun 600 000 Taler, andernfalls sollte Berlin zur Plünderung freigegeben werden.

Man versicherte ihm, »daß sich der Magistrat nebst der ganzen Stadt zu Füßen lege, Barmherzigkeit anflehe« und sich der Zahlung »ganz willig einverstehen wolle«. Hadik, der inzwischen wusste, dass eine große preußische Armee unter Moritz von Dessau heranrückte, musste sich beeilen. Er gab sich mit dem Geld zufrieden, das binnen acht Stunden von den Berliner Kaufleuten und der Judenschaft aufgebracht werden konnte: 185 000 Taler in bar, einen Wechsel über 75 000 sowie weitere 25 000 Taler, die er unter seinen Soldaten verteilen ließ. Es war ein überaus lohnender Coup gewesen.

Der Militär-Maria-Theresien-Orden, gestiftet nach der siegreichen Schlacht bei Kolin

Noch in der Nacht gab Hadik den Befehl zum Aufbruch – keineswegs zu früh, denn die feindliche Armee war nur noch wenige Stunden Marsch entfernt! Auf dem Rückweg gelang es kleineren Abteilungen seiner Husaren, auch den Magistraten von Potsdam und Frankfurt an der Oder hohe Summen abzupressen.

Als Friedrich II. von der Einnahme seiner Hauptstadt erfuhr, schrieb er resignierend an seinen Bruder Heinrich: »Welche Zeiten, welches Jahr! Glücklich, mein Bruder, sind die Toten.« Doch gab er die Hoffnung nicht auf, Hadiks Truppen noch einholen zu können: »Diese Leute müssen unser sein, tot oder lebend.«

Hadik hatte sich und seine Männer allerdings bald in Sicherheit gebracht, am 23. Oktober erreichte er Hoyerswerda, im benachbarten Bautzen lagerte Karl von Lothringen mit seiner Armee.

Maria Theresia war verständlicherweise stolz auf ihren fähigen Offizier. Sie lobte ihn für seine Umsicht, stets im Rahmen der damals anerkannten Kriegsgesetze gehandelt und niemals geplündert zu haben. 1758 verlieh sie ihm das Großkreuz des Militär-Maria-Theresien-Ordens, den sie erst kurz zuvor (nach der bereits erwähnten Schlacht von Kolin) gestiftet hatte. Hadik wurde zum Kavalleriegeneral ernannt, erhielt wenige Jahre später den Oberbefehl über die Reichsarmee und wurde in den Grafenstand erhoben.

Doch so spektakulär Hadiks »Husarenstreich« auch war, er blieb doch eine kleine Episode, der Krieg wurde dadurch keineswegs entschieden. Erst nachdem Hunderttausende Soldaten und Zivilisten ihr Leben verloren hatten, einigten sich Österreich und Preußen 1763 darauf, den Zustand »ante bellum« wiederherzustellen. Das hieß, Schlesien blieb endgültig bei Preußen, dafür verpflichtete sich Friedrich, seine Kurstimme bei der nächsten Wahl Maria Theresias Sohn Josef zu geben.

Im Budapester Burgviertel, in der Nähe der Matthiaskirche, steht an prominenter Stelle ein großes Reiterdenkmal, das Andreas von Hadik zeigt. In Wien wurde zumindest eine Straße nach ihm benannt. Dass diese nahe an Schloss Schönbrunn vorbeiführt, passt gut, denn dort residierte seine oberste Chefin, Maria Theresia.

21 Blutige Spektakel im Hetztheater

Hetzgasse 2

Das Büchlein mit dem Titel *Neueste Beschreibung aller Merkwürdigkeiten Wiens. Ein Handbuch für Fremde und Inländer* erschien im Jahr 1779. Den Wien-Besuchern wurden darin alle Sehenswürdigkeiten der Stadt vorgestellt, die Hofburg, die Schatzkammer, Schloss Belvedere, der Prater, der Augarten und vieles mehr, was auch heute in Reiseführern nicht fehlen darf. Auch das Hetztheater in der Weißgerber-Vorstadt wurde darin empfohlen, wo man die Möglichkeit habe, »... in den Kämpfen der Thiere die sich selbst überlassene Natur, die verschiedenen Arten des Anfalles, der Gegenwehre, der Geschicklichkeit und Kühnheit verschiedener Thiere« bewundern zu können. Das Publikum jedenfalls sähe die blutigen Vorstellungen stets »mit Vergnügen und Beyfalle«.

Tatsächlich gehörte die Tierhatz damals zu den beliebtesten Volksbelustigungen in Wien, so wie bereits 2000 Jahre zuvor in den Circus-Arenen des alten Roms. Seit dem beginnenden 18. Jahrhundert etablierte sich das Hetztheater in der Kaiserstadt, möglicherweise von den spanischen Begleitern Karls VI. (der ja zuvor König Karl III. von Spanien gewesen war) hier eingeführt beziehungsweise gefördert.

In der Leopoldstadt, Im Werd, war 1708 ein erstes kleines Hetztheater eröffnet worden, das 1720 in den Hof des Gasthauses »Zum schwarzen Adler« in der Taborstraße übersiedelte. Den Besuchern wurden damals »animalische Spektakel« versprochen, was nichts anderes hieß, als dass scharfe Hunde auf mehr oder weniger wilde Tiere losgelassen wurden, um diese zu zerfleischen. Im Jahr 1735 eröffnete das vom kaiserlichen Hofingenieur Galli Bibiena erbaute Hetztheater auf der Landstraße, das jedoch nur wenig Erfolg hatte und bald wieder schließen musste.

Der Franzose Charles Defraine war es schließlich, der dem grausigen Spektakel zum endgültigen Durchbruch verhalf. Er erhielt 1755 die Erlaubnis, in der Weißgerber-Vorstadt eine große, runde Arena errichten zu lassen, in der bis zu 3000 Zuseher Platz fanden. Über dem gemauerten Erdgeschoß, wo sich die Zwinger mit den Tieren befanden, lagen hölzerne Zuschauertribünen, die sich über drei Stockwerke erstreckten.

Im ersten Stock lagen die teuren Logen, die einen Dukaten (rund 90 Euro) kosteten und somit meist dem Adel vorbehalten waren. In mehreren Preisklassen waren die übrigen Ränge gestaffelt, bis zu den billigsten Plätzen im obersten Stock für »alles Krethi und Plethi, welches nicht mehr als zehn Kreuzer zu bezahlen vermag«. Von Stubenmädchen, Studenten und Mönchen bis zu Offizieren und aristokratischen Familien mit Kindern – zur Tierhatz kamen tatsächlich Menschen aus allen sozialen Schichten.

Ein Teil der beträchtlichen Einnahmen musste an die Wiener Armenkasse abgeführt werden, was wohl eine Art moralischer Rechtfertigung für das grausame Treiben sein sollte. Nach Defraines Tod kaufte die kaiserliche Theaterdirektion die Arena und verpachtete sie. Sogar

Das Hetztheater im heutigen 3. Bezirk

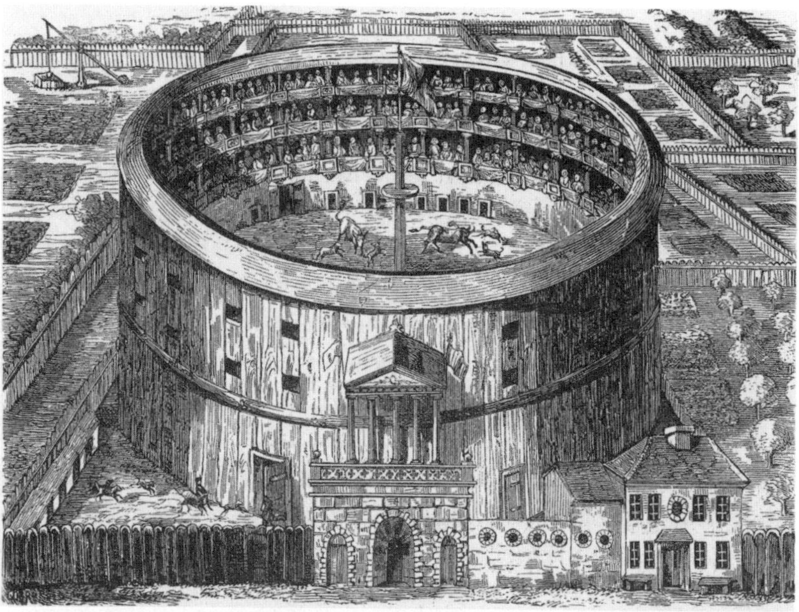

zwei Burgtheaterdirektoren waren deren Leiter, Giuseppe Afflissio und Johann Nepomuk Graf Koháry.

Die Vorstellungen fanden zwischen März und November immer sonntagnachmittags statt, ausgenommen waren hohe kirchliche Feiertage. Zuvor zog der Hetzmeister mit seinen Knechten und von Trommlern begleitet durch Wien und die Vorstädte, um Reklame für die Aufführungen zu machen, Werbezettel wurden an Passanten verteilt und an Hausecken geklebt.

Auf ihnen wurde das Programm in möglichst sensationslüsternen Worten geschildert: »Herrliche« und »heroische« Tierkämpfe wurden dem Publikum da versprochen, ja gar »Lustmetzeleien« oder ein »Thier-Massacre ohnegleichen«. Johann Pezzl, ein erklärter Gegner der Tierhatz, spottete, diese Ankündigungszettel steckten »so voll des albernsten Unsinns …, als wären sie im Narrenturm geschrieben worden«. Und weiter: »Zuweilen versteigt sich aber der Herold gar ins figürliche: Der in den vier Elementen kämpfende Bär – Die Donnerkeile Jupiters – Der Esel in der bataille – Das Maibukett Des Raufbären … Ähnliche Sottisen hat die k.k. Hetzpachtung in großem Vorrat, um damit ihrem Kannibalenspiel einen vermeintlichen Schwung zu geben.«

Interessanterweise wurden diese Handzettel (zumindest ab 1770) vom seriösen, aufgeklärten Schriftsteller Johann Rautenstrauch verfasst, was, so Heinrich Penn, »… ihm indessen nicht so sehr zur Unehre, sondern als Beweis dient, wie sehr er es verstand, daß Klimpern zum Handwerke gehöre«.

Am frühen Nachmittag strömten die Menschen ins Hetztheater auf ihre Plätze, begleitet von den Klängen einer türkischen Musikkapelle, die auf dem Balkon des Haupteingangs Aufstellung genommen hatte.

Von den Rängen aus blickte man nun hinab in die Arena, in deren Mitte ein hoher, mit Sprossen versehener Pfahl stand. Auf ihn konnte sich der Hetzmeister bei Gefahr flüchten, manches Mal, so wird berichtet, diente er auch einem der Bären dazu, sich vor den wütenden Hunden in Sicherheit zu bringen. Bären gehörten zu den »beliebtesten« Tieren, die bei keiner Vorstellung fehlen durften. Mit einem kam es im November 1768 zu einem Zwischenfall: Während sein Käfig gereinigt wurde, gelang es ihm, den Hetzmeister anzufallen und einen von dessen Knechten, der ihn abzulenken versuchte, zu zerfleischen. Er wurde von der herbeigerufenen Militärwache erschossen.

Neben Bären waren es Wildschweine, Wölfe, Schakale, Füchse, Dachse, Luchse und Esel, auf die die Fanghunde losgelassen wurden, weiters Löwen, Tiger, Leoparden und Hirsche. Am Beginn einer Vorstellung stand oft ein Stier oder Auerochse, den man zuerst durch verkleidete Strohpuppen reizte und von jungen, kläffenden Hunden umringen ließ, »wodurch der ohnedies schon halbwüthige Ochs noch toller gemacht wurde«. Erst, wenn er richtig in Rage geraten war, ließ man die erfahrenen, scharfen Hunde in die Arena. »Unter dem Gejauchze des Publikums« musste er nun einen qualvollen Kampf ums Überleben führen, den er nicht gewinnen konnte.

So wurde ein Tier nach dem anderen in die Arena getrieben, stets begleitet von den Klängen der Musikkapelle und dem Gejohle der Zuschauer, die eifrig Wetten auf das Abschneiden ihrer favorisierten Hunde abschlossen. Manche von ihnen hatten sogar ihre eigenen mitgebracht, die sie – gegen Gewährung freien Eintritts – bei der Hatz mitkämpfen ließen.

Nur selten ging es im Hetztheater unblutig zu, wenn etwa Kunstreiter, Gymnastiktruppen oder Zaubertheater hier gastierten. Auch Tierschauen wurden veranstaltet, etwa mit dressierten Pudeln oder Tanzbären. Die Haupteinnahmequelle blieben jedoch die Tierkämpfe.

Freilich, so groß das Publikum auch war, das sie anzogen, so groß war auch von Anfang an die Kritik, der sie ausgesetzt waren. Der bereits erwähnte Johann Pezzl schrieb etwa, die Hetze »ist und bleibt ein wildes, barbarisches, einer gesitteten Nation unwürdiges Schauspiel«. »Ich weiß«, fuhr er fort, »daß ein großer Haufe großer Kinder laut weinen würde, wenn man ihnen das liebe Püppchen Hetze ganz nähme.« Das Spektakel würde jedoch »die Neugierde zusehender Kinder gefährlich reizen«, es »stumpft das Gefühl der Zuseher gänzlich ab und stimmt ihren Charakter zu grausamen Empfindungen«. Pezzls Einstellung setzte sich mit der Zeit auch bei der Obrigkeit durch.

Am 1. September 1796 brannte das Hetztheater ab. Hatten sich die Wiener bislang beim Zerfleischen der Tiere nicht sattsehen können, so standen sie nun in großer Menge um das lodernde Feuer herum und bestaunten das letzte Spektakel (während aus den Zwingern das Gebrüll der eingeschlossenen Tiere drang). Der Eipeldauer schrieb in einem seiner berühmten satirischen Briefe: »Gestern hat der Stuwer im Prater sein Feuerwerk gegeben, und wie das aus war, hat das Hetzhaus zu brennen angefangen, und dieses zweite Feuerwerk hat den Wienern fast noch besser gefallen als das erste.«

Die Herumstehenden mussten von der Polizeiwache schließlich gezwungen werden, bei den Löscharbeiten zu helfen. Vom Hetztheater blieben dennoch nur rauchende Trümmer übrig, alle Tiere waren in den Flammen elendig verendet. Nur ein Fuchs und einige Hunde konnten gerettet werden sowie ein großer Auerochse, dem es gelungen war, auszubrechen. Er wurde in die Menagerie von Schönbrunn gebracht, wo er im Jahr 1809 friedlich starb. Ein französischer Offizier (Wien war damals bekanntlich zum zweiten Mal von den napoleonischen Truppen besetzt) ließ das Tier ausstopfen und ins Naturkundemuseum im Pariser Jardin des plantes bringen.

Kaiser Franz verbot, das abgebrannte Gebäude wieder aufzubauen, und beschloss, dass »… diesem so greulichen und die Nation entehrenden Schauspiel in dieser Hauptstadt auf immer ein Ende gemacht werden solle«. Der Wiener Ausdruck »eine Hetz' haben« erinnert aber bis heute an die Volksbelustigung von einst.

22 Musik im Augarten – das »Saalgebäude«

Café Restaurant Augarten, Obere Augartenstraße

Die Entscheidung Josefs II., im Jahr 1775 das einstige kaiserliche Jagd- und Erholungsgebiet des Augartens öffentlich zugänglich zu machen, führte zu dessen beispielloser Blüte – und das zunächst im wörtlichen Sinn: Der Kaiser ließ neue Alleen anlegen, wobei er, wie er sagte, »… keine jungen Sprossen (nahm), die erst der Nachwelt dienen mögen – nein – ich wählte gleich Bäume, unter deren Schatten ich und meine Mitmenschen Vergnügen und Vortheil finden konnten.« Blumenrabatten wurden neu bepflanzt, eine Aussichtsplattform mit herrlichem Blick auf die Donau gebaut, Spazierwege erneuert und Hunderte Nachtigallen ausgesetzt, die mit ihrem Gesang die Besucher erfreuen sollten. Es war tatsächlich viel zu tun, denn in den Jahrzehnten zuvor war der Augarten immer mehr heruntergekommen.

Auch die Favorita, das alte Lustschloss der kaiserlichen Familie, stand nach Überschwemmungen und Türkenbelagerung als Ruine da und wurde nun wiederhergestellt. Als »Saalgebäude« stand es ab jetzt allen Besuchern offen. Der Hofkoch Ignaz Jahn eröffnete darin ein nobles Restaurant mit Tanz- und Billardzimmer und kredenzte Kaffee, Mandelmilch und heiße Schokolade. Auch ärztlich empfohlenes Mineralwasser und frische Eselsmilch standen auf der Getränkekarte (die Eselstuten weideten direkt auf einer Wiese neben der Gaststätte).

Der Augarten entwickelte sich binnen kürzester Zeit zu einem gesellschaftlichen Treffpunkt erster Güte. Feuerwerke, Faschingsveranstaltungen und Bälle zogen ein großes Publikum an. Johann Pezzl schrieb damals: »Manchmal in den ersten Tagen des Frühlings oder gegen das Ende des Herbstes … wird das Gedränge im Augarten so groß, daß man wie auf den volkreichsten Straßen der Stadt an- und gegeneinander rennt, Stöße und Fußtritte und zerrissene Kleidungsstücke und verdorbene Frisuren davonträgt. Man verliert einander plötzlich durch eine augenblickliche Wendung und findet sich erst nach stundenlangem Suchen oder gar nicht wieder.«

Wirklich bedeutend für die Wiener Kulturgeschichte sollten aber die Konzerte werden, die ab 1782 im Saalgebäude stattfanden, und zwar schon um sieben beziehungsweise acht Uhr Früh.

Philipp Jakob Martin organisierte als Impresario diese »Dilettantenkonzerte« (wobei das Wort Dilettant damals einen sehr positiven Klang hatte, bezeichnete man damit doch jemanden, der sich der Kunst nicht aus Profitdenken, sondern aus tief empfundener Freude widmete). Die *Wiener Zeitung* berichtete am 1. Juni 1782, dass man »… um billigste Preise alle Sonntage das Vergnügen haben kann, manche Virtuosen beiderlei Geschlechts dabei zu bewundern, und auch auf das Angenehmste in der schönen Gesellschaft sich zu unterhalten«.

Kurz zuvor war ein berühmter Musiker als Mitveranstalter an Martins Seite getreten: Wolfgang Amadeus Mozart. Erst seit Kurzem war er den Fesseln, die ihm die Anstellung durch den Salzburger Fürsterzbischof Colloredo bedeutete, entkommen und genoss nun als selbstständiger Künstler seine Freiheit in vollen Zügen. Seinem Vater Leopold, der sich um die Zukunft des Sohnes sorgte, versicherte er in einem Brief, dass auch in finanzieller Hinsicht alles bestens sei (ganz so »dilettantisch« ging es also doch nicht zu): Das Abonnement für zwölf Konzerte pro Sommersaison betrage zwei Dukaten (ein Dukaten entsprach viereinhalb Gulden, nach heutigem Wert rund 90 Euro): »Nun können Sie sich leicht denken, daß wir genug Subscribenten bekommen werden. Umso mehr, da ich mich darum annehme, und damit asocirt bin.«

Am 26. Mai 1782 gab Mozart sein erstes Augartenkonzert, bei dem neben einer eigenen Symphonie auch eine seines Freundes und Logenbruders Gottfried van Swieten aufgeführt wurde. Weiters hörte man Mozarts *Konzert für zwei Klaviere*, das er einst für sich und seine Schwester Maria Anna komponiert hatte. An seiner Seite spielte seine 23-jährige Schülerin und Mitarbeiterin Josepha Auernhammer, mit der er damals des Öfteren auftrat.

Ihr musikalisches Talent wurde von Mozart stets anerkannt, doch fühlte er sich durch ihre Liebesavancen bedrängt. Auch ihre reichen Eltern, in deren Haus er manches Mal konzertierte, hätten sich wohl über eine innigere Beziehung gefreut, doch Mozart erfüllte Josephas Hoffnungen nicht, schließlich war zu jener Zeit bereits seine spätere Frau Konstanze in sein Leben getreten. Abfällig nannte er seine Schülerin »... eine verliebte Närrin, ein Scheusal, spielt aber zum Entzücken – so abscheulich, schmutzig und grauslich! Pfui Teufel! – Dick wie eine Bauerndirne.« Auernhammer heiratete später einen Beamten und war als Pianistin und Komponistin angesehen und erfolgreich.

Mozart besuchte im Augarten immer wieder Kaiser Josef II., denn dieser hatte im Gegensatz zu seiner Mutter Maria Theresia kein Interesse an Schönbrunn und hatte sich in unmittelbarer Nähe des Saalgebäudes seine private Sommerresidenz erbauen lassen, das nach ihm benannte »Josefsstöckl« (heute die private Volksschule der Sängerknaben). Bei einem dieser zwanglosen Treffen legte Kaiser Josef Mozart eine Sonate zur Beurteilung vor, ohne ihm zu sagen, dass er selbst – Josef – sie komponiert hatte. Mozart durchschaute den Kaiser und sagte: »Die Sonate ist gut, der sie aber gemacht hat, ist noch viel besser.«

Der Augarten im späten 18. Jahrhundert, Treffpunkt der vornehmen Gesellschaft

Nach dem Tod Josefs II. 1790 nahm das Interesse an den Augartenkonzerten zwar ab, kam aber nicht ganz zum Erliegen. Im Jahr 1800 übernahm der berühmte Violinist Ignaz Schuppanzigh die künstlerische Leitung. Er war ein enger Freund Beethovens und führte unter anderem dessen Symphonien 1 bis 5 im Saalgebäude auf. Am 24. Mai 1803 schließlich gab auch Beethoven selbst ein Konzert, und zwar mit der Uraufführung seiner berühmten *Kreutzersonate*.

Während er den Klavierpart übernahm, spielte George August Bridgetower die Violine. Bridgetower war eine markante und elegante Erscheinung. Seine Mutter war Deutsche, sein Vater stand einst als schwarzafrikanischer Kammerpage in Diensten des Fürsten Esterházy. So kam es, dass der kleine Knabe Kontakt zu Joseph Haydn erhielt, der dem musikalischen »Wunderkind« ersten Unterricht an der Violine gab. Bald wurde aus ihm ein in ganz Europa gefeierter Geigenvirtuose. Die Sonate, die er mit Beethoven im Augarten aufführte, hatte dieser für ihn geschrieben, erst später widmete Beethoven sie dem französischen Violinisten Rudolphe Kreutzer.

Der Uraufführung war jedoch kein großer Erfolg beschieden. Beethoven war mit der Komposition noch nicht fertig, musste am Klavier improvisieren und Bridgetower den zweiten Satz lediglich aus groben Skizzen spielen – und das machte er, wie es hieß, recht »exzentrisch«. Das Publikum begann zu lachen, und auch die Kritiker hielten sich mit Lobeshymnen zurück. Den Karrieren der beiden Musiker schadete dies bekanntlich nicht, aber gemeinsam traten sie nie wieder auf.

Mehrere Jahrzehnte hindurch war der Augarten ein Ort vielfältiger musikalischer Darbietungen (Josef Lanner, Strauß Vater und Sohn und viele andere traten hier auf), doch die große Zeit der Augartenkonzerte war ab den 1820er-Jahren vorbei. An Mozart und Beethoven erinnert eine Gedenktafel an der Außenmauer des »Café Restaurant Augarten«, das sich heute im Saalgebäude befindet. Auf ihr ist übrigens auch der Name Franz Schuberts zu finden, der nach neueren Erkenntnissen allerdings niemals hier spielte. Es wird bloß vermutet, dass er bei der Aufführung seiner *Nachtigall* 1824 anwesend war.

23 Lorenzo da Ponte und die Gefahren der Liebe

Tiefer Graben/Ecke Heidenschuss

Lorenzo da Ponte liebte die Frauen, er hatte, wie er einmal schrieb, diese Liebe notwendiger als »das Brot, das ich esse, die Luft, die ich atme«. Das allein wäre freilich noch kein Problem gewesen, aber dass er sich auch in verheiratete Frauen verliebte, barg verständlicherweise jede Menge Konfliktstoff in sich – und vor allem die Tatsache, dass da Ponte katholischer Priester war.

Nicht etwa, dass er selbst unter frommen Zweifeln gelitten hätte, denn es war keineswegs göttliche Berufung gewesen, die ihn einst zum Geistlichen hatte werden lassen. Ab dem Zeitpunkt nämlich, da sein verwitweter Vater mit ihm, dem damals 14-Jährigen, und seinen Brüdern vom mosaischen zum katholischen Glauben übergetreten war, nahm der Bischof von Ceneda eine Mentorenrolle für den Heranwachsenden ein und finanzierte ihm die Ausbildung. Bei der Taufe erhielt er sogar den vollständigen Namen des Bischofs: Lorenzo da Ponte (denn eigentlich hieß der Knabe Emmanuele Conegliano).

1773 wurde er zum Priester geweiht, doch war er zweifellos – so schreibt Mozart-Biograf Braunbehrens – »zu allem eher geeignet«, als das Leben eines sittenstrengen Gottesmannes zu führen.

Er wurde Lehrer der schönen Künste am Priesterseminar, später unterrichtete er Literatur in Treviso, wobei er als eleganter, übermütiger, sinnesfroher und frecher junger Mann auffiel, der bald begann, auch selbst zu dichten. Der Senat der Republik Venedig (zu der Treviso damals gehörte) sprach schließlich ein Lehrverbot gegen ihn aus, da man befürchtete, er würde seine Schüler zu Aufsässigkeit und Ketzerei anstacheln. Doch es war eine Liebesbeziehung, die schließlich das endgültige Ende seiner Karriere in Venedig bedeuten sollte.

Die »bocche dei leoni«, die Mäuler der steinernen Löwenskulpturen und anderer steinerner Fratzen, die an mehreren Stellen in Venedig heute noch zu finden sind, galten damals als Beschwerdebriefkästen. Jeder konnte hier – auch anonym – Anzeige gegen mutmaßliche Diebe,

Spione, Verräter oder missliebige Nachbarn erstatten. Man brauchte seine Anschuldigungen bloß auf einen Zettel zu schreiben und diesen im Löwenmaul zu deponieren. Die Obrigkeit leerte diese Postfächer regelmäßig und ging den Vorwürfen nach. Im Mai 1779 fand sich eine anonyme Anzeige gegen da Ponte.

Eine gerichtliche Untersuchung der Sittenpolizei gegen den 30-Jährigen begann: Die Verführung einer verheirateten Frau, Anzoletta (auch: Angioletta) Bellaudis, warf man dem Priester vor, und dass er damit den christlichen Glauben in Verruf gebracht hätte. Immer weiter wuchs sich der Skandal aus, immer neue (und nicht nur glaubwürdige) Zeugenaussagen wurden eingeholt. Da Ponte zog es vor, sich nach Padua abzusetzen, Anzoletta folgte ihm.

Der Gerichtsvorladung entzog er sich schließlich durch Flucht auf österreichisches Territorium. In Abwesenheit wurde er zu 15 Jahren Exil verurteilt, falls er während dieser Zeit auf venezianischem Gebiet aufgegriffen werden sollte, drohten ihm sieben Jahre Kerker. Anzoletta begleitete ihn diesmal nicht, sondern kehrte zu ihrem Ehemann zurück (von dem, wie sich herausstellte, die anonyme Anzeige gekommen war).

Zu Fuß, frierend, heimatlos, ohne Geld und ohne Empfehlungsschreiben gelangte da Ponte nach Görz. Alles, was er besaß, waren seine Bildung, sein dichterisches Talent – und seine Ausstrahlung auf Frauen. In seinen Lebenserinnerungen schrieb er, »… ich galt allgemein als gut gewachsen, ziemlich geistreich, als eine poetische italienische Seele und in Liebesdingen nicht unerfahren, und so war es kein Wunder, dass ich in den zarten Herzen der Mädchen auf keinen großen Widerstand stieß. Aber ich erkläre ganz entschieden, dass ich diese Situation nie ausgenutzt habe.« Weiters betonte er, er »… habe nie aus Eitelkeit oder Laune, ohne dass Herz und Vernunft zugestimmt hätten, in einem leichtgläubigen, unschuldigen Gemüt eine Leidenschaft zu wecken gesucht, die mit Gewissensbissen bei mir und Tränen auf der anderen Seite enden musste«.

In Görz jedenfalls fand er eine junge, schöne Wirtin, die ihn durchfütterte und sich um ihn kümmerte, sie war »eine der besten Frauen, die ich in achtzig Lebensjahren gekannt habe«. Überhaupt schien es bald aufwärts mit ihm zu gehen. Zunächst fand er im Grafen Guidobaldo Cobenzl einen einflussreichen Gönner, dessen Sohn Johann Philipp wichtiger Mitarbeiter des österreichischen Staatskanzlers Kaunitz war. Auch meldete sich da Pontes alter Freund, der mittlerweile zum sächsischen Hofdichter avancierte Caterino Mazzolà, und lud ihn nach Dresden ein. Ein knappes Jahr verbrachte da Ponte als Stegreifdichter und Mitarbeiter der dortigen Oper, bevor er durch Mazzolà schließlich ein Empfehlungsschreiben an den Hofkomponisten in Wien erhielt – Antonio Salieri. 1781 übersiedelte er in die Kaiserstadt, wo er die nächsten zehn Jahre bleiben sollte.

Bislang hatte da Ponte Librettisten verachtet (freilich mit Ausnahme des großen Metastasio), nun wurde er selbst einer. Salieri ermunterte ihn nämlich dazu, sich als Theaterdichter für die italienische Operntruppe am Burgtheater zu bewerben, und verschaffte ihm eine Audienz bei Kaiser Josef II. Dieser, so erinnert sich da Ponte, fragte, »... wie viele Operntexte ich verfasst hätte, worauf ich frei heraus sagte: ›Keinen, Sire.‹ ›Nun schön‹, erwiderte er lächelnd, ›so werden wir eine jungfräuliche Muse haben.‹«

Tatsächlich bekam da Ponte die Stellung, bloß musste er nun binnen kürzester Zeit lernen, wie man überhaupt ein Libretto schrieb. Er schaffte es bekanntlich. Nicht, dass er nun ausgesorgt gehabt hätte, denn neben Erfolgen gab es auch Misserfolge, doch seine Arbeit für Salieri, für Vicente Martín y Soler und andere machte ihn in Wien bekannt. Auch bei der Damenwelt scheint er Anklang gefunden zu haben. »Wir hätten«, schrieb er, »mehr Liebesabenteuer haben können, als alle fahrenden Ritter der Tafelrunde sie in zwanzig Jahren gehabt haben.«

Ein festes Einkommen und die Zuverdienste durch den Verkauf seiner Texte enthoben ihn der finanziellen Sorgen. Bald konnte er aus der billigeren Vorstadt Wieden in die Innenstadt ziehen. Er kleidete sich elegant und gab sich ein wenig dandyhaft und affektiert, der berühmte Sänger Michael Kelly nannte ihn gar einen »Geck«.

Mittlerweile weiß man, dass da Ponte in den Jahren 1783/84 mit einer gewissen Anetta liiert war, mit der er ein uneheliches Kind hatte. Er selbst erwähnt diese Beziehung in seinen Memoiren nicht, berichtet aber über eine unheimliche Episode aus jener Zeit, die ihn beinahe das Leben gekostet hätte. Sein Biograf Rodney Bolt hält es für möglich, dass der Mordanschlag, von dem gleich die Rede sein wird, von einem wütenden Familienmitglied der geschwängerten Anetta ausging, um deren Ehre zu rächen, doch wird man es vermutlich nie beweisen können. Da Ponte schildert die Geschichte jedenfalls so: In dem Haushalt, in dem er als Untermieter wohnte, lebten zwei Frauen. Ein italienischer Chirurg namens Doriguti verliebte sich in eine der beiden, die ihm jedoch einen Korb gab. Nach den Gründen gefragt, antwortete sie kokett: »Ich habe deren drei: Sie sind hässlich, ich hasse Sie und ich liebe da Ponte.« Und »... um ihn dann noch mehr zu erniedrigen, entwarf sie ihm ein Bild von mir, als sei ich ein zweiter Adonis.« Dabei betonte er, dass er »... mit dieser Dame keine sechs Worte gewechselt, noch weniger ihr jemals meine Huldigungen dargebracht«. Da Ponte hatte in dem Arzt ab nun einen leidenschaftlichen und eifersüchtigen Feind.

Damals war da Ponte ein Zahn gezogen worden, und er litt unter einem wuchernden Abszess des Zahnfleisches, der ihm große Schmerzen bereitete. Eines Tages traf er in einem Kaffeehaus auf Doriguti, dem er – nichts Böses ahnend – sein Leiden schilderte. Dieser versprach Hilfe und übergab ihm wenig später ein Fläschchen mit einer Flüssigkeit, mit der er das Geschwür im Mund behandeln sollte. Tatsächlich war es durch das Betupfen mit der ominösen Substanz nach einer Woche verschwunden. Da Ponte schreibt: »Eine Frau, die in meinen Diensten stand, war zufällig in dem Augenblick gegenwärtig, wo ich zum siebten Male das Mittel anwendete; als sie mich bereit sah, die angefeuchtete Leinwand in meinen Mund zu stecken, stieß sie einen Schrei aus: ›Großer Gott! Scheidewasser!‹«

Mit Scheidewasser bezeichnete man Salpetersäure (auch aqua fortis genannt), mit deren Hilfe man Edelmetalle voneinander trennen konnte. Es war eine hochgiftige, stark ätzende Flüssigkeit und keinesfalls als Medizin zu verwenden!

Zwar spülte da Ponte den Mund sofort mit Essigwasser aus, aber während der letzten Tage war schon zu viel der gefährlichen Substanz in seinen Körper gedrungen. Im Laufe der kommenden Wochen fielen ihm 16 Zähne aus und auch sein Magen war bereits derart gereizt, dass er ein Jahr lang an Appetitlosigkeit litt und »jedermann es für ein Wunder ansah, dass ich noch am Leben sei«.

Lorenzo da Ponte, Mozarts kongenialer Librettist

Voller Wut machte sich da Ponte in den Straßen Wiens auf die Suche nach Doriguti, »wie ein Wahnsinniger, um diesem Schurken zu begegnen«. Vergeblich. Erst Jahre später kam er zufällig in Görz zu einer Menschenmenge, die sich um einen »... Mann versammelt hatte, der, auf der Erde ausgestreckt mit blutigem Gesicht dalag, gefallen war und sich den Kinnbacken zerschlagen hatte. Er war es und ich erkannte die Hand Gottes in der ihm auferlegten Strafe!«

So weit die Schilderung da Pontes. Er blieb körperlich gezeichnet, er lispelte, war abgemagert und hatte eingefallene Wangen.

Die folgenden Jahre brachten ihm schließlich die Arbeit an jenen drei Opern, für die er bis heute weltberühmt ist und die er gemeinsam mit Mozart schuf. Für diesen, der sich »gar zu gerne ... auch in einer Welschen opera zeigen« wollte, schrieb er 1785/86 das Libretto zu *Le nozze di Figaro*, 1787 den *Don Giovanni* und 1790 *Così fan tutte*.

Da Ponte war unglaublich produktiv in jener Zeit, arbeitete oft an mehreren Texten gleichzeitig, schrieb nachts für Mozart, morgens für

Martín y Soler, abends für Salieri: »Sobald ich zu Hause war, begann ich zu schreiben. Das tat ich zwölf Stunden hintereinander, eine Flasche Tokaier zur Rechten, das Tintenfass in der Mitte, eine Schachtel Sevilla-Tabak zur Linken. Ein schönes sechzehnjähriges Mädchen – ich hätte es nur wie eine Tochter lieben sollen, nun ja … – wohnte in meinem Haus mit der Mutter, die das Hauswesen besorgte. Die Kleine kam herbei, sobald ich schellte, und das tat ich, wenn ich ehrlich sein soll, recht oft und besonders, sooft ich merkte, dass mein poetisches Feuer zu erkalten begann.«

Nach dem Tod Josefs II. im Jahr 1790 verschlechterte sich da Pontes Position in Wien zusehends. Ohne seinen Schirmherrn war er den Intrigen am Burgtheater offen ausgesetzt, denn mit dem neuen Kaiser, Leopold II., verstand er sich nicht gut. Viele der Angriffe gegen ihn hatten übrigens wieder einmal mit einer Frau zu tun, seiner damaligen Geliebten, der Sängerin Adriana Gabrieli (»la Ferrarese«), die in Konkurrenz zu Salieris Protegé Caterina Cavalieri stand. Da Ponte wurde als Theaterdichter entlassen und fragte in Venedig an, ob er nach den Jahren im Exil heimkehren dürfe – es wurde ihm verwehrt.

Anfang März 1791 machte er Mozart den Vorschlag, gemeinsam nach London zu gehen. Dieser erbat sich Bedenkzeit, doch war für ihn in Wien noch so vieles zu tun, dass aus dem Plan nichts wurde (darüber hinaus sollte Mozart das Jahresende bekanntlich nicht mehr erleben). Lorenzo da Ponte machte sich also alleine auf den Weg, abermals heimatlos und abermals auf sein Geschick und sein Glück vertrauend.

Sein Leben verlief weiter so abenteuerlich wie bisher. Nach Prag, Dresden und London ging er nach Amerika, er arbeitete als Impresario, Schriftsteller, Lehrer, Tabak- und Obsthändler und schließlich als Professor an der Columbia University von New York, wo er 1838 als hochgeachteter Mann im Alter von 89 Jahren starb.

Da Pontes Wiener Wohnungen sind heute nicht mehr eindeutig zu lokalisieren; einmal wohnte er auf der Wieden, einmal am Graben und um das Jahr 1788 im Heiligengeist-Haus am oberen Ende des Tiefen Grabens, gegenüber dem Heidenschuss. Das Gebäude, in dem auch Salieri einige Jahre verbracht hatte, steht allerdings längst nicht mehr.

24 Maria Theresia Paradis und der »Wunderheiler« Franz Anton Mesmer

Rasumofskygasse 29

Es herrscht bis heute keine Klarheit darüber, weshalb die dreijährige Maria Theresia Paradis plötzlich ihr Augenlicht verlor. Der Schock über einen nächtlichen Einbruch im Elternhaus sei es gewesen, wurde gemutmaßt, auch von den Folgen einer fehlgeschlagenen ärztlichen Behandlung ist die Rede. Tatsache ist, dass das kleine Mädchen am Morgen des 9. Dezember 1762 blind erwachte und die Eltern ab nun nichts unversucht ließen, die Sehfähigkeit ihrer Tochter wiederherzustellen. Doch weder Baldrian noch Aderlass, weder Salbenpflaster noch der Einsatz einer »Elektrisiermaschine« zeigten Wirkung, das Mädchen blieb blind und litt weiterhin unter dem krampfhaften Drehen und Rollen der Augäpfel, das für Außenstehende oft einen erschreckenden Eindruck machte.

Die Eltern erkannten aber früh das herausragende musikalische Talent der Tochter und förderten es in jeder Beziehung. Sie lernte Klavier, Orgel und Gesang und erhielt von namhaften Lehrern eine exzellente Ausbildung in Harmonielehre und Kontrapunkt. Früh trat Paradis als Organistin und Sängerin auf, Kaiserin Maria Theresia war von ihrer Kunst so begeistert und von ihrem Schicksal so ergriffen, dass sie dem Mädchen eine lebenslange »Gnadenpension« in Höhe von 200 Gulden jährlich gewährte (eine Patenschaft, wie mitunter zu lesen ist, übernahm sie jedoch nicht).

Paradis war bald in ganz Wien bekannt und stand kurz davor, auch international Karriere als Pianistin zu machen. Immer noch suchte sie mit Unterstützung der Eltern nach einer Möglichkeit, ihr Augenlicht wiederzuerlangen. Als sie 18 Jahre alt war, stieß ihr Vater auf den Mediziner Franz Anton Mesmer, der tatsächlich Heilung versprach.

Mesmer stammte aus Schwaben, er hatte Theologie, Rechtswissenschaften, Mathematik und alte Sprachen studiert und schließlich Medizin in Wien; seine Dissertation schrieb er über den Einfluss der Planeten auf den menschlichen Körper.

Die Heirat mit einer reichen Witwe ermöglichte ihm ein finanziell sorgenfreies Leben in einem großen Haus in der heutigen Rasumofskygasse, zu dem ein weitläufiger Garten mit Vogelvolieren und Pavillon gehörte sowie eine kleine Privatklinik mit wissenschaftlichem Laboratorium. Der musikbegeisterte Arzt stand darüber hinaus in freundschaftlichem Kontakt zu Joseph Haydn, Christoph Willibald Gluck und auch zu seinem schwäbischen Landsmann Leopold Mozart und dessen Familie. Im September 1768 wurde (zumindest ist das höchstwahrscheinlich) in Mesmers Gartenpavillon *Bastien und Bastienne* uraufgeführt, das deutsche Singspiel, das der damals zwölfjährige Wolfgang Amadeus Mozart komponiert hatte.

Die blinde Pianistin Maria Theresia Paradis, Büste aus dem k. k. Blinden-Institut in Linz

So angesehen Mesmer in der Wiener Musikwelt war, so umstritten waren seine wissenschaftlichen Methoden bei den Medizinerkollegen. Seit 1774 entwickelte er nämlich »magnetische Kuren«, um Krämpfe, Lähmungen, Ohnmachtsanfälle, ausbleibende Menstruation, Entzündungen und hysterische Anfälle zu behandeln. Seiner ersten Privatpatientin, Franziska Oesterlin, band er starke Magnete an die Füße und vor die Brust, was nach drei Wochen tatsächlich dazu führte, dass sie sich von ihren Leiden erholte. Auch versprach Mesmer, Krankheiten durch Hypnose und bloßes Handauflegen heilen zu können.

Diese ungewöhnlichen Arten der Behandlung sorgten sehr bald für großes Aufsehen, in den Salons der Stadt diskutierte man lebhaft über den charismatischen »Wunderheiler«. Die Dichterin Caroline Pichler, damals noch ein Kind, erinnerte sich in ihren Memoiren an die heftigen Debatten, »… welche jeden Abend im Zirkel meiner Eltern, wo sich viele geistreiche, gelehrte Männer und gebildete Frauen versammelten, über diesen Gegenstand gehalten wurden. Die Gesellschaft teilte sich in Gläubige und Ungläubige. Zu den ersten gehörten … jene Personen, welche, damals wie jetzt, ihrer Phantasie gern viel Spielraum gönnten, und sich lieber von dem Neuen und Ungewöhnlichen fortreißen ließen, als es untersuchten und prüften.« Andere hingegen hielten die obskuren Magnetkuren freilich für blanken Unsinn und sahen in Mesmer einen Wichtigtuer und Scharlatan.

Die junge Maria Theresia Paradis wurde im Jahr 1777 Mesmers berühmteste Patientin. Der Mediziner schrieb über sie: »Diese Jungfer hatte einen vollkommenen Staar und Gichter in den Augen, war melancholisch und litt unter Verstopfungen der Milz und Leber, die Ihr öfters solche Anfälle von Wahnsinn und Wuth zuzogen, daß man sie beynahe für gänzlich toll halten musste.« Nach achttägiger Behandlung in ihrem Elternhaus nahm Mesmer Paradis in seiner Privatklinik auf, wo sich tatsächlich bald erste Erfolge einstellten. Die blinde Frau nahm auf einmal Lichteindrücke wahr und begann, Konturen von Gegenständen und Menschen zu erkennen. Auch sah sie sich erstmals seit vielen Jahren im Spiegel, wobei sie über ihr Aussehen erschrak. Überhaupt verunsicherte sie der Anblick menschlicher Gesichter, vor allem die spitzen Nasen machten ihr Angst. Viel lieber, so heißt es, betrachtete sie Hunde.

Verständlicherweise litt das Klavierspiel unter der wiedergewonnenen Sehfähigkeit, denn was Maria Theresias Finger auf den Tasten bislang ganz automatisch getan hatten, wurde nun von den Augen bewusst beobachtet, was Paradis irritierte. Überhaupt führten die vielen optischen Eindrücke keineswegs zu übergroßer Freude, jedenfalls nicht bei der Patientin selbst. Ihr Vater hingegen war überglücklich über die Fortschritte und ließ die Zeitungen ausführlich über die wundersame Heilung seiner Tochter berichten.

Doch auch er musste manche Schwierigkeiten einräumen. So beschrieb er Maria Theresias zunehmende Überempfindlichkeit gegen Licht: »Bey nur zufälliger Näherung einer brennenden Kerze fiel sie, wie vom Blitze gerühret, betäubt zu Boden.« Auch Mesmer erkannte, dass es seiner Patientin nicht immer gelang, mit ihren neu gewonnenen Fähigkeiten umzugehen: »Die beständige Uebung, die sie anstellen mußte, ihre Ungeschicklichkeit zu verbessern, und die Menge von Dingen, die sie zu lernen hatte, ärgerten sie oft so sehr, daß sie sich fast wünschte wieder blind zu seyn, um so mehr, da man, in diesem Zustand, ihre Geschicklichkeit und Klugheit bewundert hatte«, schrieb er.

Je mehr in Wien über Mesmer und Paradis gesprochen wurde, desto heftiger wurde der Widerstand der Ärzteschaft gegen den unkonventionellen Kollegen. Man behauptete nun, Paradis täusche ihre Sehkraft nur vor, auch munkelte man, dass Mesmer zu seiner Patientin in intimem Kontakt stünde. Das bislang gute Verhältnis zwischen dem Arzt und Paradis' Eltern änderte sich schlagartig.

Ende April 1777 spielten sich dramatische Szenen in Mesmers Haus ab: Mutter Paradis versuchte, ihre Tochter gewaltsam der Obhut des Arztes zu entziehen, es kam zu Handgreiflichkeiten, Rangeleien, es wurde geschimpft und geschrien. Kurz darauf erschien der wutentbrannte Vater. Mesmer schrieb: »Er kam mit blossem Degen in mein Haus, und suchte in das Zimmer zu dringen, mein Bedienter aber bemühte sich ihn abzuhalten, und stellte sich vor die Thüre. Endlich wurde der Rasende entwafnet, und verließ, unter tausend Flüchen über mich und die Meinige, meine Wohnung.«

Diese Aufregung bewirkte bei Maria Theresia eine sofortige Verschlechterung ihres Gesundheitszustandes. Sie musste erbrechen, litt an nervösen Anfällen und ihr Augenlicht schwand wieder. Nach weiteren drei Wochen, sie hatte sich mittlerweile einigermaßen stabilisiert, wurde die Behandlung abgebrochen und Paradis kehrte zu ihren Eltern zurück. Sie war genauso blind wie zuvor.

Für Mesmer bedeutete die aufsehenerregende Affäre Paradis das Ende seiner Karriere in Österreich, er trennte sich von seiner Frau und zog nach Paris, wo er seine Magnetkuren fortsetzte. Als er 1793 nach Wien zurückkehrte, wurde er festgenommen, da man ihn verdächtigte, in Kontakt zu den jakobinischen Verschwörern zu stehen (vgl. Kapitel 26). Er wurde des Landes verwiesen und starb 1815 im süddeutschen Meersburg.

Maria Theresia Paradis feierte in ihrem Leben noch viele glänzende Erfolge als Pianistin und Komponistin, ihre Tourneen führten sie durch halb Europa. Im Jahr 1808 eröffnete sie in ihrem Geburtshaus am Rabensteig (dem aus der Wiener Sage bekannten »Schab-den-Rüssel-Haus«) eine Klavierschule für blinde und sehende Mädchen und Frauen. Als hochgeachtete Musikpädagogin starb sie 1824 im Alter von 64 Jahren. Ihr Grab am St. Marxer Friedhof ist leider nicht mehr zu lokalisieren.

25

Der Rabenstein in der Rossau – Josef II. und die Todesstrafe

Schlickplatz

Es muss ein schauriger Zug gewesen sein, der sich am 10. März 1786 aus der Inneren Stadt in die Rossau begab, zum berüchtigten Rabenstein, Wiens ältester Richtstätte. Tausende waren herbeigeströmt, um dort die Hinrichtung des Raubmörders Franz de Paula Zaglauer von Zahlheim miterleben zu können, und viele von ihnen waren an jenem Tag schon Zeugen geworden, wie man ihm strafverschärfend zuerst am Hohen Markt, wenig später auf der Freyung »mit glühenden Zangen einen Zwick« in die Brust versetzt hatte.

Junge Herren aus der guten Gesellschaft reihten sich hoch zu Ross

Franz Zaglauer von Zahlheim ermordet seine Geliebte, wofür er zum Tode verurteilt wird.

in diese Todesprozession ein und trieben zum eigenen Vergnügen mit ihren Rohrstöckchen die herandrängenden Schaulustigen zurück. Johann Pezzl, der scharfzüngige Aufklärer aus Bayern, äußerte sich voller Abscheu über das grausige Schauspiel: »Man drängte sich in Strömen hinzu und nicht bloß die Hefe des Volkes, sondern auch viele von solchen vermeintlich besseren Geschöpfen, die auf Erziehung, Ehrgefühl und edle Denkart Anspruch machen.« Weiter schrieb er: »Ich kann mir nur zweierlei Gründe denken, die Leute von einem gewissen Stande zu solchen Schauspielen ziehen können: Entweder, sie fühlen ein wirkliches Vergnügen bei der Qual ihrer Mitmenschen oder sie bedürfen solcher lebendiger Beispiele zu ihrer Moral. In beiden Fällen bedauere ich sie so sehr, als den Schuldigen, und verachte sie noch mehr als denselben.«

Daran, dass der 33-jährige Magistratsbeamte Zahlheim tatsächlich schuldig war, herrschte freilich kein Zweifel. Der Spross einer angesehenen kleinadeligen Familie war in finanzielle Schwierigkeiten geraten und hatte sich schließlich an die um 17 Jahre ältere Ambrosia Ambrok herangemacht, eine ehemalige Prostituierte und nunmehr wohlhabende Frau. Er versprach ihr zunächst die Ehe, doch beschloss letztlich, auf andere Art an ihr Vermögen zu gelangen. Einen Tag, nachdem er rund 2000 Gulden aus ihrer Wohnung gestohlen hatte, schnitt er ihr am Dachboden seines Hauses die Kehle durch und verstaute den Leichnam am Tatort. Zwei Wochen später wurde die grausame Tat aufgedeckt und Zahlheim legte nach anfänglichem Leugnen ein Geständnis ab. Das Gericht verurteilte ihn zu einer der grausamsten Strafen, zum Tod durch das Rad.

Es war eine alte Methode der Hinrichtung, die zwar noch in der Constitutio Criminalis Theresiana (dem unter Maria Theresia 1768 erlassenen Gesetzbuch) vorgesehen war, die man aber – so wie das Verbrennen und das Vierteilen – schon lange nicht mehr angewendet hatte. Vielmehr war man in der zweiten Hälfte des 18. Jahrhunderts dazu übergegangen, die »humane« Enthauptung beziehungsweise das Hängen zu praktizieren.

Man führte Zahlheim auf das gemauerte Podest des Rabensteins und band ihn mit ausgestreckten Gliedmaßen am Boden fest. Im letzten Moment war das Urteil gnadenhalber abgemildert worden, weshalb der Scharfrichter das schwere Wagenrad zuerst auf Zahlheims Kehle niedersausen ließ. Die darauf folgende Zerschmetterung seiner Arme und Beine musste der Delinquent deshalb nicht mehr miterleben.

Die Tatsache, dass ein Raubmörder gerichtet wurde, wäre allein noch kein ausreichender Grund, die Geschichte hier ausführlich zu erläutern, immerhin war Zahlheim nicht der Erste und nicht der Letzte, der am Rabenstein sein Ende fand. Bereits 1311 wurde der Richtplatz erstmals erwähnt und war seit Mitte des 18. Jahrhunderts der bedeutendste von Wien, denn Maria Theresia fühlte sich auf ihren Fahrten nach Schönbrunn vom Anblick des Galgens am Wienerberg (bei der Spinnerin am Kreuz) gestört, weshalb sie ihn kurzerhand in die Rossau verlegen ließ.

Bemerkenswert ist jedoch der Umstand, dass Kaiser Josef II. seinen selbst erlassenen Richtlinien untreu wurde, hatte er doch bereits Jahre vor Zahlheims Hinrichtung, im März 1781, die Todesstrafe in den österreichischen Ländern ausgesetzt. Sie sollte nur noch angekündigt, nicht aber vollzogen werden! Es war eine der vielen Reformen gewesen, die er, beeinflusst unter anderem von seinem einstigen Lehrer und nunmehrigen Berater Josef von Sonnenfels, im Sinne der Aufklärung durchgeführt hatte. Die Tötung eines Menschen durch den Staat entsprach ganz und gar nicht dem Geist der neuen Zeit.

Vielmehr setzte Kaiser Josef auf Abschreckung durch harte, für die Öffentlichkeit sichtbare Arbeit. Kapitalverbrecher wurden zu Straßenreparaturen verurteilt, zum Gassenreinigen oder Karrenziehen. Mit kahl geschorenen Köpfen, durch Ketten gefesselt und den Peitschenhieben der Bewacher ausgesetzt, sollten sie den vorbeieilenden Passanten als Warnung dienen. (Diese Rechnung ging freilich nicht immer auf, stellten die schuftenden Sträflinge doch eine Art Unterhaltungsprogramm für die schaulustige Bevölkerung dar, wie zeitgenössische Berichte belegen.) Besonders gefürchtet war der Einsatz zum Schiffsziehen in den Sumpfgebieten Ungarns: Die Verurteilten starben dort reihenweise an Erschöpfung und Fieberkrankheiten, die Lebenserwartung betrug zwei Jahre.

Dass Kaiser Josef im Fall Zahlheims das Gericht anwies, die Todesstrafe auszusprechen, lag hauptsächlich an der Tatsache, dass es sich bei dem Täter um einen Beamten handelte, noch dazu aus adeliger Familie, dessen Onkel sogar kurzzeitig Bürgermeister von Wien gewesen war. All das galt dem Kaiser nicht etwa als Grund, Milde walten zu lassen, sondern im Gegenteil als Anlass zu besonderer Härte. Er machte klar, dass die Zeiten vorüber waren, da ein guter Name vor strenger Strafe schützen konnte. Die sensationslüsterne Bevölkerung Wiens stellte Josef damit durchaus zufrieden, wie der Bericht Pezzls belegt. Bei aufgeklärten Intellektuellen jedoch sorgte Josefs Inkonsequenz, seine Willkür, seine Rückkehr zu antiquierten Grausamkeiten für fassungsloses Kopfschütteln.

Dass Kaiser Josef mit solcher Kritik umzugehen verstand, zeigt sich übrigens an einem weiteren Beispiel aus dem Jahr 1786: Ein Offizier, dem vorgeworfen wurde, eine hohe Summe aus der Regimentskasse gestohlen zu haben, wurde – zusätzlich zu jahrelanger Festungshaft – auf Josefs Betreiben täglich zu zwei Stunden Prangerstehen am Hohen Markt verurteilt. Ein Büchlein geißelte diese Strafe als Auswuchs einer längst überwunden geglaubten Rechtspraxis und geriet daraufhin ins Visier der Zensur. Der Kaiser erlaubte jedoch ausdrücklich den weiteren Druck der Schrift, da sich die Kritik bloß gegen ihn selbst als *Person* richtete, nicht jedoch gegen den Staat oder das Gericht.

Franz Zaglauer von Zahlheim war der letzte Mensch, der unter Josef II. hingerichtet wurde, und er war der Letzte, der in Österreich sein Ende durch das Rad fand. 1787 schaffte der Kaiser die Todesstrafe im Strafgesetzbuch vollkommen ab, sie wurde erst unter seinem Neffen und Nachfolger Franz II. wieder eingeführt.

Der Rabenstein in der Rossau ist längst verschwunden, doch gibt es eine Erinnerung an ihn: ein knapp vier Meter hohes Galgenkreuz aus dem 15. Jahrhundert. Vor ihm mussten die zum Tode Verurteilten einst ihr letztes Schuldbekenntnis ablegen, und vor ihm sprachen sie ihr letztes Gebet. Nachdem die Richtstätte 1850 aufgelassen worden war, schaffte man das Kreuz in die nahe gelegene Servitenkirche, in deren Presbyterium es heute noch zu sehen ist.

26

Andreas von Riedel und die »Jakobinerverschwörung«

Schwertgasse 3

Nein, stellte Andreas Freiherr von Riedel beim Polizeiverhör klar, er sei keineswegs ein »blutsüchtiger Feind« des Adels, lediglich die »... unglückseligen Zeiten, in denen wir leben, sind schuld daran, dass meine Reden etwas ärger scheinen als gutgemeintes Raisonnement«.

Im Zuge seiner Einvernahme versuchte er den Staatspolizisten seine politischen Überzeugungen zu erläutern: Die Aristokratie Europas sei leider längst von ihrer »Bestimmung abgewichen, ausgeartet, auf Mißbräuche geraten«, indem sie den Nationen »Blut und Mark aussaugt, um die Güter der Erde zu verprassen«. Auch machte er klar, dass kein Staat der Welt einen König brauche, um sich gut und sicher entwickeln zu können. Werde etwa behauptet, »... das Recht der Monarchen sei auf vorhergegangene Verträge mit den Völkern gegründet, so bedauere ich die Monarchen, ... denn, wenn es den Völkern einmal einfallen möchte, diese Verträge einzusehen, würde wohl schwerlich ein Monarch dergleichen Dokumente aufzuweisen haben.«

Es war Sommer 1794 und somit wahrlich nicht der günstigste Zeitpunkt, derartige Überlegungen der österreichischen Polizei gegenüber zu äußern, seien sie auch noch so nachvollziehbar und klug formuliert. Während nämlich in Frankreich das Terrorregime der Jakobiner seinen grauenvollen Höhepunkt erreichte, während dort Hunderttausende Menschen verhaftet und Zehntausende auf die Guillotine geschleppt, erschossen oder ertränkt worden waren, ging Kaiser Franz entschlossen gegen alles vor, was nach Revolution roch. Das blutige Chaos, das in Frankreich herrschte, sollte sich nicht in seinen eigenen Ländern wiederholen.

Im Februar 1793 (keine drei Wochen nach der Enthauptung König Ludwigs XVI. in Paris) waren in Österreich per Edikt alle Bücher und Zeitschriften verboten worden, »die von der französischen Revolution eine günstige Schilderung« machten. »Vielmehr würde gut geschehen«, hieß es weiter, »wenn solche Zeitungsschreiber ... aufgemuntert würden, bei schicksamer Gelegenheit die üblen Folgen der französischen

Revolution lebhaft darzustellen und sich dabei besonders einer populären, jedermann leicht faßlichen Schreibart zu bedienen«. Doch längst gab es in Österreich weite Kreise, die mit der Revolution (zumindest mit deren anfänglichen Idealen) sympathisierten und das restriktive, stur-reaktionäre Regime Kaiser Franz' ablehnten.

Es waren vor allem aufgeklärte Intellektuelle, die einst ihre Hoffnungen in die Reformpolitik Josefs II. und seines Bruders Leopold II. gesetzt hatten und sich nun enttäuscht fragen mussten, wie die politische Zukunft aussehen sollte. In der Beamtenschaft, im niederen Adel, bei Studenten, Lehrern, Ärzten und Schriftstellern, ja selbst bei Offizieren und Geistlichen regte sich Unmut. Doch nur ein kleiner Teil dieser Unzufriedenen war so konsequent und entschlossen, die Revolution auch herbeizuführen. Sie wurden später unter dem Begriff »Wiener Jakobiner« zur ernsthaften Gefahr für den Staat hochstilisiert – die sie jedoch zu keinem Zeitpunkt waren.

Seit Herbst 1792 fanden ihre Treffen in der Wohnung Andreas von Riedels statt, in der Schwertgasse 3 (weitere konspirative Zirkel bildeten sich in anderen österreichischen Städten, in Böhmen sowie in Ungarn).

Kaiser Franz II., unerbittlicher Gegner der Wiener Jakobiner

Hier las man die eingeschmuggelten französischen Blätter, man verfasste politische Artikel und Aufrufe, übersetzte Robespierres Reden, sang revolutionäre Lieder und führte hitzige Diskussionen über die Zukunft Europas.

Riedel, damals Mitte 40, war die zentrale Figur des Kreises. Er hatte ein interessantes Leben hinter sich: Der frühere Mathematikprofessor an der Wiener Neustädter Militärakademie war einst von Maria Theresia persönlich zum Lehrer ihres Enkels Franz, des nunmehrigen Kaisers, ernannt worden, wenngleich die beiden schon damals außer gegenseitiger Abneigung nichts verband.

Ganz anders verhielt es sich mit Riedels Verhältnis zu Franz' Vater, Kaiser Leopold II. Die beiden Männer respektierten einander sehr und standen sich in politischen Fragen sehr nahe. So zeigte Leopold zunächst Sympathien für die Französische Revolution und erkannte, dass auch in Österreich grundlegende Reformen bitter nötig waren (in Italien hatte er bereits in seiner Funktion als Großherzog der Toskana einige durchgeführt). Der Plan, eine Verfassung zu erlassen, war bereits weit gediehen – und niemand anderer als Riedel war es, der für den Kaiser einen Entwurf ausarbeitete. Die Umwandlung Österreichs in eine moderne, konstitutionelle Monarchie stand, so sahen es viele Hoffnungsvolle, unmittelbar bevor, ja einige dürften bereits, wie der Historiker Alfred Körner schreibt, von einer Republik geträumt haben.

Mit Leopolds plötzlichem Tod im Jahr 1792 änderte sich jedoch alles, denn sein Sohn Franz hielt von derlei großen Plänen nicht das Geringste. Seine harte, auf Repressionen gegründete Regierung ließ manche nun erst recht radikal in ihrem Denken werden.

Zu Riedels Kreis stieß 1793 Franz Hebenstreit von Streitenfeld, ein nicht mehr ganz junger Oberleutnant aus angesehener Prager Gelehrtenfamilie. Er trat offen für einen gewaltsamen Umsturz und für die Enteignung der besitzenden Klasse ein. Riedel verwendete dafür den Begriff »Hebenstreitismus« oder »Kommunismus«, es dürfte tatsächlich das erste Mal gewesen sein, dass dieses Wort in der deutschen Sprache aufscheint.

In Hebenstreits *Eipeldauerlied*, einem revolutionären Spottgedicht, hieß es auf den Kaiser gemünzt: »Drum fort mit ihm zur Guillotin/Denn

Blut für Blut muss fließen/Hätt man nur a hier so a Maschin/Müßt's mancher Großkopf büßen!« Bald war ein Polizeispitzel auf ihn angesetzt, dem Hebenstreit unvorsichtig und freimütig erzählte, wie er sich den ersehnten Umsturz vorstellte: Mit gut 3000 »handfesten Leuten« wollte er die Wiener Garnison einnehmen, 300 Adelige mitsamt Dienerschaft töten und schließlich auch den Kaiser. Solche Pläne konnten freilich nichts anderes als Wunschträume sein, fehlte dem radikaldemokratischen, intellektuellen Zirkel doch stets die Verbindung zum einfachen Volk – und ohne entschlossene Massen war eine Revolution unmöglich.

Der Spitzel war übrigens selbst verwundert ob »der unbegreiflichen Unbesonnenheit, mit der sich diese Leute dem nächsten Besten an den Hals werfen«, wollte allerdings »zur Steuer der Wahrheit anmerken«, dass Hebenstreit vor seinen inkriminierenden Ausführungen »einen ganzen Krug Bier zu sich genommen hatte«.

Am 24. Juli 1794 wurden Riedel, Hebenstreit und rund 30 andere »Jakobiner« verhaftet, darunter einige, die man in Wien allenfalls als harmlose politische »Raunzer« bezeichnen konnte. Kaiser Franz hätte am liebsten alle sofort hingerichtet gesehen, doch die Todesstrafe für Zivilisten war bekanntlich seit Josef II. abgeschafft. Nur Hebenstreit und ein weiterer Offizier konnten militärstrafrechtlich wegen »Vorbereitung eines Aufstandes« sowie Majestätsbeleidigung und Hochverrats zum Tode verurteilt werden, über die anderen wurde schwere Kerkerhaft verhängt (in der einige starben).

Riedel traf es besonders hart, er wurde zu 60 Jahren Haft verurteilt. Kaiser Franz war nicht bereit, seinem einstigen Lehrer mit Milde zu begegnen. Erst nachdem die meisten anderen nach sieben Jahren freigelassen worden waren, begnadigte man Riedel 1806 zumindest zur Klosterhaft in Brünn. Als die napoleonische Armee die Stadt einnahm, kam er frei. 1837 starb er hochbetagt in Paris, wo er am Montparnasse bestattet wurde.

Während des Prozesses gegen ihn hatte Riedel einmal resignierend gemeint, seine Landsleute seien einfach zu »dumm und dumpfig«, um eine Revolution zu beginnen. Sein Zeitgenosse Ludwig van Beethoven drückte es so aus: »So lange der Oesterreicher noch braun's Bier und Würstel hat, revoltirt er nicht.«

27

Rhigas Pheraios und der Kampf um die Freiheit Griechenlands

Rotenturmstraße 21

Spätestens mit der desaströs gescheiterten Belagerung Wiens im Jahr 1683 begann der langsame, doch stete Verfall des Osmanischen Reichs. Hatte sich dessen Einflussgebiet einst von Tripolis über Ägypten und den Kaukasus bis in den Norden, weit in die heutige Ukraine, erstreckt, so wurde es im 18. Jahrhundert durch zahlreiche Kriege gegen Russland und Österreich immer weiter zurückgestutzt.

Noch aber standen weite Teile des Balkans unter der Kontrolle des Sultans, darunter seit über 350 Jahren Griechenland. Einige reiche und vornehme Griechen führten als Beamte und Steuereintreiber ein durchaus kommodes Leben unter der türkischen Oberhoheit, die breite Masse hatte es jedoch schwer. Der Sultan zeigte sich zwar tolerant gegenüber der christlich-orthodoxen Religion, doch was nützte das, wenn selbst mancher Priester kaum noch verstand, was er seiner Gemeinde aus der Bibel vorlas! Das Bildungsniveau in jenem Land, das während der Antike die Wiege europäischer Philosophie, Kunst und Wissenschaft gewesen war, erwies sich unter der türkischen Herrschaft als katastrophal. Es gab keine Schulen, in denen Schrift und Sprache gelehrt wurden, keine Hochschulen, in denen Lehrer und Geistliche ausgebildet werden konnten, und keine Verlage und Druckereien für griechische Literatur. Es »… fehlt uns nicht an reichen Städten mit schönen Häusern, prachtvollen Kirchen und Spitälern für die Gebrechen des Körpers«, hieß es, »aber Schulen fehlen uns für die Gebrechen des Geistes«. Von den Entwicklungen des westeuropäischen Kulturlebens war man beinahe vollkommen abgeschnitten. Der Aufklärer Johann Pezzl fasste es so zusammen: »Arme Griechen, wie weit seid ihr von euren Vätern entfernt.«

Notgedrungen hielt sich ein großer Teil der intellektuellen Elite des Landes im Ausland auf. Vor Generationen schon hatten sich Tausende Griechen nach Venedig, nach Russland oder in die Länder Habsburgs abgesetzt, wo sie höhere Bildung erlangen konnten. Dort standen auch

Druckereien, in denen griechische liturgische Bücher sowie poetische, wissenschaftliche und schließlich auch politische Literatur verlegt wurden. Wandernde Geistliche verbreiteten sie in den Gemeinden ihrer in der Diaspora lebenden Landsleute.

Ein Zentrum dieser Auslandsgriechen war seit jeher Wien. Vor allem ab dem beginnenden 18. Jahrhundert waren viele Kaufleute aus dem Osmanischen Reich an die Donau gezogen und hatten sich in der florierenden Residenzstadt bald einen wichtigen Platz im österreichischen Wirtschaftsleben erarbeitet. Schon 1723 erhielten die Griechen durch Fürsprache des Prinzen Eugen die Erlaubnis, ein orthodoxes Gebetshaus zu errichten, das später ins »Küss-den-Pfennig-Haus« einzog (Griechengasse 8, bis heute befindet sich dort die orthodoxe Georgskirche).

Nach dem Toleranzpatent Josefs II. wurde wenige Schritte entfernt die orthodoxe Dreifaltigkeitskirche am Fleischmarkt gegründet und mit ihr die griechische Schule – seit damals die älteste und bedeutendste außerhalb Griechenlands.

Wien entwickelte sich zu einem Mittelpunkt griechischen Bildungswesens und orthodoxer Gelehrsamkeit. Als Anziehungspunkt für jene, die in ihrer Heimat nicht mehr bleiben wollten oder konnten, wurde es immer attraktiver. Schon nach dem grausam niedergeschlagenen Aufstand von 1770, bei dem man mit russischer Hilfe versucht hatte, das türkische Joch abzuschütteln, waren viele hierher geflohen und schmiedeten weiter patriotische Umsturzpläne. Als die Französische Revolution ausbrach und die Freiheitsparolen durch ganz Europa dröhnten, erhielt der Traum von einem unabhängigen, demokratischen Griechenland abermals enormen Auftrieb.

Im Jahr 1796 kam nun ein Mann nach Wien, der versuchte, diesen Traum Realität werden zu lassen. Er wollte von hier aus die Unzufriedenheit seiner Landsleute bündeln, um Griechenland endlich in die Freiheit führen zu können. Bis heute gilt er als einer der schillerndsten Nationalhelden des Landes: Rhigas Velestinlis, genannt Rhigas Pheraios.

In jungen Jahren hatte er für den »Dragoman«, den höchsten griechischen Dolmetscher und Übersetzer des Sultans, als Sekretär gearbeitet und dadurch die Möglichkeit gehabt, selbst mehrere Sprachen zu erlernen, darunter Französisch und Deutsch. Als in Paris die Revolution begann, beschäftigte er sich intensiv mit den Schriften französischer Philosophen wie Voltaire oder Rousseau und entwickelte Pläne für den Aufstand gegen die verhassten Osmanen.

Der gesamte Balkan, so sagte er, müsse sich erheben, alle Völker, ob Serben oder Griechen, ob Albaner oder Bulgaren, sollten gemeinsam vorgehen, um sich nach dem Sieg in einem neuen Gemeinschaftsstaat wiederzufinden (dieser sollte wohlgemerkt unter griechischer Führung stehen). Eine multiethnische, multikulturelle und multikonfessionelle Republik war sein Ziel.

Wenn man bedenkt, wie kompliziert die Verhältnisse am Balkan waren (und immer noch sind), erscheint dieser Plan, vorsichtig ausgedrückt, äußerst ambitioniert. Immerhin gab es neben den großen, einigermaßen übersichtlichen Volksgruppen auch muslimische Griechen, albanisch oder arabisch sprechende Christen, jüdische und katholische Minderheiten, und darüber hinaus waren die Serben zwar konfessionell mit den Griechen verbunden, kulturell und sprachlich aber viel enger mit den übrigen slawischen Völkern und eher an Russland als an Westeuropa orientiert – im Gegensatz zu den griechischen Nachbarn. Einfach hätte sich die Sache jedenfalls nicht gestaltet.

Rhigas schien dennoch zuversichtlich zu sein. Doch bevor die Revolution überhaupt begonnen werden konnte, musste man die wichtigste Grundlage schaffen: Bildung. Nur durch die Anbindung an die westeuropäische Entwicklung, durch Wissen, Aufklärung und Vernunft könne es gelingen, das korrupte, feudalistische System der osmanischen Unterdrücker zu überwinden.

Mit diesen großen Plänen kam Rhigas nach Wien. Er suchte Unterstützer, Geldgeber und vor allem jemanden, der seine Werke drucken würde, darunter die *Charta von Hellas*, den ersten Verfassungsentwurf für den neu zu gründenden Staat, und seine Erklärung der Menschenrechte.

Seit Kurzem erst gab es griechische Verleger in der Stadt, etwa den hochgebildeten und angesehenen Georgios Vendotis, mit dem Rhigas einige Jahre zuvor französische Werke übersetzt und für den grie-

Nro. 1.

EN BIENNH, TPITH, TH 31. Δεκεμβρίου 1790.

Τῷ Φιλαναγνώστῃ.

Ἰδοὺ ἡ πρὸ πολλοῦ ἐπιθυμηθεῖσα, ϗ ὑποσχεθεῖσα εἰς τὴν ἁπλῆν διάλεκτον ἐφημερὶς, ὡς ἕνα νέον φυτὸν, ὁποῦ ὀλίγον κατ' ὀλίγον αὐξάνει εὐανθεῖ, ϗ τέλως εὐκαρπόντας προξενεῖ μύρια καλά· ϗ μ' ὅλον ὁποῦ αὕτη ἡ ἐφημερὶς μὲ ἕνα τέτοιον φυτὸν κατὰ τὴν ἐπωφελῆ ἔκτασιν ϗ ἔκβασίν της ἁρμοδίως δύναται, ϗ πρέπει νὰ παρομοιασθῇ, μὲ ὅλον τοῦτο διαφέρει πάλιν ἀπὸ αὐτὸ πολὺ κατὰ τὴν καλλιέργειάν της, ὡσὰν ὁποῦ ἕνα τέτοιον φυτὸν φυσικῶς τουτέστι καὶ χωρὶς κόπον ἀνθρώπων φθάνει εἰς τὴν ῥηθεῖσαν ἀκμὴν, ἀλλὰ πολὺ ἄλλως ἔχει τὸ νῦν ἐπιχείρημα τῆς ἐφημερίδος, ὡσὰν ὁποῦ αὐτὴ ὄχι μόνον ἔργα χειρῶν ἀπαιτεῖ, ἀλλὰ ϗ δαπάνην οὐ τὴν μικρὰν ϗ μεγάλον πόνον, ϗ ἔκτασιν τοῦ αὐτοῦ νοὸς, ὄντας αὐτὴ, κατὰ τὸν εἰς τὴν εἴδησιν ὁρισμόν της μία συλλογὴ ϗ ἐκβολὴ διαφόρων πηγῶν.

Ἀλλ' ὅσον μὲν διὰ τὸ πρῶτον εἴμεθα βέβαιοι, ὅτι θέλλομεν ἐργασθεῖ ὡς φιλόπονοι· Διὰ δὲ τὸ δεύτερον μὲ ὅλον ὁποῦ ἡ συνδρομὴ τῶν φιλαναγνώστων τόσον μικρὰ οὖσα, ὁποῦ μόλις τὸ χαρτίον δύναται νὰ πληρωθῇ· Μὲ ὅλον τοῦτο ἡμεῖς δὲν ἐφοβήθημεν τὸ νὰ προχωρέσωμεν εἰς τὸ ἐπωφελὲς ἐπιχείρημά μας, ἐλπίζοντες ὁποῦ ὀλίγον κατ' ὀλίγον συγγενευόμενοι οἱ φιλαναγνῶσται μὲ τὴν παροῦσαν ἐφημερίδα νὰ ἤθελον συνδράμῃ διὰ τὴν τελειάν της ἀκμὴν, ὡσὰν ὁποῦ οἱ συντρέχοντες δίδοντες τιμὴν τὴν διωρισμένην εἰς τὸ καισαροβασιλικὸν Ὄμπερσχοφ Πεσαμτ

1

Eine Ausgabe der *Ephemeris*,
des Sprachrohrs der griechischen
Freiheitsbewegung

chischen Markt publiziert hatte. Auch Zeitschriften wurden seit 1784 in Wien gedruckt, darunter *Ephemeris* und *Logios Hermes*, deren Autoren offen mit den Idealen der Französischen Revolution sympathisierten.

Bei den Gebrüdern Pouliou-Markides verlegte Rhigas schließlich seine Texte, Übersetzungen und revolutionären Lieder. Sein Tun wurde wachsam von der Zensur verfolgt.

Man darf nicht vergessen, dass Österreich nach Jahrhunderten des Kampfes 1792 endgültig Frieden mit dem Osmanischen Reich geschlossen hatte. Darüber hinaus sorgten die chaotischen Zustände in Frankreich bei Kaiser Franz und seinen Ministern für Angst und Schrecken. Wenn das Volk erst an die Macht kam, so die nachvollziehbare Sorge, käme nichts als Chaos und Blutvergießen heraus. Der Balkan war bekanntlich nicht weit entfernt, genau dort lag die Grenze Österreichs zu den Türken. Wenn der große Volksaufstand, so wie Rhigas ihn im Sinn hatte, tatsächlich losbrechen sollte – wo würde er enden?

Auch wurden die offiziellen Proteste vonseiten des Osmanischen Reichs immer dringender: Man möge die Aufwiegler endlich ausschalten, hieß es. Als weitere 3000 revolutionäre Flugblätter gedruckt wurden, sahen die österreichischen Behörden den Bogen überspannt. Die Gebrüder Pouliou-Markides wurden verhaftet (einer entkam, der andere wurde aus Wien verbannt), und auch Rhigas, der sich gerade in Triest befand, wurde 1798 gemeinsam mit sieben Gefährten gefangen genommen. Er wurde der Hohen Pforte überantwortet.

Französische und britische Diplomaten protestierten dagegen und selbst osmanische Würdenträger wie Ali Pascha von Ioannina legten ein gutes Wort für ihn ein. Doch es war vergeblich. Am 24. Juni 1798 wurde Rhigas Pheraios vom übereifrigen Pascha von Belgrad zum Tode verurteilt, ehe ihm noch in Konstantinopel der Prozess gemacht werden konnte. Sein Leichnam wurde in der Donau versenkt.

Als Vordenker des griechischen Freiheitskampfes, der 1821 begann und 1829 tatsächlich die Unabhängigkeit des Landes zur Folge hatte, wird Rhigas heute noch hoch verehrt. 1957 setzte ihm die griechische Gemeinde Wiens in der Rotenturmstraße eine Gedenktafel, dort, wo einst seine aufrührerischen Texte gedruckt wurden.

28

Der Fahnentumult

Wallnerstraße 8

Jean Baptiste Bernadotte, französischer Gesandter in Wien und späterer König von Schweden und Norwegen

Jean Baptiste Bernadotte war zweifellos ein fähiger Offizier, aber zum Diplomaten war er nicht geboren, das wusste er selbst am besten. Auch für ihn war daher die Überraschung groß, als er im Jänner 1798 als Botschafter der Französischen Republik nach Wien geschickt wurde.

Er gehorchte nur ungern. Viel lieber wäre der General bei seinen Soldaten geblieben, in einem Umfeld, das ihm vertraut war und dessen Sprache und Regeln er beherrschte. Der 35-Jährige hatte keinerlei Erfahrung auf dem diplomatischen Parkett und sollte nun ausgerechnet im glanzvollen Wien, dem Zentrum des »alten« Europas, seinen Dienst tun, dort, wo sich die schlauesten Politiker in der hohen Kunst der Intrige und der geheimen Absprachen gegenseitig überboten. Wien war zudem eine Stadt, in der man damals, kurz nach Ende des Ersten Koalitionskrieges, sehr schlecht auf die Franzosen zu sprechen war. Die Österreicher waren klar besiegt und im Friedensvertrag von Campoformio regelrecht gedemütigt worden, indem sie unter anderem die Österreichischen Niederlande an das revolutionäre Frankreich abtreten mussten.

Trotz aller Bedenken sah Bernadotte keine Möglichkeit, sich seinem unmittelbaren Vorgesetzten, Außenminister Talleyrand, zu widersetzen (die Tatsache, dass er als Botschafter das zehnfache Gehalt eines Generals erhielt, dürfte ihm die Entscheidung letztlich leichter gemacht haben).

Es kam, wie es kommen musste: Bernadotte und die Wiener wurden nicht warm miteinander. Es begann damit, dass die Franzosen es verabsäumt hatten, das österreichische Außenministerium von der Ankunft des Botschafters in Kenntnis zu setzen, überdies war für ihn kein Pass bei den Wiener Behörden beantragt worden – das sorgte für Missstimmungen und Ärger. Erst nach einigem Hin und Her stellte man ihm ein Palais in der Wallnerstraße als Botschaftsgebäude zu Verfügung – und das zu einer immens überteuerten Miete.

Bernadotte befand sich auf feindlichem Gebiet, so viel war klar. Er versuchte, sich zunächst durch herrisches Auftreten Respekt zu verschaffen, dann wieder durch Charme Sympathien zu gewinnen, doch in Wien sah man in ihm nicht mehr als einen »Emporkömmling«, einen kleinen Unteroffizier, den das Schicksal zum General gemacht hatte – und nun eben zum Botschafter. Man nahm ihn nicht ernst, selbst über sein ungeschliffenes Französisch (er stammte aus der Gascogne) machte man sich lustig. Bernadotte seinerseits, ein leidenschaftliches »Kind der Revolution«, wie er sich selbst bezeichnete, verbarg nicht seine Abneigung gegen all das aristokratische und katholische Gehabe, das ihn in Wien umgab.

Er fühlte sich verständlicherweise nicht wohl auf seinem neuen Posten; keine zwei Monate dauerte es, bis er Anfang April schriftlich um seine Abberufung und ein neuerliches Kommando bei der Armee bat. Talleyrand ging jedoch nicht darauf ein.

Kann es sein, dass Bernadotte die folgenden Ereignisse bewusst provozierte, um einen handfesten Grund zu haben, Wien zu verlassen? Sein

Biograf Findeisen hält es zumindest für denkbar. Genau wird man es nie wissen.

Bernadotte erinnerte sich in seiner unbehaglichen Situation jedenfalls daran, was ihm Talleyrand aufgetragen hatte: Er solle die Ehre der Französischen Republik hochhalten und stolz die drei Farben der Revolution zur Schau tragen. Und das tat er nun: Er ließ von einem Wiener Schneider eine große blau-weiß-rote Fahne nähen, mit der Aufschrift »Die Republik Frankreich, Wiener Botschaft« (taktvollerweise verzichtete er zumindest auf den Schlachtruf der Revolution »Liberté, Egalité, Fraternité«, der auf solchen Fahnen oft zu lesen war). Am 13. April 1798 gegen sechs Uhr abends flatterte diese Tricolore auf dem ebenfalls in den Farben der Revolution gestrichenen Fahnenmast am Palais in der Wallnerstraße.

Die Landesfarben an einer Botschaft zu zeigen, war damals keineswegs üblich, noch dazu handelte es sich um die Fahne der verhassten Franzosen! Das war vielen Wienern ein Affront erster Güte. Passanten blieben erzürnt stehen, binnen kürzester Zeit bildete sich eine wütende Menschenmenge vor dem Palais. Als jemand den ersten Stein durch ein Fenster schleuderte, erschien Bernadotte in Galauniform auf der Straße. Seinem Chef Talleyrand schilderte er später in einer Stellungnahme, er habe in jenem Moment den aufgebrachten Menschen »mit republikanischer Energie« erklärt, »... dass jede Verunglimpfung, die sie gegen den Repräsentanten der französischen Regierung wagten, ein Schimpf gegen die hochgesinnte Nation sei, deren Interesse er wahrnehme, und sie der strengsten Strafe aussetze«.

Doch die Menschen dachten nicht daran, einfach zu verschwinden. Im Gegenteil, die Lage wurde immer bedrohlicher, weitere Fensterscheiben gingen zu Bruch. Empört sandte Bernadotte mehrere Schreiben an den österreichischen Außenminister Baron Thugut, worin er die Untätigkeit der anwesenden Polizei beklagte. Daraufhin wurden zwar einige kaiserliche Soldaten in die Wallnerstraße entsendet, die sich aber ebenfalls passiv verhielten, selbst als der Mob die Tricolore herabriss, sie verbrannte und das Tor des Palais aufbrach. Bernadottes Privatsekretär wurde verprügelt, nur durch Pistolenschüsse konnten die Botschaftsangestellten die empörten Wiener von der Stiege fernhalten, die in die oberen Stockwerke führte. Bis in die frühen Morgenstunden dauerte der Krawall, dann endlich wurde die Menge von berittenen Soldaten auseinandergetrieben.

Botschafter Bernadotte war über das späte Eingreifen der Ordnungskräfte zu Recht wütend und beschwerte sich am folgenden Tag wortreich. Kaiser Franz versicherte daraufhin sein Bedauern über die Vorkommnisse und versprach eine Untersuchung. Das klang allerdings reichlich halbherzig.

Bernadotte hatte jedenfalls endlich einen Grund, Wien zu verlassen. Am 15. April reiste er unter starker militärischer Bewachung in Richtung Frankreich ab. Erst von unterwegs informierte er Talleyrand von den Vorkommnissen und bat abermals um einen Einsatz bei der Armee. Als man ihm den Posten eines Botschafters in Holland (damals Batavische Republik) anbot, lehnte er entschieden ab.

In Wien erschien kurze Zeit nach den turbulenten Ereignissen ein Spottgedicht mit dem Titel *Bernadottes Friedens- und Kriegsgeschichte*. Es ist viele Seiten lang, weshalb hier nur Auszüge zu lesen sind:

Der Kaiser both dem Frankenland
Des Blutvergießens müde,
Voll Güth' und Menschenhuld die Hand
Ward Freund, und machte Friede.

Da sandte Frankreichs Volkssenat
Ihm einen raschen Degen,
Und keine Feder wohlprobat
Den Frieden beyzulegen.

Hier nun gefiel's dem Meckerbart
Gar eignen Hof zu Halten;
Auch ließ man ihn in seiner Art
Nach Lust und Willkühr schalten.

Als es auf einmal ihm gefiel,
Das Freyheitsfest zu feyern,
Und auf sein großes Sendungsziel
Herzkräftig loszusteuern.
(…)

Und als zum Kopf der Wein ihm stieg,
Und alle Sinn' ihm schwanden,
Meint'er, es sey zum Freyheitssieg
Die rechte Zeit vorhanden
(…)
Und pflanzt' an seines Fensters Knauf
An einem langen Stecken
Ein buntes Wetterfähnlein auf,
Uns aus der Ruh zu necken

Man bath, er möchte doch geruh'n,
Den Schabernack zu laßen,
Hinein die Windstandarte thun,
Damit sey nicht zu spaßen.

Allein er blieb euch wie ein Klotz
Bey allem Flehn und Mahnen,
Und thät, der ganzen Welt zum Trotz,
Sein Fenster nicht entfahnen
(…)
Da griff man denn nach Kloß und Stein,
Zerschlug ihm Rahm' und Spiegel,
Und warf ihm alle Fenster ein,
und sprengte Schloß und Riegel
(…)
Auch hätt ein Junge wie der Blitz
Den Fensterstock erklommen,
Und bald gar liebreich in Besitz
Sein Freypanier genommen
(…)
Erboßt, daß, alter Welt zum Trost,
Mißlang sein Freyheitsschwindel,
Bestellt' er flugs die Extrapost,
Und nahm sein Reisebündel

Bernadotte machte in späteren Jahren noch große Karriere. Der Revolutionsgeneral von einst ließ sich 1810 vom kinderlosen schwedischen König Karl XIII. adoptieren und entfernte sich damit von Napoleon nicht nur geografisch. Gemeinsam mit Preußen, Russen, Briten und Österreichern kämpfte er bald gegen seinen ehemaligen französischen Kameraden, was dieser ihm nie verzieh. 1818 wurde Bernadotte als Karl XIV. neuer König von Schweden und Stammvater der heute noch amtierenden Dynastie.

Als sein Arzt ihn kurz vor seinem Tod zur Ader ließ, bemerkte er – so heißt es – eine Tätowierung aus den revolutionären Jugendtagen seines Monarchen: »Mort aux rois!« – »Tod den Königen!« Auch wenn diese Geschichte nicht wahr sein sollte, so ist sie doch gut erfunden.

29

Das gescheiterte Attentat auf Napoleon

Schloss Schönbrunn

Im Jahr 1809 befand sich der Franzosenkaiser auf dem Höhepunkt seiner Macht, ein Großteil des europäischen Kontinents stand unter seiner Kontrolle. Die Bildung des von ihm abhängigen Rheinbundes (1806) hatte dem Heiligen Römischen Reich endgültig den Todesstoß versetzt, weiters war Preußen 1807 besiegt und zu einem demütigenden Frieden gezwungen worden – und nun, zwei Jahre später, war erneut Österreich an der Reihe.

Im Zuge des Fünften Koalitionskrieges besetzten die französischen Truppen im Mai 1809 (zum zweiten Mal seit 1805) die Haupt- und Residenzstadt Wien, im Juli besiegten sie die Österreicher in der entscheidenden Schlacht von Wagram. Napoleon nahm Quartier im kaiserlichen Schloss Schönbrunn, wo er die Einzelheiten des Friedensvertrages aushandelte – oder besser gesagt: wo er sie diktierte. Am 16. Oktober wurde der Vertrag unterzeichnet. Es war ein düsterer Tag für Österreich, verlor es doch rund ein Siebtel seiner Landfläche und mit Triest und dem kroatischen Küstenland sogar den Zugang zum Mittelmeer.

Doch um ein Haar hätte Napoleon das Zustandekommen dieses Friedens nicht erlebt, denn bereits für den 12. Oktober war seine Ermordung geplant. Friedrich Staps, ein 18-jähriger Pastorensohn aus Sachsen, wollte ihn töten, um Deutschland, ja ganz Europa von dem Diktator zu erlösen. Wäre ihm der Plan geglückt, so stünde er heute mit Brutus, John Wilkes Booth oder Lee Harvey Oswald in einer Reihe der bekanntesten Attentäter der Weltgeschichte.

Friedrich Staps stammte aus Naumburg an der Saale. Er zählte zu den vielen Deutschen, die einst durchaus empfänglich für die hehren Ziele der Revolution gewesen waren und in Napoleon einen charismatischen Befreier sahen, einen Reformer, einen Überwinder des erstarrten monarchischen Systems. Doch je länger der Korse an der Macht war, desto eher erkannte man in ihm den selbstherrlichen Diktator mit Starallüren, der für die Durchsetzung seiner Interessen Krieg um Krieg führte.

In den deutschen Ländern, die von ihm kontrolliert wurden, nahm die antifranzösische Stimmung zu. Die Bevölkerung sah sich immer neuen Steuern ausgesetzt und die Familien litten unter der ständigen Aushebung junger Männer für die französischen Feldzüge.

Auch Friedrich Staps wendete sich 1809 von seinem einstigen Idol ab. Der Umstand, dass abermals Tausende seiner sächsischen Landsleute zum Militär zwangsverpflichtet wurden, um gegen die Österreicher, die »deutschen Brüder«, zu kämpfen, war ihm unerträglich. Jemand, so zeigte er sich überzeugt, müsse dem Blutvergießen ein Ende machen, es »... sollte wieder Frieden sein auf Erden« (wie er später bei seiner Vernehmung zu Protokoll gab). Wenn dieser Frieden nur durch den Mord an Napoleon errungen werden könne, so wollte Staps derjenige sein, der ihn ausführte.

In jugendlichem Idealismus war er bald ganz erfüllt von seiner historischen Mission, er sah sich gar von Gott auserwählt, die Welt von einem Tyrannen zu befreien. Kurz vor seinem Aufbruch nach Wien schrieb er in einem Abschiedsbrief an die Eltern: »Ja, ich muss fort, fort um zu vollbringen, was mir Gott geheißen, was ich Ihm fürchterlich heilig geschworen habe zu vollbringen. Fort muss ich, um Tausende von ihrem Verderben, vom Tode zu erretten und dann selbst zu sterben.« Weiter berichtet er in seinem Brief von einer Vision, die er Wochen zuvor gehabt habe: »... da wurde mir so hell vor den Augen, mir war es, als sähe ich Gott in seiner Majestät, der mit donnerähnlichen Worten zu mir sprach: ›gehe hin und thue, was du dir vorgenommen hast; ich werde dich leiten ...‹« Dass er nach vollbrachter Tat selbst hingerichtet werden würde, schreckte ihn nicht, im Gegenteil: »Es reißt mich fort mit Riesengewalt zu meinem Schicksal hin, dessen Laufbahn bald geendet, herrlich geendet sein wird, denn dann erwartet mich jene Seligkeit, jene ewige Herrlichkeit, die mir Gott verheißen hat. Ja, liebe Eltern, trauern Sie nicht über mich, freuen Sie sich, einen Sohn zu haben, der dieses unvollkommene Leben bald mit jenem besseren vertauscht.«

Staps kam am 7. Oktober 1809 in Wien an. Französische Soldaten, die in der Nachbarschaft seiner Unterkunft einquartiert waren, erzählten ihm von den öffentlichen Militärparaden vor Schönbrunn, an denen ihr Kaiser regelmäßig teilnahm. Schon am nächsten Tag begab sich Staps dorthin, sah Napoleon die Parade abnehmen und sondierte die Lage.

Der Stockdegen, den er mit sich führte, schien ihm nicht die geeignete Waffe für das geplante Attentat zu sein. Er kaufte sich ein großes Küchenmesser, ließ es beidseitig zu einem Dolch schleifen und erschien bei der nächsten Truppenparade am 12. Oktober abermals in Schönbrunn.

Napoleon kam mit seinen Begleitern die breite Freitreppe in den Ehrenhof herab. Staps, der sich unter die Schaulustigen gemischt hatte, wurde zunächst von niemandem beachtet. Er löste sich aus der Menge, schlüpfte vorsichtig zwischen den Wachtposten durch, bis ihn nur noch zwei Schritte von seinem auserkorenen Opfer trennten.

Im letzten Moment aber trat ihm der französische Marschall Berthier in den Weg. »Was wollen Sie?«, fragte dieser. Staps antwortete: »Ich will den Kaiser sprechen!« Berthier glaubte, der junge Mann wolle ein Schreiben, ein Bittgesuch überreichen, und bot an, es in Empfang zu nehmen, doch Staps bestand darauf, es Napoleon selbst zu übergeben. Berthier hielt ihn am Kragen fest und sagte: »So nähert man sich nicht Seiner Majestät!«

Napoleons Adjutant General Rapp kam hinzu und ließ den verdächtigen jungen Mann von französischen Gendarmen abführen. Als man das Messer bei ihm fand und ihn fragte, was er vom Kaiser wolle, antwortete er, das sei sein Geheimnis.

Friedrich Staps wird nach dem gescheiterten Attentat auf Napoleon im Ehrenhof von Schönbrunn festgenommen.

Bald darauf wurde der gefesselte Staps in Schloss Schönbrunn Napoleon vorgeführt, das halbstündige Gespräch ist gut dokumentiert. General Rapp, ein Elsässer, fungierte als Dolmetscher, da Staps nur wenig Französisch sprach. Der junge Mann verhielt sich äußerst ruhig, gefasst und höflich, er beantwortete bereitwillig alle Fragen. Offen gab er nun das geplante Attentat zu. Napoleon wollte die Namen von möglichen Auftraggebern, von Hintermännern hören, doch Staps sagte: »Niemand. Nur die innerste Überzeugung, dass ich, wenn ich Sie töte, meinem Vaterlande und ganz Europa den größten Dienst erweise, hat mir die Waffe in die Hand gedrückt.«

Napoleon glaubte, einen Geisteskranken vor sich zu haben, und ließ seinen Leibarzt Corvisart kommen, der Staps allerdings beste Gesundheit attestierte. Der Kaiser baute ihm nun eine goldene Brücke: »Sie haben einen heißen Kopf (»une tête exaltée«) und werden Ihre Familie ins Unglück stürzen. Ich will Ihnen das Leben schenken, wenn Sie mich um Verzeihung bitten und Ihre verbrecherische Absicht bereuen.« Staps antwortete jedoch: »Ich will keine Verzeihung. Ich bedauere unendlich, dass mir mein Plan nicht geglückt ist.«

Daraufhin fuhr ihn Napoleon an: »Teufel! Wie es scheint, ist in Ihren Augen ein Verbrechen gar nichts!« Staps darauf: »Sie zu töten ist kein Verbrechen, sondern eine Pflicht.« Und auf die Frage: »Wenn ich Sie aber doch begnadige, werden Sie mir Dank dafür wissen?«, sagte Staps: »Ich werde Sie dennoch töten.«

Das Schicksal des Attentäters war damit besiegelt. Im Haus des Baron Arnstein in Fünfhaus wurde er in der Obstkammer eingesperrt, während ein französisches Militärstandgericht zusammentrat. Am Abend des 15. Oktober verlas man in seiner Gegenwart das Todesurteil, am frühen Morgen des folgenden Tages wurde Friedrich Staps vor das Erschießungskommando geführt. Dass er vor den tödlichen Schüssen gerufen haben soll: »Es lebe die Freiheit! Es lebe Deutschland! Tod seinen Tyrannen!«, wird von General Rapp in seinen Memoiren erwähnt. Doch Rapp dürfte bei der Hinrichtung nicht dabei gewesen sein. Der Wiener Josef Zwirner, Hausbesitzer in Fünfhaus, der durch Kontakte zu einem französischen Gendarmen die Möglichkeit erhielt, Zeuge der Erschießung zu werden, konnte sich später an keine überlieferungswürdigen Freiheitsparolen des Delinquenten erinnern. Staps' Leichnam wurde vor Ort verscharrt.

Natürlich wusste Friedrich Staps zu jeder Zeit, was ihn erwartete. Spätestens nach seinem selbstbewussten, ja eigensinnigen Auftreten vor Napoleon konnte er nicht mehr mit Gnade rechnen.

Interessant jedoch ist die Tatsache, dass Staps gar nicht wegen des versuchten Mordes verurteilt wurde. Die Anklage lautete nämlich ausschließlich auf Spionage (»accuse d'espionage« steht in den Gerichtsakten). Nichts jedoch weist darauf hin, dass der junge Mann für eine feindliche Macht spioniert hätte. Er war ein idealistischer, jugendlicher Hitzkopf, bereit zu töten, aber mit Sicherheit kein Spion!

Kaiser Napoleon aber scheute sich davor, das Wort »Attentat« an die Öffentlichkeit zu bringen. Niemand sollte von dem Mordversuch erfahren, weswegen er seinem zuständigen Polizeiminister Fouché den strengen Befehl erteilte, alle diesbezüglichen Informationen zurückzuhalten. Kein Nachahmungstäter sollte ermutigt werden, es seinerseits zu versuchen. Napoleon wusste nur zu gut, dass er das Feindbild von vielen war. Bereits als Erster Konsul der Französischen Republik war er am Heiligen Abend des Jahres 1800 einem verheerenden Bombenattentat auf seine Kutsche nur knapp entgangen.

Im Gegensatz dazu handelte es sich aber nun um keine groß angelegte Verschwörung von Royalisten und auch nicht um ein finsteres Komplott der Illuminaten (wie er anfänglich glaubte): Ein 18-Jähriger mit einem Küchenmesser – mehr brauchte es nicht, um seine Karriere als Herrscher über Europa zu beenden. Das gab Napoleon offensichtlich zu denken. Zu General Rapp sagte er nach Staps' Erschießung: »Es gibt wohl kein Beispiel, dass ein junger Mann in seinem Alter, ein Deutscher, ein Protestant und wohlerzogen, solch ein Verbrechen hat begehen wollen. Suchen Sie zu erfahren, wie er gestorben ist.«

Friedrich Staps' Familie wurde nicht über das Schicksal ihres Sohnes informiert. Erst 1831 erhielt der hochbetagte Vater die offizielle Bestätigung über die Erschießung in Wien. Die Gerichtsakten wurden auf Napoleons Befehl geheim gehalten und tauchten erst 1942 – als Paris von der deutschen Wehrmacht besetzt war – wieder auf.

30 Schillers Freund und Beethovens Vertraute: das Künstlerehepaar Andreas Streicher und Nanette Stein

Ungargasse 27 und 46

Im April 1785 nahmen in Mannheim zwei junge Männer Abschied voneinander. Für beide war es ein bitterer Augenblick, immerhin hatten sie die letzten zweieinhalb Jahre gemeinsam verbracht und sich bescheidene Quartiere geteilt. Es war nicht leicht gewesen, über die Runden zu kommen, denn das Geld war knapp und der große Erfolg blieb für beide noch aus. Als der Moment der Trennung gekommen war, beschlossen die beiden Freunde feierlich, erst wieder in Kontakt zueinander zu treten, wenn sie es zu etwas gebracht hätten.

Karriere machten die beiden während der kommenden Jahre tatsächlich, doch die Freundschaft überdauerte die Zeit nicht. Sie sahen einander nie wieder. Der eine, sein Name war Friedrich Schiller, reiste von Mannheim zunächst nach Leipzig und dann nach Weimar, wo er zu einem Säulenheiligen deutscher Literaturgeschichte wurde. Den anderen, Andreas Streicher, verschlug es nach Wien. Auch wenn er als Pianist niemals so berühmt wurde wie sein Jugendfreund als Dichter, so ist er doch als Klavierfabrikant aus der österreichischen Kulturgeschichte nicht mehr wegzudenken.

Streicher hatte zweieinhalb Jahre zuvor viel aufs Spiel gesetzt. Er, der aus einfachen Verhältnissen stammte und nur über eine mangelhafte Schulbildung verfügte, hatte zu jener Zeit als talentierter Klavierspieler endlich Hoffnung auf eine vielversprechende Karriere. Bei keinem Geringeren als Philipp Emanuel Bach, dem berühmten Sohn des noch berühmteren Leipziger Thomaskantors Johann Sebastian Bach, wollte er studieren.

Auch seinen Freund Schiller hielt es nicht länger in Stuttgart, jener Stadt, in der die beiden damals lebten. Er, der blutjunge Regimentsarzt, war beim Herzog von Württemberg in Ungnade gefallen, nachdem er ohne Urlaubsgenehmigung zu einer Aufführung seines Debütstücks

Andreas Streicher begleitet seinen Freund Schiller auf dessen Flucht von Stuttgart nach Mannheim. Gemälde von Maximilian Stieler

Die Räuber nach Mannheim gereist war. Er fasste zwei Wochen Arrest aus und wurde – was noch schlimmer war – mit einem Publikationsverbot belegt. Schiller beschloss daraufhin, der drückenden Abhängigkeit von seinem obersten Dienstherrn zu entfliehen und sein Glück ganz in Mannheim zu versuchen. Andreas Streicher schloss sich in seiner grenzenlosen Bewunderung dem um zwei Jahre älteren Dichter an. In der Nacht des 22. Septembers 1782 schlichen sich die beiden über die Grenze auf das Territorium der Kurpfalz.

Nun aber, da sie in Mannheim festsaßen, musste Streicher seine Pläne ändern. Schiller hatte nämlich noch lange nicht den erwarteten Erfolg am Theater, er zerstritt sich mit dem Ensemble, seine Honorare blieben gering. Streicher musste somit nicht nur sich selbst, sondern auch seinen Freund finanziell über Wasser halten. Das Geld, das er für die Reise zu Bach nach Hamburg gespart hatte, wurde weniger und weniger, so ließ er sich welches von seiner Mutter schicken (die selbst kaum etwas hatte).

Streicher hielt jedoch stets unerschütterlich zu seinem Freund Schiller. Jahrzehnte später schrieb er in seinen Erinnerungen an jene Zeit, dass er »... die Freundschaft nicht bloß durch den Austausch gegenseitiger Gefälligkeiten, sondern auch durch das wirkliche mit Leiden und mit Tragen aller Widerwärtigkeiten« kannte.

Nachdem Friedrich Schiller beschlossen hatte, andernorts sein Glück zu suchen, kam es zur eingangs geschilderten Trennung. Streicher ging nach München, wo er sich als Klavierlehrer einen Namen machte und zu komponieren begann. Als Miteigentümer einer Musikalienhandlung brachte er es schließlich zu einigem Wohlstand.

Er lernte Nanette Stein kennen und verliebte sich in die junge Frau, die damals in Musikerkreisen recht bekannt war. Die Tochter des berühmtesten Klavier- und Orgelbauers Augsburgs war schon früh als pianistisches Ausnahmetalent aufgefallen. Mozart, der die Achtjährige im Oktober 1777 spielen gehört hatte, berichtete seinem Vater ausführlich in einem Brief darüber und sparte nicht mit Fachsimpeleien über ihre Technik, an der er freilich manches zu bemängeln hatte. Aber er schrieb: »Sie kann werden, sie hat Genie.«

Nanette Stein entwickelte sich in den folgenden Jahren zur wichtigsten Mitarbeiterin ihres Vaters (der in sie, wie Mozart schrieb, »völlig vernarrt« war). Nach seinem Tod leitete die erst 23-Jährige eine Weile die Fabrik, bevor sie beschloss, nach Wien zu übersiedeln. Im Jänner 1794 heiratete sie Andreas Streicher und das junge Paar zog gemeinsam mit Nanettes jüngeren Brüdern Matthäus und Friedrich in die österreichische Hauptstadt.

Kaiser Franz persönlich hatte der jungen Geschäftsfrau und Musikerin die Erlaubnis zur Gründung einer neuen Klavierfabrik erteilt. Dabei sagte er: »Nun das ist recht schön von Ihnen, daß Sie hier her wollen, da können wir schon helfen, wir haben zwar gute Instrumentenmacher hier, allein berühmt sind sie nicht.«

In der Landstraße wurde die Firma »Frère et sœur Stein d'Augsbourg à Vienne« etabliert und hatte sofort durchschlagenden Erfolg. Weit über die Grenzen Wiens hinaus waren die Instrumente beliebt und begehrt. Verkaufsniederlassungen fanden sich bald in Leipzig, Berlin und Weimar, ja selbst im baltischen Reval (Tallinn). Nachdem sich Nanettes

Bruder Matthäus mit einer eigenen Firma selbstständig gemacht hatte, trat Andreas Streicher, der sich bislang neben seiner Tätigkeit als Klavierlehrer hauptsächlich um die Geschäftsführung des Betriebs gekümmert hatte, vermehrt als Klavierbauer in den Vordergrund. Er verstand es hervorragend, die »deutsche Mechanik« weiterzuentwickeln und das Klangvolumen der Instrumente zu vergrößern.

Durch seine exzellenten Klaviere kam das Ehepaar Streicher in Kontakt mit allen großen Komponisten, Pianisten und Musikjournalisten der Zeit. Allesamt schwärmten diese in höchsten Tönen von den Instrumenten, die damals als Einzelanfertigungen hergestellt wurden, ganz den Erfordernissen der jeweiligen Kundschaft angepasst. Sie waren »an Ebenmaaß der Töne, Reinheit, Schwebung, Anmuth und Sanftheit (…) unerreichbar«, hieß es, und ideal für all jene, die auf der Suche waren nach »Nahrung für die Seele und sanftes, schmelzendes Spiel« (wie der berühmte Kritiker Eduard Hanslick später einmal schrieb).

Vor allen anderen war es Ludwig van Beethoven, der auf das Engste mit den Streichers verbunden war. Schon als 16-Jähriger hatte er Nanette während eines Aufenthalts in Augsburg kennengelernt, als er bei ihrem Vater Orgel spielte und stundenlang am Klavier phantasierte. In Wien sah man einander nun wieder.

In Andreas Streicher fand Beethoven einen Klavierbauer, wie er ihn sich nicht besser wünschen konnte. Ganz nach seinen anspruchsvollen Vorgaben schuf dieser geradezu perfekte Instrumente für den Komponisten, der damals schon fast völlig taub war. In einem Brief an Nanette schrieb Beethoven: »Nun eine große Bitte an Streicher, bitten Sie ihn in meinem Namen, daß er die Gefälligkeit hat, mir eines Ihrer Piano mehr nach meinem geschwächten Gehör zu richten; so stark, als es nur immer möglich ist, brauch ich's. (…) Streicher allein wäre imstande, mir ein solches Piano für mich zu schicken, wie ich's bedarf.«

Nanette ihrerseits, immerhin eine höchst erfolgreiche und selbstbewusste Unternehmerin sowie dreifache Mutter, war sich offenbar nicht zu schade, für Beethoven die Rolle einer Art »Haushaltsmanagerin« zu übernehmen. In häuslichen Angelegenheiten schien der große Künstler vollkommen überfordert, seinen Dienstboten misstraute er (sie wechselten, wie aus seinen Notizbüchern ersichtlich wird, alle paar Wochen).

Auf Ordnung und Sauberkeit legte er offenbar keinen großen Wert. Die Dichterin Bettina Brentano, die ihn 1810 in Wien besuchte, schrieb etwa: »Seine Wohnung ist ganz merkwürdig: im ersten Zimmer zwei bis drei Flügel, alle ohne Beine auf der Erde liegend, Koffer, worin seine Sachen, ein Stuhl mit drei Beinen; im zweiten Zimmer sein Bett, welches winters wie sommers aus einem Strohsack und dünner Decke besteht, ein Waschbecken ..., die Nachtkleider liegen auf dem Boden« und weiter: »Seine Kleider sind zerrissen, sein Ansehen ganz zerlumpt.« Auch Carl Czerny, der berühmte Klavierpädagoge, erinnerte sich: »Ein sehr wüst aussehendes Zimmer, überall Papiere und Kleidungsstücke verstreut, einige Koffer, kahle Wände, kaum ein Stuhl ...« Beethoven selbst – »in eine Jacke von langhaarigem dunkelgrauem Zeuge und gleichen Beinkleidern gekleidet« – ließ ihn gar an die Figur des Robinson Crusoe denken.

Vor allem als der Junggeselle Beethoven 1816 die Vormundschaft über seinen Neffen Karl übernahm, die ihn mehr als alles andere überforderte, kümmerte sich Nanette um die Organisation der alltäglichen Notwendigkeiten. Ernst Pichler schreibt in diesem Zusammenhang: »Die Arbeit des Sisyphus muss gegen das, was Frau Streicher zu leisten versuchte, ein Kuraufenthalt gewesen sein.« Den zahlreichen Briefchen, die Beethoven an Nanette Streicher schrieb, können wir entnehmen, dass sie sich tatsächlich um so gut wie alles zu kümmern hatte, sei es, seine Hosen vom Schneider abholen oder die Schmutzwäsche zur Reinigung bringen zu lassen.

Seit im Jahr 1812 die Klavierfabrik in der Ungargasse 46 mit einem Klaviersalon und einem großen Konzertsaal für 300 Besucher ausgestattet worden war, trat Beethoven regelmäßig dort auf, oft gemeinsam mit Nanette Streicher.

Der Saal wurde mit Büsten berühmter Musiker ausgestattet, darunter auch jene Beethovens. Bevor diese angefertigt werden konnte, musste der Künstler Franz Klein allerdings eine Lebendmaske des Komponisten abnehmen, was sich als keine leichte Aufgabe erwies. Beethoven, dessen Gesicht zunächst eingeölt und dann mit Gips bestrichen wurde, konnte während der Prozedur nur durch zwei Strohhalme atmen, die in seinen Nasenlöchern steckten. Aus Angst zu ersticken, riss er sich zunächst die Maske herunter, erst beim zweiten Versuch klappte es. Diese Lebendmaske sowie ein Abguss der Büste sind heute in Beethovens einstigem Wohnhaus auf der Mölker Bastei, dem »Pasqualatihaus«, zu besichtigen (dort steht übrigens auch ein originales Streicher-Klavier).

Beethoven starb 1827, neben Grillparzer und Schubert gehörte auch Andreas Streicher zu den Fackelträgern bei seinem Begräbnis. Fünf Jahre später starb dieser selbst, wenige Monate nach dem Tod seiner Frau Nanette.

Die Klavierfabrik wurde von beider Sohn Johann Baptist höchst erfolgreich weitergeführt und übersiedelte 1837 in die Ungargasse 27, wo auch ein neuer Konzertsaal erbaut wurde. Es war nun die nächste Generation großer Musiker, die hier auftraten: Franz Liszt, Frédéric Chopin, Johannes Brahms und Clara Schumann, die während ihrer Wien-Aufenthalte fast täglich hier anzutreffen war. Im Jahr 1884 zeigte sie sich sogar entrüstet über das Gerücht, »... dass ich bei Bösendorfer spielen werde, wovon nicht einmal die Rede ... war. Ich würde doch Streicher das nicht antun – was muss er von mir denken.«

Damals jedoch war die große Zeit der Klavierfabrik bereits Geschichte, Johann Baptists Sohn Emil hatte sie mittlerweile übernommen, doch eher aus Pflichtgefühl denn aus Neigung. Als er nun erkannte, dass sein eigener Sohn Theodor lieber Komponist werden und den Betrieb nicht weiterführen wollte, löste er ihn 1896 auf.

31 Die Ludlamshöhle

Graben 30

Eine Gruppe von guten Freunden besuchte am 15. Dezember 1817 eine Aufführung im Theater an der Wien. Auf dem Spielplan stand an jenem Abend die Premiere des romantischen Geisterstücks *Ludlams Höhle*, geschrieben von dem dänischen Dichter Adam Gottlieb Oehlenschläger. Um es kurz zu sagen: Es war kein großer Erfolg.

Die Freunde waren jedoch vom Titel des Theaterstücks sehr angetan. Als sie spätabends in »Bonifaz Haidvogels Gasthaus« im Schlossergässchen beim Wein zusammensaßen und in einem »lebhaften Kunststreit« die Qualitäten des Stücks diskutierten, kamen sie auf die Idee, eine Gesellschaft zu gründen. Eine Art privater Kulturclub, eine Künstlervereinigung sollte es werden, immerhin handelte es sich bei den Herren allesamt um Dichter, Sänger oder Schauspieler. In intimer, ungezwungener Atmosphäre wollten sie einander nun allabendlich zu einer Stammtischrunde treffen, die den Namen »Ludlamsgesellschaft« tragen sollte.

Haidvogels Gasthaus schien mit seinem separaten Hinterzimmer ein geeigneter Ort dafür zu sein, geeigneter jedenfalls als das Wirtshaus »Zum Blumenstock« in der Ballgasse, wo sie bislang regelmäßig zusammengekommen waren. Der Name für dieses Extrazimmer war auch rasch gefunden: die »Ludlamshöhle«.

Treibende Kraft bei der Gründung dieser Herrenrunde war der 36-jährige Ignaz Franz Castelli. Einer breiten Öffentlichkeit ist er heute nicht mehr bekannt (höchstens als Initiator des Wiener Tierschutzvereins), damals jedoch zählte er zu den populärsten, produktivsten und meistgespielten Theaterautoren der Stadt. Rund 200 Lustspiele verfasste er für die Bühnen Wiens, allen voran für das Kärntnertortheater; auch als Mundartdichter machte er sich einen Namen.

Da jede Gesellschaft und jeder Verein seine Statuten braucht, machten sich Castelli und seine Freunde daran, diese auszuarbeiten. Zunächst einmal wurde klargestellt, dass es in der Ludlamshöhle nicht allzu ernst zugehen sollte. Die Mitglieder wollten einander Streiche spielen, Witze und humorvolle Anekdoten erzählen, geistreiche Gespräche führen und sollten sich dabei niemals derart wichtig nehmen, als dass sie nicht über sich selbst hätten lachen können. Castelli schrieb in diesem Zusammenhang: »Hier hatten die Abendstunden Flügel, hier wurde zwar immer auf die schwache Stelle eines Jeden losgehämmert, aber so, daß es nicht schmerzte, denn Jeder konnte gleich wieder vergelten und hatte auch das geistige Vermögen dazu, hier theilte Jeder gerne Witz und Spaß aus, steckte aber auch wieder gerne Witz und Spaß ein.«

Weiters wurden die Mitglieder mit »Ludlamsnamen« bedacht, die sowohl einfallsreich als auch aussagekräftig und witzig sein mussten. Castelli etwa hieß »Cif Charon der Höhlenzote« (was Aufschluss über die Qualität seiner Scherze gibt). Zum Vorstand der Vereinigung wurde der Schauspieler Karl Schwarz gewählt, der wegen seines Nachnamens und der auffallenden roten Flecken im Gesicht »der rote Mohr« genannt wurde. Weil er so viel rauchte, erhielt er den Ludlamsnamen »Rauchmar der Zigarringer«.

Der Schauspieler Heinrich Anschütz (damals eben dabei, einer der großen Stars des Burgtheaters zu werden) hieß »Lear der Neuwieder«, sein Bühnenerfolg als Shakespeares König Lear wurde damit ebenso hervorgehoben wie seine Wohnadresse auf der Wieden. Auch Franz Grillparzers Ludlamsname »Sapphokles der Istrianer« ist einleuchtend, wenn man bedenkt, dass seine *Sappho* 1818 mit großem Erfolg am Burgtheater uraufgeführt wurde. Der berühmte Hofkomponist Antonio Salieri schließlich hieß »Don Tarar di Palmira«, was uns an zwei seiner Opern denken lässt: *Tarare* und *Palmira, Regina di Persia.* Moritz Saphir, der scharfzüngige Feuilletonist und Kritiker, der später wegen Majestätsbeleidigung angeklagt wurde, erhielt den Namen »Witzbold der Rebeller«.

Die Liste ließe sich noch beliebig weiterführen, denn immer mehr Männer wurden in die Ludlamsgesellschaft aufgenommen, zum Schluss waren es rund hundert. Als sogenannte »Schatten« mussten sie zunächst auf den Status eines »Körpers«, eines Vollmitglieds, warten, den sie durch eine Prüfung erlangen konnten.

Castelli war zufrieden mit seiner Gesellschaft: »… man hat sich nirgends heimischer gefühlt, als zwischen den vier weiß übertünchten Wänden dieser Schenke, und auch die Furchen auf den Stirnen der größten Misanthropen glätteten sich bei den mitunter geistreichen, mitunter aber auch blos barocken Scherzen, welche hier vorgebracht wurden.«

Die »barocken Scherze«, wie Castelli, der selbsternannte »Professor der Frivolitätswissenschaften«, sie nennt, dürften allerdings nicht allen Mitgliedern gefallen haben. Die humorvolle Künstlervereinigung nahm bisweilen den Charakter einer zotigen Männerrunde an.

Der Dichter Ignaz Franz Castelli, Gründer der Ludlamsgesellschaft

Der deutsche Gelehrte Friedrich Rückert etwa, der in Wien Persisch studierte, konnte nur wenig mit den »nutzlosen Hurengeschichten und Zeitungsklatschereien« anfangen. Und der Komponist Carl Maria von Weber (Ludlamsname: »Agathokles der Zieltreffer«), der 1822 und 1823 zu den Aufführungen des *Freischütz* und der *Euryanthe* in Wien war, schrieb gar angewidert: »… hat mich doch der Teufel geritten, dass ich mich in das Wespennest gesetzt habe! Wenn ich nicht Rücksicht auf die Kritik zu nehmen hätte, deren Helden dort mit sauigeln, kein Satan brächte mich wieder hin!«

Wir können also festhalten, dass weiß Gott nicht nur feingeistige Gespräche in der Ludlamshöhle geführt wurden, politisch korrekt ging es dort nicht zu. Davon abgesehen war es jedoch eine harmlose, unpolitische Runde.

Zwar waren viele der Ludlamiten kritische Intellektuelle, die später, im Jahr 1848, die Revolution befürworteten. Doch auch wenn sie unter dem Metternich'schen Spitzelwesen, der strengen Zensur, der ständigen Überwachung durch die Geheimpolizei zu leiden hatten – in der Ludlamshöhle durften sie über Politik nicht sprechen. In den Vereinsstatuten wurde klargemacht, dass jeder, der eine politische Diskussion vom Zaun brechen sollte, mit einer Geldstrafe belegt würde. Es handelte sich dabei um reinen Selbstschutz, denn niemand konnte sicher sein, ob nicht vielleicht ein Polizeispitzel die Runde infiltriert hatte. Pläne für einen Staatsstreich – wie die Behörden später vermuteten – wurden jedenfalls keine geschmiedet.

Außerdem gab es subtile Methoden, die herrschenden Zustände zu kritisieren und sich darüber lustig zu machen. Castelli etwa hatte zwei Hunde, die er »Sedl« und »Nitzky« nannte. Wenn er sie rief, folgten sie ihm aufs Wort, was der damalige Chef der obersten Polizei- und Zensurbehörde, der verhasste Joseph Graf Sedlnitzky, vermutlich nicht getan hätte.

Auch war die Ludlamshöhle nicht so geheim, wie es später von der Polizei dargestellt wurde. Wenn die Mitglieder etwa Geld für wohltätige Zwecke sammelten, spendeten sie die Summe ganz offiziell unter dem Vereinsnamen. Es war eine »Gesellschaft, deren Dasein jedem Kind in Wien bekannt war«, wie einmal in der Zeitschrift *Die Gartenlaube* zu lesen war.

Was im Frühjahr 1826 geschah, wirkt heute wie eine Groteske, die deutlich die Angst der staatlichen Obrigkeit vor Verschwörung und Rebellion sowie die fragwürdige Vorgehensweise der, wie Moritz Saphir es ausdrückte, »alles beschnuppernden und überall Umsturz witternden Polizei« erkennen ließ.

Am 22. März fand in der Ludlamshöhle ein großes Festmahl zu Ehren des Geburtstagskindes Karl Schwarz statt. Als besondere Überraschung waren alle aufgetragenen Speisen in den Farben Rot und Schwarz gehalten. Die Polizei wurde aufmerksam, vermutlich durch einen Denunzianten informiert. Die Behörden vermuteten nämlich in der harmlosen Farbspielerei einen Zusammenhang mit dem – für die Österreicher tatsächlich bedrohlichen – italienischen Geheimbund der Carbonari, der für die nationale Einigung Italiens kämpfte.

Der Wiener Polizei-Oberdirektor Alois von Persa befahl die gewaltsame Auflösung der Ludlamsgesellschaft. Eine Razzia wurde in Haidvogels Gasthaus durchgeführt, sämtliche Unterlagen und Bilder beschlagnahmt, darunter auch eine Schreibtafel mit den Worten »Diessmahl ist der Samstag an einem Sonntag«. Dieser Satz galt den Ordnungshütern offenbar als staatsgefährdender Geheimcode, bedeutete in Wirklichkeit aber nichts anderes als eine Terminänderung einer Gedichtlesung.

Hausdurchsuchungen in den Wohnungen vieler Ludlamiten fanden statt, Castelli, Grillparzer und andere wurden von der Polizei verhört und mit Hausarrest belegt. An Karl Schwarz wurde die »dringende Frage« gestellt, weshalb man ausgerechnet ihn zum Vorsitzenden der Gesellschaft gewählt hätte, es folgte »die ernste Mahnung, die Wahrheit zu gestehen, wenn er sich nicht die größten Unannehmlichkeiten zuziehen wolle«. Er antwortete schlicht, er »… sei zum Oberhaupt der Ludlamiten ernannt worden, weil er unter Allen der Dümmste sei und eine schöne Tochter habe«.

Die Untersuchungen führten freilich zu nichts. Keinem der Herren konnte nachgewiesen werden, auch nur im Entferntesten an staatsfeindlichen Aktionen beteiligt gewesen zu sein. Es war eine Blamage für die Polizei.

Als Krönung der Peinlichkeit aber darf deren Vorschlag gesehen werden, die Ludlamiten könnten einander nun wieder zu geselligen Runden treffen – allerdings nur in Anwesenheit eines Polizeikommissärs! Das Angebot wurde dankend abgelehnt: »Der Kommissär könne kommen, die Gesellschaft werde aber ausbleiben.«

Polizeidirektor Persa nahm sich drei Jahre später das Leben, indem er sich aus dem Fenster seines Hauses stürzte. Castelli vermutete die Blamage um die Ludlamshöhle als Motiv und die Tatsache, dass »er noch mehr solche Ungeschicklichkeiten begangen hat«. Bei Grillparzer heißt es, Persa habe sich der Geldunterschlagung schuldig gemacht, sodass er im Freitod seinen einzigen Ausweg sah. Bitterböse dichtete er über den Toten: »Wie seitwärts schielend den Kopf er hängt,/Aschfarb erbleichen die Wangen;/So blickt, außer einem, der Diebe fängt,/Nur der Dieb, der selbst wird gefangen./Geheime Gesellschaften sind ihm suspekt,/Er soll sie dergestalt hassen,/Dass, wenn er ja einmal Gesellschaft pflegt,/Ists mit Öffentlichen von der Gassen.«

Da Persas anhänglicher Pudel dem Selbstmörder durch das Fenster nachgesprungen war (dabei allerdings mit dem Leben davonkam), machte bald eine Scherzfrage in Wien die Runde: »Welche Gattung von Hund ist treuer, der Pudel oder der Spitz?« Die Antwort: »Natürlich der Pudel, da der Pudel des Hofrath Persa seinem Herrn aus dem Fenster nachsprang, während dies keinem seiner Spitzl eingefallen war.«

Das Schlossergässchen, wo sich die Ludlamshöhle einst befand, existiert längst nicht mehr. Seit Mitte des 14. Jahrhunderts hatte es als Verbindung zwischen der Goldschmiedgasse und dem Graben (bei der Hausnummer 30) gedient. 1866 wurde es wie viele andere Gässchen der Umgebung verbaut.

32 Balzac in Wien

Landstraßer Hauptstraße 31

Wenn ein stürmischer und verliebter Dichter leidenschaftliche Briefe an eine Frau schreibt, so ist das grundsätzlich etwas Schönes, sofern die Angebetete seine Gefühle erwidert und gerne Post bekommt. Ist nun diese Frau bereits mit einem anderen Mann verheiratet und so unvorsichtig, einen solchen Brief in die Hände ihres Gatten geraten zu lassen, kann sie entweder selbst versuchen, dessen Eifersucht zu beschwichtigen – oder es ihrem Geliebten überlassen. Im Jahr 1835 hatte Honoré de Balzac diese wahrlich schwierige Aufgabe.

Die Frau seines Herzens, die polnische Aristokratin Ewelina von Hańska, war damals mit ihrem um 20 Jahre älteren Ehemann in Wien, um hier den Winter zu verbringen. Balzac, zu jener Zeit bereits umjubelter Schriftsteller, befand sich in Paris. Zwei Jahre zuvor war Frau von Hańska, eine begeisterte Verehrerin seiner Werke, brieflich in Kontakt mit ihm getreten, es folgten persönliche Treffen in der Schweiz, und bald entspann sich ein Liebesverhältnis. Hańskas Mann wusste zwar von einer Freundschaft zwischen den beiden, ahnte allerdings nichts von deren Intimität.

In den *offiziellen* Briefen an seine Geliebte unterließ es Balzac nie, ihrem Gemahl und der gesamten Familie höfliche Grüße auszurichten, die *persönlichen* Schreiben, die nur für Ewelinas Augen bestimmt waren, klangen freilich anders: »Oh, mein Engel, meine Liebe, mein Leben, mein Glück, mein Schatz, meine Teuerste – wie schrecklich war diese erzwungene Zurückhaltung! Welche Freude, dir jetzt von Herz zu Herzen schreiben zu können.«

Als nun Herr von Hański einen dieser Briefe entdeckte, schrieb er sofort nach Paris, um von Balzac eine Erklärung einzufordern. Der Dichter schwindelte ihm eine in ihrer Kühnheit unübertreffliche Geschichte vor: Es habe sich lediglich um einen übermütigen poetischen Scherz gehandelt, um einen »idealtypischen« Brief eines verliebten Mannes, um der literaturbegeisterten Frau von Hańska zeigen zu können, »wie so ein rechter Liebesbrief aussieht«. Balzac konnte mit die-

Honoré de Balzac, der berühmte Schriftsteller, wurde auch in Wien umschwärmt.

ser reichlich windigen Erklärung tatsächlich die Wogen glätten und blieb – mit Wissen des Ehemanns – weiterhin mit Ewelina in Kontakt. Mehr noch: Er wollte sie nun in Wien besuchen. Ein Vorwand war schnell gefunden, denn für seinen geplanten (jedoch nie vollendeten) Roman *La Bataille* müsse er die einstigen Schlachtfelder von Aspern und Wagram besichtigen.

Bloß fehlte ihm das Geld für die Reise. So berühmt und umschwärmt Balzac auch war und so viel er durch seine Bücher verdiente, so hoch verschuldet war er doch. Er, der eine freudlose Kindheit gehabt hatte und sich mühsam Ruhm und internationale Anerkennung erarbeiten hatte müssen, liebte nämlich – als nunmehriger Star der französischen Gesellschaft – das luxuriöse Leben. Er verkehrte in adeligen Kreisen, schmückte seinen eigenen, bürgerlichen Namen mit einem »de«, ja nannte sich zeitweise gar Marquis.

Das Geld, das er verdiente, investierte er in allerlei erfolglose Projekte, ging mehrmals bankrott, lieh sich hohe Summen von einer seiner reichen Freundinnen, machte neue Schulden, verdiente wieder Geld, kurz: Es war ein ständiges Auf und Ab. Jetzt, im Frühjahr 1835, musste er bei seinen Verlegern Darlehen erbetteln, ja sogar sein Silber verpfänden, um die Reise nach Wien finanzieren zu können (die er allerdings in einer eigenen Kutsche und mit livriertem Diener unternahm).

Der Winter war inzwischen vorbei, und Herr von Hański wollte zurück auf seine Güter in der heutigen Ukraine. Doch seine Frau hielt ihn unter ständig neuen Vorwänden in Wien. Endlich, am 16. Mai, traf Balzac ein. Die Hańskis wohnten in der Salmgasse und hatten dem Dichter ein Zimmer im Hotel »Zur goldenen Birne« reserviert, das gleich um die Ecke an der heutigen Landstraßer Hauptstraße 31 lag.

Auch in Wien war Balzac durch seine Bücher bereits eine Berühmtheit. Natürlich schmeichelte es ihm in seiner (wie Stefan Zweig es ausdrückte) »Aristokratomanie«, dass sich die vornehmsten Adelsfamilien darum rissen, ihn in ihren Palais willkommen zu heißen, selbst Staatskanzler Metternich lud ihn zu sich ein. Von den bedeutenden österreichischen Dichtern jener Zeit lernte Balzac auf den Empfängen allerdings keinen kennen, bis auf den heute fast unbekannten Joseph Christian von Zedlitz. Dieser – abermals sei Stefan Zweig zitiert – stürzte »aus allen Himmeln …, als er den großen, verehrten, berühmten Balzac ausschließlich von Honoraren und Geld sprechen« hörte.

So wie Balzac es sich vorgenommen hatte, besuchte er Aspern und Wagram, um dort Eindrücke für seinen Roman zu sammeln, vor allem aber konnte er endlich wieder Zeit mit seiner geliebten Ewelina verbringen, wenngleich intimere Treffen wegen der ständigen gesellschaftlichen Verpflichtungen (und der Anwesenheit ihres Ehemannes) nicht möglich waren. Enttäuscht schrieb er ihr vor seiner Abreise: »Nicht eine Stunde, nicht eine Minute gehört wirklich uns.« Nach vier Wochen ging es zurück nach Paris, zurück zu den Sorgen und Schulden. Selbst das Trinkgeld für den Hoteldiener hatte er sich von Ewelina ausleihen müssen.

Die beiden sahen einander erst sieben Jahre später wieder, kurz nach dem Tod Herrn von Hańskis. Ewelina, die den berühmten Balzac ab nun zwar gerne als Geliebten und geistreichen Reisebegleiter um sich hatte, zögerte aber, den letzten Schritt zu tun, nämlich ihn zu heiraten. Er war ihr offensichtlich zu verschwenderisch und unzuverlässig, auch wollte sie nicht in Paris in der Nähe seiner bürgerlichen Verwandtschaft leben.

Nach der Totgeburt eines gemeinsamen Kindes verbrachte das Paar viel Zeit auf den reichen Gütern Ewelina von Hańskas. Balzac, wieder einmal in argen finanziellen Kalamitäten und gesundheitlich bereits schwer angeschlagen, war dennoch zuversichtlich, was eine gemeinsame Zukunft mit Ewelina anging. Hoffnungsvoll schrieb er damals: »Ich habe keine glückliche Kindheit gehabt, und mein Frühling war nicht mit Blumen geschmückt; jetzt werde ich einen strahlenden Sommer haben und den allersüßesten Herbst.«

Doch erst, als die Ärzte meinten, dass es mit Balzac zu Ende gehe, willigte Ewelina von Hańska in eine Ehe ein, die im März 1850 in Berdytschiw (Ukraine) geschlossen wurde. Nur fünf Monate später starb Balzac im Alter von 51 Jahren in Paris.

33

Auf den Spuren Hans Christian Andersens

Naglergasse 12

Im Regelfall sind wir bereit, einen Zylinderhut als nur wenig bedrohlich wahrzunehmen, der dänische Dichter Hans Christian Andersen musste jedoch 1834 bei der Einreise ins Österreich des Vormärz die Erfahrung machen, dass man auch anderer Auffassung sein konnte.

Vielleicht hätte er dem Zöllner besser nicht sagen sollen, es handle sich bei seiner Kopfbedeckung um einen »Gesellschaftshut«, denn prompt fragte der misstrauische Beamte: »Doch keine geheime?« Der gänzlich unpolitische Andersen geriet durch ein einziges, unbedachtes Wort ins Visier der Grenzwächter, die in jeder »Gesellschaft« die Keimzelle einer Revolution vermuteten. Sie ließen den verdächtigen Ausländer daher gleich wissen, »… dass in Österreich alles sei, wie es sein sollte, dass man da keine Revolutionen haben wolle und mit dem Kaiser Franz zufrieden sei«. Andersen war verständlicherweise verdutzt: »Ich versicherte ihnen, dass ich das auch sei, ich sei ein Hasser von Revolutionen und in höchstem Maße ein guter Untertan. Es half nichts, gerade ich, vor allen anderen, wurde aufs strengste untersucht.«

Zu den vielen Phobien, unter denen der Dichter litt, gehörte auch die Angst vor Passkontrollen, es muss für ihn also doppelt unangenehm gewesen sein. Zum Glück führte die unerfreuliche Episode nicht dazu, dass Andersen Österreich von nun an mied. Im Gegenteil: Im Lauf der kommenden knapp 40 Jahre war er allein in Wien sechs Mal.

»Reisen ist leben«, schrieb Andersen einmal und tatsächlich war er – so möchte es scheinen – ständig unterwegs. Er bezeichnete sich selbst als »Storchennatur«, unfähig, sich an nur einem Ort heimisch zu fühlen. Deswegen verbrachte er fast sein gesamtes Leben als Untermieter und hatte, wie er in einem Brief schrieb, »… einen Schreck davor, selbst Bett und Möbel zu kaufen – denken Sie, mit wieviel ich da umziehen müßte, wenn ich einmal hinaus will, um ›Weltluft‹ zu atmen.«

Es gab kaum ein europäisches Land, das er nicht besuchte, von Schweden bis Portugal, von Schottland bis Athen, von Sachsen und Italien bis Konstantinopel führten ihn seine Reisen. Sie brachten ihm reiche Inspiration für seine Märchen und Romane.

Als er im Sommer 1834 erstmals Wien besuchte, war er 29 Jahre alt und noch nicht berühmt. Zwar verfügte er über ein dänisches Staatsstipendium für eine große Bildungsreise durch Europa, doch wurde ihm das Geld knapp: »Ich muss derart sparen, dass bei meiner Heimkehr bestimmt kein Quentchen Fett an mir zu finden ist«, schrieb er in sein Tagebuch. Große Ausgaben scheute er deshalb und ging bloß ins Theater (für das er sich Freikarten besorgen konnte) und in die Gemäldegalerie des Belvedere. Ansonsten spazierte er durch die Wiener Innenstadt, durch den Prater und das Kahlenberger Josefsdorf, besuchte am Währinger Ortsfriedhof die Gräber Beethovens und Schuberts und aß zum ersten Mal in seinem Leben »Gefrorenes« im Augarten. Am meisten faszinierte ihn auf seinen Streifzügen übrigens Canovas Grabmal der Erzherzogin Marie Christine in der Augustinerkirche, er fand es so schön, dass er es bei jedem seiner späteren Wien-Aufenthalte besuchte.

Durch ein Empfehlungsschreiben kam er in Bekanntschaft mit dem Dichter Ignaz Franz Castelli, der sich sofort und mit überaus großer Liebenswürdigkeit um den Gast annahm. Zwischen den beiden Männern entwickelte sich eine echte Freundschaft, die noch viele Jahre andauern sollte. Als Andersen einmal zu Besuch bei Castelli in Hütteldorf war, schrieb ihm dieser ins Stammbuch:

> Es ist eine seltsame Sache:
> Ich sprach Deutsch und Dänisch Du,
> Und doch verstanden wir uns im Nu.
> Ja Freund! Im Aug' liegt die Sprache
> Und im Herzen der Schlüssel dazu.

Auch mit Joseph Sonnleithner kam er in Kontakt (dem damals schon 68-jährigen Librettisten von Beethovens *Fidelio*) und mit dessen Neffen, dem berühmten Franz Grillparzer. Andersen bewunderte diesen und war dementsprechend stolz darauf, von ihm mehrmals nach Hause eingeladen worden zu sein. In einem Brief nach Dänemark vermerkte er geschmeichelt, dass Grillparzer – »im Augenblick wohl der erste Dichter Deutschlands« – sich sehr wohlwollend über einige seiner Gedichte geäußert habe.

Nicht zuletzt besuchte Andersen auch den Wiener Oberrabbiner (damals noch mit dem Titel »Prediger«) Isaak Noah Mannheimer, der selbst aus Dänemark stammte. Dreimal führten die beiden Männer in dessen Wohnung lange Gespräche über Literatur, und zweimal folgte Andersen Mannheimers Einladung in die Synagoge in der Seitenstettengasse.

Rund einen Monat dauerte Andersens erster Aufenthalt in der Kaiserstadt. Trotz der freundlichen Bekanntschaften, die er stets hervorhob, machte Wien damals keinen sonderlich guten Eindruck auf ihn. Da man sowohl im Kärntnertor- als auch im Burgtheater aus Angst, Anstoß bei den Metternich'schen Behörden zu erregen, fast nur harmlose (und heute so gut wie unbekannte) Allerweltsstücke gab, hielt sich der Kunstgenuss für Andersen in Grenzen.

Dennoch muss die österreichische Hauptstadt anregend auf ihn gewirkt haben: Sein Erfolgsroman *Nur ein Geiger* spielt zum größten Teil in Wien (auch Castelli und Grillparzer kommen darin vor). In einem Brief schrieb Andersen: »Wien gefiel mir nicht so besonders, als ich dort war, aber wenn Sie durch mein Buch nun hinkommen, wage ich zu hoffen, dass man sich besser dort amüsiert, als der Dichter sich amüsiert hat.«

Mehrere Jahre später, im Sommer 1841, verschlug es den Dichter abermals nach Wien. Er sah Grillparzer wieder, ging – wie immer und überall – fast täglich ins Theater oder in die Oper und erfreute sich an einem Konzert im Volksgarten, dirigiert von Johann Strauß Vater.

Mittlerweile war Andersen zu einem anerkannten Schriftsteller aufgestiegen, sein Roman *Der Improvisator* sowie seine Märchengeschichten *Die Prinzessin auf der Erbse, Der standhafte Zinnsoldat, Des Kaisers neue Kleider* und *Die kleine Meerjungfrau* hatten ihm Ruhm und Geld eingebracht. Doch der ganz große Triumph sollte erst 1845/46 folgen. Mittlerweile hatten seine Werke durch Übersetzungen auch in den deutschen Ländern zu regelrechten Begeisterungsstürmen geführt. Auf einer glanzvollen Tournee bereiste Andersen unter anderem Hannover, Berlin, Weimar, Leipzig und Prag.

Er, der aus ärmlichen Verhältnissen stammte, war zum Liebling der herzoglichen und königlichen Familien geworden, die ihn an ihre Höfe einluden, um dort aus seinen Büchern vorgelesen zu bekommen. Immer war Andersen auf der Suche nach Anerkennung gewesen, nun bekam er sie in Fülle. Jene Zeit erschien ihm »wie ein sonniges Märchen«, und an anderer Stelle schrieb er: »Ich hätte Gott ans Herz drücken können.«

Anfang März 1846 erreichte er Wien, wo er im Hotel »Zur Stadt Frankfurt« in der Seilergasse abstieg. Es gab ein Wiedersehen mit Castelli (der Andersens *Mädchen mit den Schwefelhölzchen* ins Deutsche übersetzte), und er lernte Franz Liszt kennen, dem damals – pathetisch gesagt – ganz Europa zu Füßen lag. Unbestreitbarer Höhepunkt aber war die Abendeinladung an den kaiserlichen Hof am 9. März. Erzherzogin Sophie begrüßte ihn auf das Freundlichste, bevor er mit einer Lesung aus seinen Büchern begann. Zu den Zuhörern zählten unter anderen Karoline, die Witwe von Kaiser Franz, und die beiden Erzherzöge Franz Joseph, der spätere Kaiser, und Maximilian, sein jüngerer Bruder. Andersen las viel, es muss anstrengend für ihn gewesen sein

Hans Christian Andersen. Der weitgereiste Dichter war sechsmal in Wien.

und lange gedauert haben. Die kaiserliche Familie war höchst erfreut, Sophie schenkte dem Dichter eine kostbare Krawattennadel als Dank. Sie ist heute in Andersens Geburtshaus in Odense ausgestellt, so wie auch das Großkreuz des Guadalupe-Ordens, das er 20 Jahre später von Erzherzog Maximilian – nunmehr Kaiser von Mexiko – erhielt.

Andersen verbrachte seinen dritten Wien-Aufenthalt »wie in einem Taumel, Fest auf Fest bei Grafen und Baronen«. Und doch: trotz all der rauschenden Erfolge, trotz des Geldes und des Ruhms, trotz der Ehrentitel und Auszeichnungen – immer wieder kamen Ängste in ihm auf. Er fürchtete, wieder arm zu werden, weshalb er zu äußerster Sparsamkeit neigte und sich bis ins Alter seine Anzüge, Socken und Wäsche selbst flickte. Er litt unter Zwängen, wie etwa der Vorstellung, sich nachts aus einem brennenden Hotel abseilen zu müssen (weshalb zu seinem Reisegepäck stets ein langes Seil gehörte). Er war hypochondrisch, penibel und überpünktlich. Und vor allem war er einsam.

Geheiratet hatte er nie, hatte bloß schwärmerisch verehrte Freundinnen, wie die Sängerin Jenny Lind, die in ihm jedoch nie einen Mann fürs Leben sahen. Eine Ehe hätte ihn wohl auch überfordert, fühlte er sich doch in seiner Sexualität unsicher und unwohl. Immer wieder erwähnt er in seinem Tagebuch Prostituierte, die ihn einerseits auf merkwürdige Art faszinierten, andererseits abstießen. Wenn er sich eine solche Frau mit auf sein Zimmer nahm (wie auch in Wien), wusste er nicht recht, was er mit ihr anfangen sollte. Sie tat ihm sofort leid, und er schickte sie wieder fort, erleichtert, dass er »unschuldig« geblieben war. Einsam blieb er so oder so.

Als er im Herbst 1869 (nach einem Kurzbesuch im Jahr 1854) zum fünften Mal in Wien abstieg, schrieb er: Ich »spüre wie nie zuvor, dass mir beim Alleinreisen sehr viel abgeht«.

Mittlerweile hatte sich in der Kaiserstadt unglaublich viel getan, die Ringstraße war entstanden: »Im alten Teil der Stadt mit den engen, winkligen Gassen bin ich in dem Wien, das ich kenne«, so Andersen, »aber komme ich hinaus – der Wall vor den Vorstädten ist geschliffen, Prachtgebäude haben sich erhoben, ich glaube, ich bin in Petersburg, in Paris.« Und weiter schrieb er: »… die Stadt ist jetzt so erweitert und verschönert, dass ich sie kaum wiedererkenne. Eine ganze Prachtstadt ist emporgewachsen, und das neue Operngebäude übertrifft an Glanz und Größe alles, was ich in der Art gesehen habe.«

Andersen hatte die große Freude, einen dänischen Landsmann wiederzusehen, einen, der viel zum neuen Aussehen der Haupt- und Residenzstadt beigetragen hatte: den großen Architekten des Historismus Theophil Hansen. Knapp 30 Jahre zuvor hatten sie einander in Athen kennengelernt, wo Hansen als junger Mann jene antiken Bauwerke studiert hatte, von denen er sich nun zu seinen Wiener Prachtbauten inspirieren ließ. Hansen führte Andersen durch das prächtige Palais Todesco, das sein Schwiegervater Ludwig Förster geplant hatte und für dessen Innenausstattung er selbst zuständig war.

Ein letztes Mal kam Hans Christian Andersen im April 1872 nach Wien. Es war nur ein kurzer Aufenthalt, er dauerte gerade einmal sechs Tage (in denen er – ein wenig querulantisch – aus Unzufriedenheit dreimal das Zimmer im vornehmen Hotel »König von Ungarn« wechselte). Grillparzer und Castelli, seine Freunde von einst, waren bereits tot. Ein letztes Mal besuchte er Marie Christines Grabmal in der Augustinerkirche, das er so liebte.

Er selbst war mittlerweile 67 Jahre alt und am Ende seines künstlerischen Schaffens angelangt. Als hochgeachteter und wohlhabender Mann starb er 1875 in der Nähe von Kopenhagen.

Im Jahr 1953 benannte man in Meidling eine Gasse nach dem treuen Wien-Besucher und 2010 enthüllte der dänische Botschafter eine Gedenktafel in der Naglergasse 12, dort, wo Andersen während seines ersten Aufenthaltes gewohnt hatte. Auch im Hietzinger Café Dommayer erinnert eine Tafel an die Anwesenheit des dänischen Dichters, der im berühmten – nicht mehr bestehenden – Dommayer'schen Casino so manches Mal zu Gast war.

34 Robert Blum und das Ende der Revolution

Gedenkstein, Währinger Park

Als am 13. November 1848 in Leipzig bekannt wurde, dass Robert Blum in der Wiener Brigittenau standrechtlich erschossen worden war, schlugen die Wellen der Empörung hoch: Eine aufgebrachte Menschenmenge zog zum österreichischen Konsulat, warf Fensterscheiben ein und riss das kaiserliche Wappen herab. Die Trauerfeiern gerieten zu Protestveranstaltungen des demokratisch gesinnten deutschen Bürgertums gegen die reaktionäre Politik des Habsburgerstaates. »Keinem Könige und Fürsten hat noch je deutsches Volk so im Tode gehuldigt«, hieß es angesichts der 12 000 Menschen, die sich zur Gedenkmesse in Leipzig zusammenfanden.

Man betrauerte den Verstorbenen nicht nur, man verehrte ihn als Helden, als Märtyrer für die Freiheit, ja als »Volksheiligen«. Den österreichischen Behörden wurde der zunehmende Kult um den Toten unheimlich. Dass er selbst von Pfarrern in höchsten Tönen gepriesen wurde, schien ihnen beinahe blasphemisch. In weiser Voraussicht hatte man sich in Wien geweigert, Blums Leichnam nach Leipzig zu überstellen, sonst hätte es dort eine regelrechte Pilgerstätte gegeben. Gemeinsam mit anderen Hingerichteten lag Blum in einem Schachtgrab am Währinger Friedhof.

Mit Robert Blum begrub man letztlich auch die Revolution, die ein halbes Jahr zuvor, im März 1848, so vielversprechend begonnen hatte. Wie in den übrigen Ländern des Deutschen Bundes war man auch in Österreich auf die Straße gegangen, die Bürgerlichen und die Studenten ebenso wie das Proletariat und die Bauernschaft. Man demonstrierte für die Aufhebung der Zensur, für Versammlungs- und Vereinsfreiheit, für demokratische Mitsprache und die Verabschiedung eines Grundgesetzes.

Unter dem Jubel der Bevölkerung musste der verhasste Kanzler Metternich seinen Abschied nehmen und aus Wien fliehen. Kaiser Ferdinand versprach unter dem Druck der Demonstrationen die Pressefreiheit sowie eine Verfassung, in der endlich die Mitsprache der Untertanen gesetzlich verankert sein sollte. In Wien wurde der österreichische Reichstag gegründet, das erste Parlament des Landes.

Die Aufbruchsstimmung verflog jedoch rasch und die einst geschlossene Allianz der Revolution bröckelte. Schon im Sommer zeigten sich die Bauern und viele Vertreter des besitzenden Bürgertums mit dem Erreichten zufrieden und zogen sich zurück, sie wollten den Bogen nicht überspannen. Arbeiterschaft und Studenten hingegen trieben die Revolution voran und pochten auf die Einlösung aller gemachten Zusagen.

Sie gerieten dabei immer mehr in die Defensive. Vor allem die konservativen Regierungen der beiden größten deutschen Länder, Österreichs und Preußens, waren bald zu keinen Zugeständnissen mehr bereit. Sie wollten sich nicht länger von Demokraten, Linken und Liberalen in die Politik hineinreden lassen, wollten die alte, monarchische Macht nicht mit einem Parlament teilen.

Mit entschlossener Härte ging die österreichische Armeeführung gegen die Aufständischen vor, sowohl gegen die, die in Ungarn, Oberitalien und Böhmen gegen das Habsburgerjoch kämpften und nationale Freiheit einforderten, als auch gegen jene, die nun Wien kontrollierten. Anfang Oktober war es dort wieder zu Tumulten gekommen: Soldaten meuterten, Kriegsminister Latour wurde gelyncht, der Kaiser floh nach Olmütz. Die Situation in der Haupstadt war äußerst angespannt – und immer näher rückten die kaiserlichen Truppen unter Fürst Windisch-Graetz.

In der Frankfurter Nationalversammlung, dem demokratisch gewählten Gremium aller deutschen Staaten, blickte man mit großer Sorge nach Wien. Man wusste, dass sich dort das Schicksal der Revolution entscheiden würde.

Eine vierköpfige Delegation unter der Leitung des Abgeordneten Robert Blum sollte den Wienern eine Grußadresse überbringen und die Lage beobachten.

Robert Blum genoss in seinen Kreisen als leidenschaftlicher Linksdemokrat und glänzender Redner einen guten Ruf. Er stammte aus sehr einfachen Verhältnissen und hatte sich fleißig hochgearbeitet, vom Lampenverkäufer und Theaterkassier zum Dichter, Journalisten und Verleger – und schließlich zum Abgeordneten des Königreichs Sachsen in der Frankfurter Nationalversammlung. Der Widerstand Wiens gegen die kaiserliche Armee war für ihn vollkommen legitim, immerhin brach die österreichische Regierung das geltende, von ihr selbst anerkannte Recht, wenn sie gegen Reichstag und Nationalgarde vorging. Auch für Blum stand fest: Sollte die österreichische Hauptstadt fallen, wäre die Revolution in ganz Deutschland gescheitert, dann bliebe, wie er sagte, von den großen Hoffnungen nur »ein Schutt- und Leichenhaufen« übrig.

Am 17. Oktober traf die Frankfurter Delegation ein. Blum war begeistert. An seine Frau schrieb er, Wien sei »… prächtig, herrlich, die liebenswürdigste Stadt, die ich je gesehen; dabei revolutionär in Fleisch und Blut«. Er bewunderte die Kampfmoral der Bevölkerung: »Die kriegerische Haltung, der Mut, die Entschlossenheit, die Bereitwilligkeit alles, alles zu opfern, gepaart mit dem ungetrübten großstädtischen Leben und der sprichwörtlich gewordenen Gemütlichkeit haben etwas Märchenhaftes.«

Blum war zuversichtlich, was die anstehende Entscheidungsschlacht gegen die kaiserliche Armee betraf. Er trat vor dem Gemeinderat auf, vor der Akademischen Legion, verlas die Grußadresse des Frankfurter Parlaments und diskutierte mit seinen Wiener Kollegen das weitere Vorgehen im Gasthaus »Zum Roten Igel«. Auch hatte er Gelegenheit, seinen alten Freund, den Komponisten Albert Lortzing, wiederzutreffen, der damals als Kapellmeister am Theater an der Wien arbeitete.

Derweil schloss sich der Belagerungskreis um die Stadt, am 20. Oktober hatte Fürst Windisch-Graetz Wien eingekesselt. Am selben Tag noch erließ er eine Proklamation, in der es hieß: »Bewohner Wiens! Eure Stadt ist befleckt worden durch Gräuelthaten, welche die Brust eines jeden Ehrenmannes mit Entsetzen erfüllen. (…) Euer Leben, Euer Eigenthum ist preisgegeben der Willkür einer Hand voll Verbrecher. Ermannt Euch, folgt dem Rufe der Pflicht und der Vernunft! Ihr werdet in mir den Willen und die Kraft finden, Euch aus der Gewalt einer Handvoll Verbrecher zu befreien, und Ruhe und Ordnung wieder herzustellen.«

Der Reichstag protestierte zwar gegen die Belagerung, doch wurde er vom Kaiser kurzerhand aus Wien abgezogen und nach Kremsier in Mähren beordert. Robert Blum und seine Mitstreiter waren aber weiterhin siegesgewiss und selbstbewusst. Sie sahen sich schließlich nicht als Verbrecher, sondern als die wahren Hüter des geltenden Rechts. Nach einer weiteren Proklamation Windisch-Graetz' schrieb Blum: »Wer aber darf in Oesterreich den gesetzlichen Reichstag, den gesetzlichen Gemeinderath von Wien, den gesetzlichen Befehlshaber unserer Bürgerwehr beschimpfen und verleumden? Darf das der Fürst zu Windischgrätz? (…) Will der Fürst Windischgrätz wirklich ›Ruhe und Ordnung wieder herstellen‹, so entferne er sich möglichst bald mit seiner Schaar; sie sind die Einzigen, die Ruhe und Ordnung stören.«

Der Deutsche verstieg sich am 23. Oktober zu ungewohnt radikalen Worten, die ihn manche Sympathien kosteten und die moderaten Bürgerlichen verschreckten. In der Aula der Universität rief er: »Keine halbe Revolution! Fortschreiten, wenn auch blutiges, auf der eingeschlagenen Bahn, vor allem, keine Schonung gegen die Anhänger des alten Systems, … gegen diese werde ein Vernichtungskampf ohne Erbarmen geführt!«

Was Robert Blum an Energie und Entschlusskraft zu viel hatte, fehlte dem Oberkommandanten der Verteidiger, Caesar Wenzel Messenhauser. Dieser, verzweifelt bemüht, zwischen den Gemäßigten und den Radikalen zu vermitteln, war mit der Verteidigung Wiens heillos überfordert. Er war ein Mann, der – wie der Historiker Peter Reichel es ausdrückt – »seinem Vornamen keine Ehre« machte. Unter seiner kläglichen Führung kam es zur entscheidenden Schlacht. Auch Blum hatte ein Kommando übernommen, er sollte die Verteidigung der Sophienbrücke (heute: Rotundenbrücke) leiten – und das gegen eine vierfache Übermacht erfahrener Soldaten. Gerade einmal eine Nacht konnte er seine Stellung halten. Wie die meisten seiner Mitkämpfer plädierte er nun für Kapitulation.

Als Windisch-Graetz am 31. Oktober siegreich in Wien einmarschierte, saß Blum in seinem Hotel am Fleischmarkt. Er war zwar erschüttert über die Niederlage, doch schien er nicht um seine persönliche Sicherheit zu bangen. Warum auch? Er hatte nichts getan, was nicht auch Tausende andere getan hatten, darüber hinaus stand er als Abgeordneter des Frankfurter Parlaments ausdrücklich unter diplomatischem Schutz. So suchte er ganz offiziell bei den Behörden um eine Ausreiseerlaubnis an – ein schwerer Fehler, wurde er daraufhin doch umgehend verhaftet.

Natürlich legte er Protest ein und berief sich auf seine Immunität als Abgeordneter, doch war man sich hinter den Kulissen über sein Schicksal bereits einig geworden. Der frühere österreichische Generalkonsul in Leipzig, Graf Alexander von Hübner (übrigens ein unehelicher Sohn Metternichs), hatte Blum als »hervorragendsten deutschen Anarchisten« denunziert und darauf gedrängt, ihn sofort hinzurichten. Regierungschef Felix Fürst zu Schwarzenberg war nur zu gerne bereit, ein solches Exempel zu statuieren, konnte er doch damit unmissverständlich klarmachen, was er vom Frankfurter Parlament und dessen Abgeordneten hielt: nämlich *nichts*.

Schwarzenberg überließ es seinem Schwager Windisch-Graetz, dem Eroberer Wiens, das Urteil zu sprechen, nicht ohne deutlich zu machen: Blum »verdient alles«. Das bedeutete den Tod. Am 8. November fand die standrechtliche Verhandlung statt, Blum wurde zum Strang verurteilt und tags darauf – da kein Henker zur Verfügung stand – beim Jägerhaus in der Brigittenau von einem Erschießungskommando füsiliert. Vor seinem Tod hatte er noch Gelegenheit gehabt, einen Abschiedsbrief an seine Frau Jenny zu schreiben: »Alles, was ich empfinde, rinnt in Thränen dahin, daher nur nochmals: leb' wohl, theures Weib! Betrachte unser Kind als theures Vermächtniß, mit dem Du wuchern mußt, und ehre so Deinen treuen Gatten. Leb' wohl, leb' wohl! Tausend, tausend, die letzten Küsse von Deinem Robert.«

Insgesamt wurden in Wien 24 Führer der Revolution hingerichtet, drei davon wurden mit Blum in einem Gemeinschaftsgrab beerdigt: der Komponist und Publizist Alfred Julius Becher, der Schriftsteller Hermann Jellinek und Caesar Wenzel Messenhauser, der glücklose Kommandant der Nationalgarde. Ihnen setzte man 1923 im nunmehrigen Währinger Park ein Denkmal.

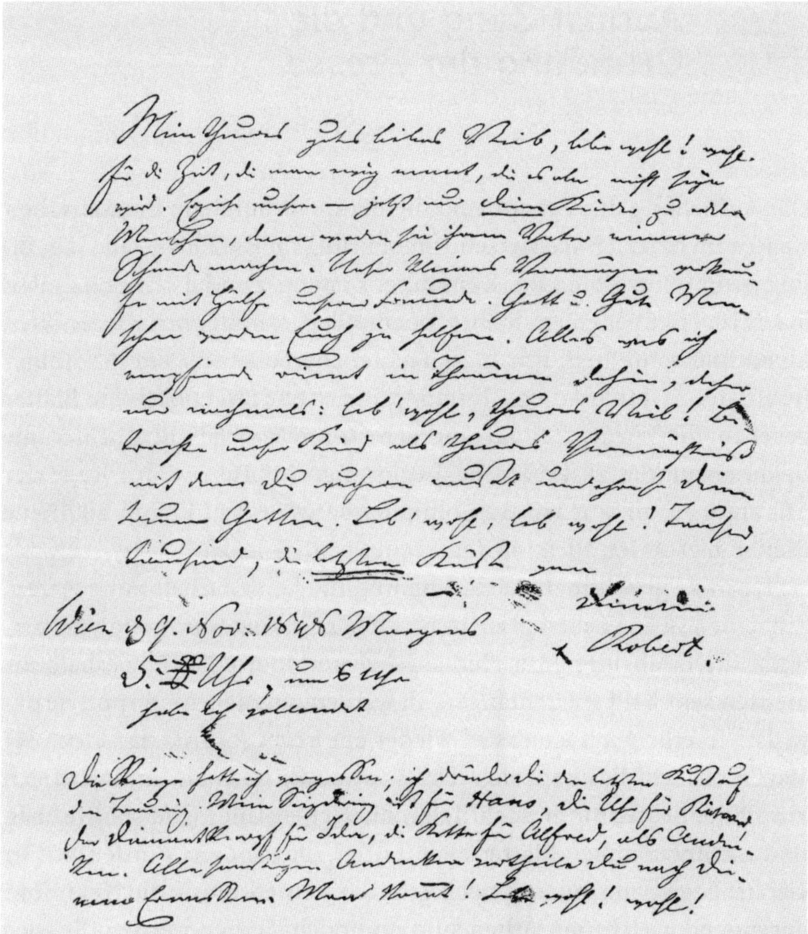

Mein theures, gutes, liebes Weib, lebe wohl! wohl für die Zeit, die man ewig nennt, die es aber nicht sein wird. Erziehe unsere — jetzt nur Deine Kinder zu edlen Menschen, dann werden sie ihrem Vater nimmer Schande machen. Unser kleines Vermögen verkaufe mit Hülfe unserer Freunde. Gott u. gute Menschen werden Euch ja helfen. Alles was ich empfinde rinnt in Thränen dahin, daher nur nochmals: leb' wohl, theures Weib! Betrachte unsere Kinder als theures Vermächtniß mit dem Du wuchern mußt und ehre so Deinen treuen Gatten. Leb' wohl, leb wohl! Tausend, Tausend, die letzten Küsse von Deinem Robert.

Wien d. 9. Nov. 1848 Morgens 5 Uhr, um 6 Uhr habe ich vollendet

Die Ringe hatte ich vergessen; ich drücke Dir den letzten Kuß auf den Trauring. Mein Siegelring ist für Hans, die Uhr für Richard, der Diamantknopf für Ida, die Kette für Alfred, als Andenken. Alle sonstigen Andenken vertheile Du nach Deinem Ermessen. Man kommt! Lebe wohl! wohl!

Robert Blums Abschiedsbrief an seine Frau kurz vor seiner Hinrichtung in der Brigittenau

35 August Zang und die Gründung der *Presse*

Johannesgasse 7 und Zentralfriedhof

Die Aufhebung der Zensur und die damit verbundene Pressefreiheit stellten im März 1848 einen enormen Erfolg für die Revolution dar, im Bürgertum herrschte Jubelstimmung. Zum ersten Mal seit den Zeiten Josefs II., seit über einem halben Jahrhundert, konnte man wieder offen sagen und schreiben, was man dachte. Die Folge war ein gewaltiger Boom des Zeitungswesens. Bislang hatte es nur zwei politische Blätter gegeben, die *Wiener Zeitung* und den *Österreichischen Beobachter*, die beide einen klar reaktionären Regierungskurs fuhren. Im Zuge der Märzrevolution wurden nun binnen kürzester Zeit knapp 300 neue Blätter gegründet, allein 86 Tageszeitungen!

Doch so groß die Begeisterung und die Leidenschaft auch waren, mit denen sie ins Leben gerufen wurden, so gering war verständlicherweise die Erfahrung ihrer Herausgeber und Journalisten, weshalb die meisten sehr bald wieder eingestellt werden mussten. Man spottete damals: »In etlichen Tagen wird wieder ein neues Journal das Licht der Welt erblicken! Es nennt sich ›Das Journal der Journale‹ und wird sich ausschließlich damit beschäftigen, die Namen aller jener politischen und nichtpolitischen Blätter anzuführen, die geboren wurden, in der Geburt begriffen sind und noch geboren werden, sowie die Nekrologe derjenigen, welche gestorben sind und noch sterben werden. Es wird ein Monstrejournal werden!«

Die neuen Zeitungen versuchten sich – nun, da alles erlaubt schien – an politischer Radikalität gegenseitig zu übertrumpfen. Das verschreckte große Teile des gemäßigten Bürgertums, das sich zwar zu den meisten Zielen der Revolution bekannte, aber möglichst bald wieder sichere und stabile Verhältnisse gewährleistet sehen wollte. Extreme Forderungen durch allzu kämpferische, ja demagogische Blätter scheute es. Eine moderate, liberal-bürgerliche Zeitung gab es jedoch noch nicht – eine vielversprechende Marktlücke, wie der 40-jährige August Zang erkannte. Sein Verdienst sollte sein, eine neue Ära der österreichischen Journalistik einzuläuten: Am 3. Juli 1848 erschien die erste Ausgabe der *Presse.*

Zang, Sohn eines wohlhabenden Arztes, war ein ehrgeiziger, technikbegeisterter Mann, offen für innovative Ideen, nicht frei von Imponiergehabe und mit einem ausgeprägten Hang zum luxuriösen Leben. Dass er darüber hinaus ein feines Gespür für lukrative Geschäfte hatte sowie die Entschlossenheit, diese auch zu verwirklichen, zeigte sich in Paris: Nachdem er als Reisender die mindere Qualität des französischen Brotes festgestellt hatte, beschloss er kurzerhand, dort mit seinem reichen Erbe eine Bäckerei zu gründen. Er verkaufte seinen österreichischen Besitz und zog gemeinsam mit seiner jungen Ehefrau nach Paris. Da er vom Brotbacken zunächst keine Ahnung hatte, engagierte er sechs Wiener Bäckergesellen, die ihm beim Aufbau einer Feinbäckerei halfen.

Sein »pain viennois« hatte bald immensen Erfolg, sodass Zang gegen den Konkurrenzneid der alteingesessenen Pariser Bäcker anzukämpfen hatte, die ihm mehrmals schmutzige Rauchfangkehrer ins Geschäft schickten, um die adrett weiß gekleideten Köchinnen und Dienstbotinnen vom Einkauf abzuhalten. Das Besondere an Zangs Betrieb war die maschinelle Herstellung des Teiges, jeder Brotlaib erhielt die aufgedruckte Versicherung, dass er *nicht* händisch gefertigt sei. Das war damals so originell, dass Zangs Produkte selbst in den höchsten Pariser Adelskreisen immer beliebter wurden (dass das französische Croissant sein Vorbild in Zangs Wiener Kipferln hat, wird zwar manches Mal behauptet, ist aber nicht eindeutig zu belegen).

Sein großer Erfolg und sein guter Name als Unternehmer verschafften Zang, der als Bürgerlicher stets mit dem Adel zu wetteifern versuchte, endlich Zutritt zu den vornehmsten Salons der Stadt. Hier lernte er den Verleger Emile de Girardin kennen, der 1836 *La Presse* gegründet hatte (jene Zeitung, in der etwa Balzacs und Alexandre Dumas' Fortsetzungsromane erschienen).

Zang informierte sich nun eingehender über die Herstellung einer Zeitung, über die Redaktionsarbeit und die Druckerpressen, über Inserate und Finanzplanung. In ihm reifte die Idee, ein ähnliches Blatt in Österreich ins Leben zu rufen. Als in Wien im März 1848 die Revolution ausbrach, Metternich floh und die Pressefreiheit ausgerufen wurde, verkaufte Zang rasch seine Pariser Bäckerei und zog zurück in seine Heimatstadt. Schnell erkannte er hier den Bedarf an einer seriösen, bürgerlichen Qualitätszeitung. Sie sollte vor allem Inhalt, Information, bieten, dabei aber gleichzeitig billiger sein als andere Blätter, was sich wiederum nur durch möglichst viele Inserate bewerkstelligen ließ.

Tatsächlich gelang es Zang mit seinem großen unternehmerischen Know-how, das Projekt binnen kürzester Zeit zu verwirklichen. Er heu-

August Zang, reicher Unternehmer und Gründer der *Presse*

erte dafür namhafte Journalisten an, wie etwa Leopold Landsteiner, den er in dessen Funktion als Pariser Korrespondent deutscher Zeitungen kennengelernt hatte. Landsteiner (übrigens der Vater des berühmten Medizinnobelpreisträgers Karl) arbeitete nun - wenn auch nur für anderthalb Jahre – als Chefredakteur für die *Presse*.

In Wien spotteten andere Zeitungen bald über den »Kipfelbäcker« aus Paris. Dass die *Presse* nur einen Kreuzer kostete und den Abonnenten sogar frei Haus geliefert wurde, forderte die Konkurrenz zur höhnischen Bemerkung heraus, das Blatt gebe »seinen Abonnenten auch Kost und Quartier umsonst. Neu eintretende Abonnenten erhalten ein Reitpferd und einen Säbel.« Doch der Erfolg gab Zang recht, bald schon verkaufte er 15 000 Exemplare täglich.

Als die Revolution im Herbst von den kaiserlichen Truppen blutig niedergeschlagen wurde, war auch die kurze Zeit der journalistischen Freiheit zu Ende. Doch im Gegensatz zu den anderen Blättern durfte die *Presse* nach nur einwöchiger Unterbrechung ab 7. November wieder erscheinen. Zunächst versuchte sie, sich gegen die nun hart durchgreifende konservative Regierung zu behaupten, indem sie für Milde für die besiegten Revolutionäre eintrat. Doch Ministerpräsident Fürst Schwarzenberg hatte nicht gesiegt, um die Zügel schleifen zu lassen! Nach einigen unliebsamen Artikeln wurden Verkauf und Lektüre der *Presse* in Wien abermals verboten. Zang wich mit der Produktion nach Brünn aus und versuchte, von dort seine Zeitung in die Hauptstadt schmuggeln zu lassen, allerdings ohne Erfolg. Er sah nun ein, dass es an der Zeit war, einzulenken, denn in erster Linie war er immer noch Geschäftsmann, der Geld mit seinem Produkt verdienen wollte. In einem Nachruf hieß es dementsprechend: »Der Verstand spielte die erste Rolle in seinem gedruckten wie in seinem wirklichen Leben.« Und tatsächlich: Sobald sein Blatt weniger über Politik und mehr über scheinbar »unverfängliche« Themen wie Wirtschaft und Kultur berichtete, durfte es ab 1851 auch in Wien wieder erscheinen. Ab nun blieb es meist auf Regierungslinie.

Zang verdiente mit seiner Zeitung ein Vermögen und scheute nicht davor zurück, hohe Summen von Großunternehmen anzunehmen, um im Gegenzug wohlwollende Artikel über sie zu publizieren. Sein Geld investierte er wiederum in Immobilien und an der Börse. Er war, was man als »Spekulant« bezeichnen kann, ein typischer Vertreter des Kapitalismus, was umso bemerkenswerter ist, als ein gewisser Karl Marx für kurze Zeit als London-Korrespondent für die *Presse* fungierte. Zwischen 1861 und 1862 verfasste Marx mehr als 40 Artikel über englische Politik und Wirtschaft sowie über den amerikanischen Bürgerkrieg für das Wiener Blatt.

In jenen Jahren wurde bei vielen wichtigen Mitarbeitern Zangs Unmut laut. Sie kamen immer weniger mit der schroffen und herrischen Art ihres Chefs zurecht, fühlten sich ungerecht entlohnt und zu wenig in Entscheidungen eingebunden. Diese Palastrevolte endete im Sommer 1864 damit, dass fast das gesamte Redaktions- und Verwaltungspersonal kündigte, um eine neue Tageszeitung ins Leben zu rufen. Zang erkannte die Gefahr, die von einem Konkurrenzprodukt ausgehen würde und sicherte sich schnell die Titel *Freie Presse*, *Neue Presse* und *Wiener Presse*, bevor seine ehemaligen Mitarbeiter zuschlagen konnten – gegen die Gründung ihrer *Neuen Freien Presse* war er jedoch machtlos. Das neue Blatt stieg binnen kurzer Zeit zum österreichischen Leitmedium auf, ja zu einer der wichtigsten Tageszeitungen Europas. Die alte *Presse* verlor im Gegenzug zunehmend an Bedeutung, weshalb Zang sie 1867 an die Regierung verkaufte. Sie wurde 1896 gänzlich eingestellt.

Als millionenschwerer Mann starb August Zang Anfang März 1888 in seinem luxuriösen Palais in der Johannesgasse. Wer den Zentralfriedhof besucht und den Mittelweg vom Tor 2 in Richtung Musikerhain spaziert, kommt an seinem auffälligen Grab in den Arkaden vorbei (Arkadengrüfte links, Nr. 23). Die beiden bronzenen Gnome beiderseits des Grufteingangs sollen daran erinnern, dass Zang das einträgliche Kohlebergwerk Tregist in Kärnten besaß, der junge, sitzende Mann auf den Stufen hält als Symbol der Pressefreiheit gesprengte Ketten in der Hand und einen bronzenen Zeitungsbogen mit der Aufschrift: »Die Presse. Motto: Gleiches Recht für Alle«.

36 Die Geister der Villa Wertheimstein

Döblinger Hauptstraße 96

Die Wertheimsteins waren wohlhabend, angesehen und beliebt, und doch umgab sie ein dunkler Schatten. Kein Freund der Familie unterließ es je, in Erinnerungen und Briefen darauf hinzuweisen, dass trotz aller zeitweiliger Heiterkeit und scheinbarer Harmonie etwas Dunkles auf ihr lastete. Die Jahre, da Josefine von Wertheimstein ihren berühmten Salon in Döbling führte, waren zwar glanzvoll, aber kurz.

Leopold von Wertheimstein entstammte einer alten, vornehmen jüdischen Familie, ebenso wie seine Frau Josefine, eine geborene Gomperz. Beide kamen aus der sogenannten »zweiten Gesellschaft«: jener der Kaufleute, Industriellen und Bankiers. Leopold war Prokurist im Bankhaus Rothschild, Josefines Familie besaß ein gut gehendes Handelshaus mit Niederlassungen unter anderem in Rom, Jerusalem und Kairo. 1842 heiratete das Paar in Brünn, Josefine war damals 23, ihr Bräutigam um 18 Jahre älter. 1844 kam Tochter Franziska zur Welt, 1847 Sohn Carl.

Wenige Jahre später ereignete sich das erste Unglück: Während der Sommerfrische in Aussee brach sich Mutter Josefine bei einem Unfall das Schlüsselbein und schien sich von dem Bruch nicht recht erholen zu können. Seltsame Lähmungserscheinungen stellten sich ein, dazu erstmals schwere Depressionen (die – ebenso wie Geisteskrankheiten – in ihrer Familie bereits zuvor aufgetreten waren).

1859 folgte die nächste Krise: Josefine lernte den Attaché der britischen Botschaft kennen, einen jungen, romantischen Mann namens Robert Lytton (den Sohn des berühmten Schriftstellers Edward Bulwer-Lytton). Die schwärmerische, temperamentvolle Frau erkannte in ihm einen Geistesverwandten, der ihr viel näher zu sein schien als ihr stets korrekter, introvertierter Gatte. Nur der Kinder wegen entschloss sich die unglückliche Josefine letztendlich, bei ihrer Familie zu bleiben. Eine enge Freundin der Wertheimsteins schrieb später darüber: »Es kam noch einmal ein Sturm großer Leidenschaft über sie, die Möglichkeit, mit der Vergangenheit zu brechen, die Erfüllung geheimster Wünsche anzustreben. Der Preis dafür wäre die Trennung von ihren Kindern gewesen, vor allem von ihrem Sohn. Dazu konnte sie sich nicht entschließen. Mit vornehmer Selbstverleugnung gebot sie ihrem Herzen schweigen – was sich in ihrer Seele abspielte, blieb begraben.«

1866 schließlich der schwerste Schlag: Der erst 19-jährige Sohn Carl, der von der Mutter abgöttisch geliebt wurde, starb völlig unerwartet binnen weniger Tage an einer Krankheit. Josefine brach zusammen, verließ für Wochen ihr Zimmer nicht, aß nichts mehr, war unansprechbar und schien, so fürchtete man, in den Wahnsinn abzugleiten.

Die Freunde der Familie waren hilflos. Der greise Grillparzer versuchte Josefine mit einem Gedicht zu trösten, es trägt den Titel *Einer Mutter* und lautete: »Zeig Kopf und Herz einander ebenbürdig/Das Leben hat dich dulden ja gelehrt/Dein Sohn war einer solchen Mutter würdig/Sei du auch eines solchen Sohnes wert.«

Der Maler Moritz von Schwind wandte sich, offenbar Josefines Suizid fürchtend, an Eduard von Bauernfeld, einen der engsten Vertrauten der Wertheimsteins: »Ich verhehle mir's nicht, dass das äußerste zu fürchten ist und hänge stundenlang der treurigen Betrachtung nach,

Josefine von Wertheimstein mit ihrer Tochter Franziska und dem Maler Franz von Lenbach

wie traurig es sein wird, in Wien herumzugehen …, ohne unsere liebe Freundin mehr zu sehen. Mit den frohen Stunden ist es vorbei, das thäte aber nichts, wir wollen gerne ihre Trauer theilen und stundenlang versuchen sie zu trösten – wenn sie nur überhaupt noch da ist. Es wäre mir alle Freude verdorben.«

Leopold mietete auf Anraten der Ärzte ein Haus auf der Hohen Warte in Döbling, um seiner Frau eine ruhigere Atmosphäre zu bieten als in der hektischen Innenstadt. Die frische Luft und die Nähe zur Natur taten Josefine tatsächlich gut, langsam schien sie wieder am Leben teilhaben zu können. 1870 schließlich kaufte man die Villa Arthaber in der Döblinger Hauptstraße, ins Nebengebäude zogen Josefines Mutter und die unverheiratete Schwester Minna ein.

Josefine blühte wieder auf. Vergessen schien die Schwermut, sie wollte von gesunden und schönen Menschen umgeben sein, wollte geistreiche Konversation führen, Literatur und Musik genießen wie in früheren Zeiten. Von Tod und Krankheit durfte man ihr nichts erzählen.

Die geselligen Abende, die Josefine von Wertheimstein nun gab, wurden legendär. Es gab kaum jemanden aus Wiens Künstlerszene und Intellektuellenkreisen, der während der 1870er-Jahre nicht gerne in ihren Salon kam. Bauernfeld, der berühmte Burgtheaterautor und Schulfreund Leopolds, zog gleich dauerhaft im Doppelhaushalt Wertheimstein/Gomperz ein.

Zu den Gästen gehörten die berühmten Maler Franz von Lenbach (der Porträts von Josefine und Tochter Franziska anfertigte) und Hans Makart, der Philosoph Franz von Brentano, die Kammersängerin Marie Wilt, der weltbekannte russische Pianist Anton Rubinstein (der damals Direktor der Gesellschaft der Musikfreunde war), der Chemiker Adolf von Lieben, der Arzt Theodor Billroth (der wenige Hundert Meter von der Villa entfernt sein Spital, das »Rudolfinerhaus«, gründete) und (mit ziemlicher Sicherheit) auch Johannes Brahms. Neben all den Berühmtheiten wurden auch junge, aufstrebende Künstler eingeladen, um sich in der Gesellschaft bekannt zu machen. Felicie Ewart, eine Freundin des Hauses, berichtete: »Und Josefine ging an solchen Abenden von einem zum anderen, mit dem liebenswürdigsten Lächeln auf den Lippen, für jeden einen Herzenston findend, sich freuend an jeder schönen jugendlichen Erscheinung, an jedem neuen Talent, das halb schüchtern, halb selbstbewußt seine Schwingen zu regen begann – eine Königin in ihrem selbstgeschaffenen Reich.«

Und Burgtheaterdirektor Adolf Wilbrandt (der mit seiner Frau, der Schauspielerin Auguste Baudius, wochenlang in der Wertheimstein-Villa wohnte) schrieb über die Dame des Hauses: »Josefine … war die eigentliche Seele, der Magnet, der Genius; eine der holdesten, adeligsten, wärmestrahlendsten Frauen, die in mein Leben getreten sind«, sie war »gesellig, menschenhungrig, für reichen, bunten geistvollen Verkehr wunderbar begabt, wie geschaffen«.

Doch auf Dauer hielt all die Fröhlichkeit nicht an. Binnen weniger Jahre starben Josefines Mutter (1881), Ehemann Leopold (1883), schließlich die geliebte Schwester Minna (1886). Josefine verfiel abermals einer zunehmenden Schwermut, sie war fast dauerhaft kränklich und reiste mit ihrer Tochter jahrelang von einer Kur zur anderen. Der gesellige Salon, dieser Treffpunkt der Wiener Gesellschaft, verödete zusehends.

Franziska, die einst so schöne und umschwärmte Tochter, war nun Mitte 40 und das, was man despektierlich eine »alte Jungfer« nannte. Nie hatte sie sich von ihrer übermächtigen Mutter lösen können, nie hatte sie gelernt, ein selbstständiges Leben zu führen. Im »parasitären Bannkreis« Josefines sei sie gestanden, liest man. Freilich hatte es früher genügend Männer gegeben, die sie nur zu gern geheiratet hätten, doch jedes Mal, wenn es ernst zu werden drohte, zog Franziska sich in eine Krankheit zurück (so wie es ihr die Mutter vorgelebt hatte) und zeigte darüber hinaus eine große Abneigung gegen jegliche Form von Intimität und Sexualität.

Der bereits erwähnte Adolf Wilbrandt (einst selbst in Franziska verliebt) schrieb über sie: »Wären nur nicht die Störer gewesen, die nervösen Hemmungen, die von Zeit zu Zeit die schöne Entwicklung der so reichbegabten Tochter gleichsam unterbrachen. Das erlitten wir dann alle mit. Wie es Tage gibt, wo über einer schönen, sonnigen, blühenden und duftenden Landschaft eine immer drohende Wolke hängt, so lag zuweilen auf der Villa Wertheimstein ein zäh dunkler Schatten, gegen den die tapfere Heiterkeit der Bewohner, … der übermütige

Humor der Gäste, die fröhliche Ansteckung von Witz und Geist, die edlen Spieler und Sängerinnen doch oft schwere Kämpfe kämpften.«

Die Schriftstellerin Dora von Stockert-Meynert erinnerte sich an Franziska: »… reich und vergöttert, von Zahllosen umworben, blieb sie allein. Nicht aus Gefühllosigkeit, sondern weil ihr der unaufhörliche Zwang eigen war, ihr Empfinden zerlegen und bekritteln zu müssen und sich mit einer Zweifelsucht zu quälen.«

Im Juli 1894 starb Josefine von Wertheimstein. Die Tochter war nun allein mit ihren Depressionen, ihren Grübeleien und ihrer Angst vor dem Leben. Nur wenige Vertraute waren geblieben, darunter der junge, aufstrebende Hugo von Hofmannsthal, damals noch Jusstudent, der Franziska trotz des Altersunterschieds ein ergebener Freund war.

Am engsten jedoch war ihre Beziehung zu dem Dichter Ferdinand von Saar, dem viele Jahre zuvor ihre Eltern aus finanziellen Schwierigkeiten geholfen und ihn im Gartenhaus ihrer Villa aufgenommen hatten. Mittlerweile war er nach dem Selbstmord seiner Frau verwitwet, hatte in der nahen Rudolfinergasse eine eigene Wohnung und besuchte die alte Freundin täglich.

Der bekannte Journalist Rudolf Holzer war 1905 als junger Mann zu Besuch in der Villa Wertheimstein und erinnerte sich Jahrzehnte später an die morbide Stimmung, die mittlerweile dort herrschte. Über Franziska und Saar schrieb er: »Dann saßen die Todesgezeichneten in den Räumen mit ihren Toten beisammen, wandelten im herbstlich-sterbenden Park, saßen auf der Terrasse im Anblick der geliebten Landschaft: Der Dichter mit der Wunde, doch nicht anerkannt worden zu sein und Franzi mit der Tragödie, ihr Leben nie gelebt zu haben …« Das einst so fröhliche Haus war zu einem »Haus grauer Erinnerungen, toter Gespenster, finsterer Dämonen geworden«.

Im Sommer 1906, als Franziska wieder einmal auf Kur war, starb Ferdinand von Saar in seiner Wohnung; die Diagnose Krebs hatte ihn in den Selbstmord getrieben. Wenige Monate später, im Jänner 1907 starb auch Franziska von Wertheimstein als Letzte ihrer Familie. Ihr großes Vermögen, die Villa und den Park hatte sie der Stadt Wien vermacht. Im Haus befindet sich heute das Döblinger Bezirksmuseum, der original eingerichtete Salon ist zweifellos das Herzstück der dortigen Dauerausstellung.

37 Sachsen und Hannoveraner in Wien – auf den Spuren der Verbündeten von 1866

Sachsenplatz, Hannovermarkt & Co.

Wären im Sommer 1866 die Beliebtheitswerte Kaiser Franz Josephs ermittelt worden, hätte dieser vermutlich nicht besonders gut abgeschnitten. Der Krieg gegen Preußen war soeben verloren, die Schlacht von Königgrätz am 3. Juli hatte für die Österreicher in einem regelrechten Desaster geendet.

Die Tatsache, dass die kaiserlichen Truppen unter Erzherzog Albrecht kurz zuvor bei Custozza gegen die Italiener gesiegt hatten, fiel nicht mehr ins Gewicht, denn diese waren mit den Preußen verbündet gewesen. Nach der Lombardei und der Toskana 1859 musste Österreich nun auch noch die Provinz Venetien an Italien abtreten.

Was aber noch viel schlimmer war: Österreich wurde nach knapp tausend Jahren gemeinsamer Geschichte aus Deutschland hinausgedrängt. Otto von Bismarck ließ den Deutschen Bund auflösen und schuf eine Fürstenkonföderation unter preußischer Führung – unter Ausschluss der Habsburgermonarchie. Der alte, bereits im 18. Jahrhundert gründende Kampf um die Vorherrschaft in Deutschland war nun endgültig entschieden. Die *Neue Freie Presse* schrieb gar von der »Vernichtung der Großmachtstellung Österreichs«.

Die Stimmung in Wien war dementsprechend an einem Tiefpunkt angelangt. Als der Kaiser in jenen Tagen von Schönbrunn in Richtung Hofburg fuhr, blieben Passanten am Straßenrand stehen und sahen auf seine Kutsche. Ihm zuzujubeln, gab es freilich keinen Grund, ganz im Gegenteil, jemand rief laut und deutlich: »Vivat Maximilian!« Man kann erahnen, wie sich Franz Joseph in jenem Moment gefühlt haben muss, denn die Botschaft, die in diesen beiden Worten lag, war klar: Viele wünschten sich seinen jüngeren Bruder Maximilian an die Spitze des Staates, ihn, der immer schon der Beliebtere gewesen war (damals jedoch bereits als Kaiser im fernen Mexiko saß).

Von dieser kleinen Episode berichtet übrigens Friedrich Ferdi-

König Georg V. von Hannover, König Johann von Sachsen und Friedrich Ferdinand von Beust, Österreichs Verbündete gegen die Preußen

nand von Beust viele Jahre später in seinen Lebenserinnerungen. Auch sein Leben hatte sich durch den preußischen Sieg bei Königgrätz vollkommen verändert, denn Beust war Sachse: Der Krieg von 1866 war – es muss abermals betont werden – ein *innerdeutscher* Konflikt. Auf der einen Seite standen die Preußen und die mit ihnen verbündeten norddeutschen Kleinstaaten. Ihnen entgegen traten die Bundestruppen, bestehend (unter anderem) aus den Armeen Bayerns, Württembergs, Badens und Kurhessens – unter der Führung Österreichs. Die wichtigsten Partner Kaiser Franz Josephs waren jedoch die direkten Nachbarn Preußens, das Königreich Sachsen und das Königreich Hannover. Deren Monarchen mussten fürchten, bei einem Sieg Preußens vollends unter dessen Herrschaft zu geraten. Als sich die Katastrophe abzeichnete, flohen König Georg V. von Hannover und König Johann von Sachsen aus ihren Ländern, und wer hätte sich wohl eher bereit erklärt, sie aufzunehmen, als das verbündete Österreich?

Ende Juni 1866 waren die Preußen in Sachsen einmarschiert. König Johann befand sich zu dieser Zeit bereits in Böhmen, also auf österreichischem Territorium. Begleitet wurde er von Friedrich Ferdinand von Beust, sächsischer Regierungschef und Intimfeind Bismarcks.

Über verstopfte Landstraßen bahnten sie sich den Weg in Richtung Süden, überall waren Militärtransporte unterwegs, Munitionswagen und Truppen, die dem Feind entgegenmarschierten. Am 3. Juli, dem Tag der Schlacht bei Königgrätz, erreichte Beust mit seinem König Brünn, wo sie den Zug nach Wien bestiegen. Noch wussten sie nichts über den Ausgang der Schlacht, noch bestand Hoffnung.

In den frühen Morgenstunden des 4. Juli erreichten sie die österreichische Hauptstadt, wo Franz Joseph sie bereits erwartete. Beust erinnerte sich: »In später Nachtzeit ... kamen wir in Wien an, wo ein tieferschütternder Augenblick unserer harrte. Der Bahnhof hell erleuchtet, reich mit Blumen geschmückt, und auf dem Perron der Kaiser, in strammer militärischer Haltung – aber weiss wie seine Uniform. – Mit der verlorenen Schlacht musste er den König begrüssen!«

Kurz nach Johanns Ankunft trafen auch die ersten Verwundetentransporte in Wien ein und bald darauf auch die geschlagenen österreichischen und sächsischen Truppen, die Seite an Seite gekämpft hatten. Letztere schlugen in der Brigittenau ihr Lager auf, woran heute noch der Sachsenplatz und der Sachsenpark erinnern. 30 sächsische Soldaten erlagen in Wiener Lazaretten ihren Verwundungen, ihnen wurde später am Zentralfriedhof ein Grabmal gesetzt mit der Inschrift »Sachsens tapferen Soehnen – Das Vaterland 1866« (Gruppe 25, in der Nähe von Tor 3).

König Johann konnte nach einiger Zeit in seine Heimat zurückkehren, nachdem er – notgedrungen – die Vorherrschaft Preußens in Deutschland anerkannt und auf diese Weise erreichte hatte, dass Sachsen zumindest formell als souveränes Territorium erhalten blieb. Beust hingegen blieb in Wien, denn Bismarck weigerte sich, ihn weiterhin als sächsisches Regierungsmitglied zu tolerieren. Kaiser Franz Joseph fühlte sich seinem treuen Parteigänger verpflichtet und bot ihm noch im Herbst 1866 den Posten des österreichischen Außenministers an. Kurze Zeit später machte er ihn zum Ministerpräsidenten und erhob ihn in den Grafenstand. Beust starb 1886 und wurde auf dem Evangelischen Friedhof Matzleinsdorf bestattet (Gruft 10).

In seinen Memoiren beschrieb Beust auch eine interessante Unterredung mit dem Kaiser, die in engem Zusammenhang mit dem zweiten wichtigen Verbündeten von damals steht, König Georg V. von Hannover: Sie fand im Jahr 1867 statt, kurz nachdem Franz Josephs Bruder Maximilian in Mexiko hingerichtet worden war.

Gleichzeitig fand damals die Pariser Weltausstellung statt, die vom Gastgeber, dem französischen Kaiser Napoleon III., zum Anlass genommen wurde, andere europäische Monarchen zu empfangen. Auch Kaiser Franz Joseph sollte der Einladung folgen, lehnte jedoch ab. Immerhin war es Napoleon gewesen, der Maximilian nach Mexiko gelockt hatte und ihn dann, als der Druck aus den USA immer stärker wurde, in seiner bedrängten Lage alleine ließ. Beust schrieb: »Als der Kaiser in diesem Sinne sich gegen mich äusserte, erinnerte ich mich des gnädigen Wortes, ich solle ihm stets die Wahrheit sagen. So hatte ich denn Muth zu dem Einwurf: ›und Hannover!‹«

Beust erinnerte den Kaiser freimütig daran, dass dieser nur kurz zuvor ebenfalls einen Bündnispartner hatte fallen lassen, nämlich den König von Hannover. So wie Napoleon III. Maximilian im Stich ließ, um es sich nicht mit den USA zu verscherzen, hatte Franz Joseph König Georg von Hannover die Unterstützung versagt, aus Angst, einen weiteren Konflikt mit Preußen zu riskieren. »Der Kaiser«, so Beust, »war gross genug, um mir diese Aufrichtigkeit nicht zu verübeln.«

Der blinde König Georg V. war durch Bismarck bereits vor dem Krieg von 1866 unter enormen Druck geraten. Sein Königreich lag zwischen den beiden preußischen Territorien, und Georg wusste nur zu gut, dass der aggressive Nachbar es sich gerne einverleiben wollte.

Er setzte also auf Österreich und schickte seine Armee ins Feld. Wider Erwarten konnte sie sogar einen Erfolg verzeichnen, den Sieg bei Langensalza am 26. Juni 1866. Doch die Truppen waren daraufhin viel zu erschöpft, um den nun noch entschlosseneren und von mehreren Seiten herandrängenden Preußen widerstehen zu können. Georgs

Generäle baten ihn daher händeringend, zu kapitulieren. Er sträubte sich, denn noch hatte er die Hoffnung, dass die Österreicher und die Sachsen den gemeinsamen Feind schlagen könnten – doch dann kam die Katastrophe von Königgrätz.

Georg schrieb am Tag nach der Schlacht an seine Frau, dass »… ich um meine Existenz kämpfe, und mit mir der Kaiser von Österreich, die übrigen Deutschen Monarchen … und daß es vor allem unsere Aufgabe sey, den Kampf gegen den Preußischen Usurpator niemals aufzugeben«. Doch gegen Bismarck kam der König nicht an. Er musste Hannover verlassen, das zwei Monate später von Preußen annektiert wurde.

Georg war nun, wie er selbst schrieb, ein »länderloser Flüchtling, angewiesen auf die Gastfreundschaft verwandter und befreundeter Fürsten«. Am 24. Juli kam er mit seinem Sohn Ernst August in Wien an, der Stadt von Franz Joseph, »… meinem ersten und mächtigsten Verbündeten, um so mehr …, weil … er mir versprochen hat, wenn ich in dem Krieg Unglück hätte und mein Land verlassen müßte, er mich später mit Gottes Hülfe im Triumph in meine Staaten und Hauptstadt zurückführen würde«. Georg war überzeugt von der Sendung seines Hauses und fest entschlossen, sein Erbe nicht den verhassten Preußen zu überlassen, die er »schuftiges Gesindel« nannte, »welches weder Treue noch Glauben kennt«. Und er rechnete fest mit Franz Josephs Unterstützung!

Der Kaiser konnte ihn an jenem Tag nicht persönlich vom Bahnhof abholen, doch ließen sich Georg und sein Sohn, die in »Kleidung und Aussehen mehr wandernden Handwerksburschen« glichen, noch bevor sie sich in der Hannoveraner Gesandtschaft (in der Wallnerstraße 9) umziehen konnten, direkt in die Hofburg bringen. Nur 20 Minuten dauerte dieses erste Treffen, »bei welcher Gelegenheit«, so Georg, »ich mit Freuden bemerkte, daß der Kaiser fest entschlossen ist, den Krieg fortzuführen, was von der höchsten Wichtigkeit für ihn und für uns Alle ist«.

Doch Georgs anfängliche Freude verflog bald, musste er doch erkennen, wie wenig wert diese Zusicherung war. Zu groß wurde der preußische Druck auf Franz Joseph: Nicht nur wurde Österreich gezwungen, aus dem Deutschen Bund auszutreten und 20 Millionen Taler Kriegsentschädigung zu zahlen, es musste sich auch aller weiteren Einmischung in deutsche Angelegenheiten enthalten. Das hieß: Wenn Franz Joseph nach der Niederlage von Königgrätz nicht gleich einen *neuen* Krieg gegen Preußen führen wollte, musste er aufhören, als Schutzmacht Hannovers aufzutreten.

Georg war verständlicherweise enttäuscht, ja erzürnt. In einem vertraulichen Brief schrieb er über die Berater Franz Josephs: »... eine größere Sammlung von Piepmeyern und Schaafsköpfen, wie hier in Wien vereinigt sind, dürfte kaum wo anders zu finden seyn.« Einen »faulen Frieden« nannte er es, dem sein Land Hannover nun endgültig geopfert wurde.

Franz Joseph vermerkte am 28. Juli übrigens ganz nüchtern (und vielleicht sogar ein wenig erleichtert): »Was die Preußen im übrigen Deutschland machen und was sie stehlen werden, weiß ich nicht, geht uns auch weiter nichts an.«

Georg V. verbrachte die nächsten Jahre in Wien. Sein Cousin, Herzog Wilhelm von Braunschweig, hatte ihm seine Villa in Hietzing (»Villa Hügel«) zur Verfügung gestellt (Auhofstraße 15 – nicht zu verwechseln mit der »Villa Braunschweig« in der Auhofstraße 18, die erst später für Herzog Wilhelm erbaut wurde).

Anschließend zog er ins »Kaiserstöckl«, die alte Sommerresidenz von van Swieten, Kaunitz und Metternich, direkt neben dem Eingang zum Schönbrunner Schlosspark (Hietzinger Hauptstraße 1a, heute Post).

Als dritte Wohnstatt diente ihm schließlich das sogenannte »Lothringerhaus« in der Penzinger Straße 9 (heute das berühmte Max Reinhardt Seminar), das bald mit dem Nebengebäude (Penzinger Straße 11–13, heute Tschechische Botschaft) vereint wurde. Da Georg als König von Hannover eng mit der englischen Königsfamilie verwandt war, führte er den Titel eines Herzogs von Cumberland, was dem Gebäudekomplex den Namen »Cumberlandpalais« verschaffte.

König Georg sah Hannover nie wieder. Sein Gesundheitszustand verschlechterte sich, weshalb er sich in die Heilbäder von Barèges in Frankreich begab. Er starb 1878 in Paris. Sein Sohn Ernst August blieb ebenfalls zeit seines Lebens im Exil, zunächst in Wien, später in dem für ihn erbauten Schloss Cumberland bei Gmunden, wo er 1923 starb. In Wien wurde die Cumberlandstraße in Penzing nach ihm benannt, auch erinnern die Hannovergasse und der Hannovermarkt im 20. Bezirk an die Verbündeten von 1866.

Zwei weitere Verkehrsflächen erinnern an das Exil der Hannoveraner: Mit Georg V. war nämlich auch der Historiker und Archivar Onno Klopp nach Wien gekommen, ein Mann, der die Preußen ebensowenig leiden konnte wie sein König. Klopp trat hier zum katholischen Glauben über, wurde österreichischer Staatsbürger und unterrichtete ab 1876 den späteren Thronfolger Franz Ferdinand in Geschichte. Er starb 1903 in der Einwanggasse 28, nur wenige Gehminuten vom Cumberlandpalais entfernt. 1904 wurde die Onno-Klopp-Gasse in Penzing nach ihm benannt.

In Ottakring schließlich gibt es den Laborweg, der an den böhmischen Pianisten Josef Labor erinnert. Er, seit seiner frühen Kindheit ebenso blind wie König Georg, war Kammerpianist an dessen Hof und wurde wie ein Familienmitglied behandelt. Auch er folgte ins Wiener Exil, wo er Klavierlehrer von Arnold Schönberg und Paul Wittgenstein wurde.

38 Julius Payer – ein Polarforscher als Maler

Gusshausstraße 25

Julius Payer und Carl Weyprecht, die Entdecker des Franz-Josef-Landes

An dieser Stelle soll nicht von den drei Polarexpeditionen des Julius Payer die Rede sein, nicht von seinen herausragenden Leistungen als Alpinist, nicht von seinen wissenschaftlichen Arbeiten als Kartograf und selbst die Erkundung des Franz-Josef-Landes, dessen Entdeckung ihn weltberühmt machte, wird nur kurz erwähnt. Es soll vielmehr ein Mann geschildert werden, der nach seiner Rückkehr aus dem arktischen Eismeer nach einer neuen Aufgabe im Leben suchte und diese letztlich als Maler fand. Aber es war ein schwieriger Weg – für einen in so mancher Hinsicht schwierigen Menschen.

Am 25. September 1874 kamen Julius Payer, Carl Weyprecht und die anderen Teilnehmer der sogenannten »Österreichisch-ungarischen Nordpolar-Expedition« wieder in Wien an. Zwar hatten sie ihr vornehmliches Ziel, die Erkundung der Nord-Ost-Passage, nicht erreicht, doch dafür das nördlichste Festland Eurasiens entdeckt, das sie nach ihrem Kaiser benannt hatten. Nachdem ihr Schiff, die *Admiral Tegetthoff*, vom Packeis eingeschlossen worden war, wagten sie zu Fuß und auf Booten den unvorstellbar strapazenreichen, lebensgefährlichen Rückweg. Sie hatten Glück, wurden von einem russischen Schoner aufgenommen und erreichten wohlbehalten die Heimat.

Der Jubel von Zehntausenden Menschen wollte kein Ende nehmen, als sie durch die Straßen Wiens gefahren wurden. Es folgten Empfänge, Audienzen, Festbanketts und am 29. September die große Feier im Festsaal der Akademie der Wissenschaften. Hochrangiges Publikum war anwesend, mehrere Minister, Erzherzog Rainer und der 16-jährige Kronprinz Rudolf.

Stolz hielt Julius Payer einen großen Vortrag über den Verlauf und die Ergebnisse der Expedition, und als er schließlich über das Franz-Josef-Land sprach, »... da hörte ich von der ersten Sitzreihe die laut geäußerten Worte: Ja, wenn es existieren würde!«

Nichts hätte ihn tiefer verletzen, nichts unverschämter beleidigen können als eine solche Äußerung! Bis heute ist unbekannt, von wem sie stammte, Payer selbst sprach von einem – namentlich nicht genannten – General, den er im Gedränge nach dem Vortrag nicht mehr zur Rede stellen konnte. Eines aber wusste Payer nun: Er hatte in Wien mit Gegenwind zu rechnen. Gerade unter seinen Offizierskollegen gab es viele Neider, die den Rummel um den kleinen, bürgerlichen Oberleutnant nicht gerne sahen. Voller Missgunst und Eifersucht spielten sie die wissenschaftlichen Ergebnisse der Expedition herunter oder stellten sie überhaupt infrage. Selbst Payers Beförderung zum Hauptmann – die mindeste Form der Anerkennung für einen 33-jährigen Offizier nach 17 Dienstjahren – wurde durch Intrigen verhindert. Er nahm verbittert Abschied von der Armee.

Payer war zwar ein populärer, ja weltberühmter Polarforscher, doch vom Ruhm allein ließ sich nicht leben. Er wollte endlich eine finanziell sorgenfreie Existenz führen, und er war ehrgeizig. Payer stand gerne im Mittelpunkt und genoss die Aufmerksamkeit, die ihm zuteil wurde und die er nicht ebenso schnell wieder verlieren wollte, wie er sie erlangt hatte. Er musste nachlegen, und so schrieb er ein 700 Seiten starkes Buch über seine drei Polarexpeditionen (wobei die letzte den größten Teil einnahm).

So glänzend die weit über tausend Vorträge waren, die er in seinem Leben halten sollte, so mitreißend konnte er auch schreiben, was das Buch mit dem ein wenig irreführenden Titel *Die österreichisch-ungarische Nordpol-Expedition* zu einem Bestseller machte. Es wurde ab 1876 rund 60000 Mal verkauft und in mehrere Sprachen übersetzt.

Payer war beim Schreiben allerdings der Versuchung erlegen, seine eigene Rolle bei der Unternehmung in der Arktis in den Vordergrund zu rücken, was sein ohnehin angespanntes Verhältnis zu Carl Weyprecht (dem einstigen Kapitän der »Admiral Tegetthoff«) noch mehr strapazierte. Dieser, im Gegensatz zum impulsiven Payer ein ansonsten nüchtern-besonnener Mann, reagierte verständlicherweise verärgert. Eine »Selbstverherrlichung« Payers sei das Buch, schrieb er, und: »Er hat sich auf meine Rechnung mit Federn geschmückt, die ihm durchaus nicht gebühren.« Durch Payers publikumswirksames Auftreten immer mehr in den Hintergrund gedrängt, starb Weyprecht 1881 weitgehend unbeachtet an Tuberkulose.

Payer hingegen hatte zu jener Zeit sein Glück gemacht, Geldsorgen plagten ihn nicht mehr. Nachdem er die Verlobung mit der Sängerin Marie Trousil gelöst hatte, lernte er in Franzensbad die lebenslustige Fanny Kann kennen. Sie entstammte einer Frankfurter Bankiersfamilie und war somit genau das, wonach Payer Ausschau gehalten hatte: eine reiche Frau.

Nach der Heirat lebte das Paar in Frankfurt, dann in München und schließlich in Paris. Payer studierte während jener Jahre mit großer Ernsthaftigkeit und Leidenschaft Malerei, und erste Erfolge stellten sich bald ein. Für seine Monumentalgemälde, die meist Szenen aus dem arktischen Eis als Sujet hatten, erhielt er Preise und Medaillen und wurde hymnisch gefeiert.

Doch Payer, nach einer Operation auf dem linken Auge erblindet, war nicht zufrieden, er wurde mürrisch und zog sich insbesondere vor seiner Frau immer mehr zurück. 1888 verließ er seine Familie, Tochter und Sohn sollten ihren Vater nie wiedersehen.

1890 ging er zurück nach Wien, obwohl er sich in den Jahren zuvor von seiner österreichischen Heimat nicht ausreichend gewürdigt gefühlt hatte. In der Gusshausstraße 25 (in Hans Makarts einstigem Atelier, das durch die legendären Künstlerfeste des »Malerfürsten« berühmt gewesen war) richtete Payer eine Malschule für junge Damen aus der vornehmen Gesellschaft ein.

Hier entstand 1892 sein bekanntestes Gemälde *Nie zurück!*, das heute im Heeresgeschichtlichen Museum hängt. Es hatte ebenfalls die mittlerweile 20 Jahre zurückliegende Arktisexpedition zum Thema und zeigt Carl Weyprecht, dem es während des qualvollen Rückmarsches über das Eis gelang, die erschöpften, entmutigten und halb erfrorenen Männer zum Weitergehen zu motivieren.

Payers Erfolge als Maler ließen nicht nach, seine Bilder wurden im Wiener Künstlerhaus und im Prager Rudolfinum gezeigt, manche um viel Geld ins Ausland verkauft. Auch als Polarforscher war er immer noch populär, wenngleich das große Interesse langsam abnahm. Der Plan, eine weitere Expedition in die Arktis, in den Nordosten Grönlands, zu unternehmen, um dort zu forschen und zu malen, scheiterte an mangelndem Kapital.

Payer bekam 1900 ein jährliches »Gnadengehalt« zugesprochen (immerhin mehr als das Zehnfache seiner Offizierspension). Er lebte mittlerweile in wilder Ehe mit einer Frau zusammen, verbrachte auch viel Zeit mit seiner Tochter Adele, die einer früheren Beziehung entstammte. 1912 verlor er nach einem Schlaganfall die Sprache und konnte sich nur noch schriflich mitteilen. Im Kurort Bad Veldes (heute das slowenische Bled) starb Julius Payer im Sommer 1915. In einem Ehrengrab liegt er am Zentralfriedhof bestattet.

39 Der Streit um die päpstliche Unfehlbarkeit

Altkatholische Kirche, Salvatorgasse

Dass Kaiser Franz Joseph ein frommer, romtreuer Katholik war und stets an guten Beziehungen zum Heiligen Stuhl interessiert, ist hinlänglich bekannt. Doch seit der Umwandlung Österreichs von einer absoluten in eine konstitutionelle Monarchie hatte nicht mehr er allein über das Verhältnis zu Rom zu entscheiden. Die Liberalen im Reichsrat bestimmten während der 1860er-Jahre maßgeblich die Geschicke der Monarchie mit, und in ihrem Selbstverständnis als antiklerikale Partei gehörte dazu auch der Kampf gegen das Konkordat.

1855 war dieser Staatsvertrag zwischen dem Kaiser und dem Vatikan geschlossen worden und sicherte seitdem der katholischen Kirche fast unbeschränkten Einfluss auf das Pressewesen, den Schulunterricht und die Ehegerichtsbarkeit. Der Josefinismus, so glaubte Papst Pius IX. damals zufrieden feststellen zu können, sei in Österreich nun endgültig überwunden.

Die liberale Partei jedoch sah im Konkordat eine Ohnmachtserklärung Österreichs und ließ nicht locker in ihrer Forderung, Kirche und Staat voneinander zu trennen. Sie trat für konfessionelle Erziehungsfreiheit ein sowie die volle Gleichberechtigung von Nichtkatholiken, die dem Kaiser 1867 schließlich abgetrotzt werden konnten.

Papst Pius, der seine Kirche als eine von Sozialisten, Liberalen und Atheisten »belagerte Festung« sah, war daraufhin freilich empört, ebenso wie die katholisch-konservativen Kreise Österreichs. Der Linzer Bischof Franz Joseph Rudigier etwa stellte sich offen gegen die neuen Regelungen und wurde daraufhin wegen »Störung der öffentlichen Ruhe« zu 14 Tagen Kerker verurteilt (vom Kaiser allerdings sofort begnadigt). Alle katholischen Proteste und Demonstrationen konnten letztlich nichts ändern: Das Konkordat war ausgehöhlt und bedeutungslos geworden. Dass es schließlich auch offiziell von österreichischer Seite aufgekündigt wurde, dafür war der Papst selbst verantwortlich: Ende 1869 eröffnete Pius IX. das Erste Vatikanische Konzil, auf dem er wenige

Monate später das höchst umstrittene Dogma von der »Unfehlbarkeit des Papstes« beschließen ließ. Natürlich gab es unter den Hunderten kirchlichen Würdenträgern, die an dem Konzil teilnahmen, kritische Stimmen, doch blieb offener Widerstand aus. Wer nicht – wie die meisten deutschen und österreichischen Bischöfe – guten Gewissens für die »Unfehlbarkeit« stimmen konnte, reiste vor der Abstimmung ab. Auch die Kardinäle Friedrich Fürst zu Schwarzenberg (Prag) und Othmar von Rauscher (Wien), beide weit davon entfernt, antipäpstliche »Revoluzzer« zu sein, hatten ernste theologische Einwände gegen das neue Dogma. Schwarzenberg schrieb, dieses sei »keineswegs die katholische Lehre, wie sie immer, überall und von allen geglaubt worden ist«. Aber sie fügten sich.

In den bürgerlich-liberalen Zeitungen Österreichs hingegen entwickelte sich ein wahrer Proteststurm, ja in ganz Europa sorgte die »Unfehlbarkeit« für heftige Debatten. Das *Neue Wiener Tagblatt* schrieb am 22. Juni 1870 ärgerlich, dass Papst Pius sich »vollends über alles Menschenthum hin weggehoben« habe und sich »bei Lebzeiten schon zunächst der Gottheit rangierend« sähe. In der *Neuen Freien Presse* erschien am 28. Juli ein scharfes anonymes Spottgedicht, das die damalige Stimmung illustriert (hier wird es nur in Auszügen wiedergegeben):

Ich bin unfehlbar, bin unfehlbar,
das hab' ich trefflich ausgeheckt.
Wie wohl das thut, ist unerzählbar.
So süß hat mir noch nichts geschmeckt.

Von den dreihundert Pontifexen
Hat's keiner noch so klug gemacht.
Gleich decretir' ich: Es gibt Hexen,
Die Erde steht, und Tag ist Nacht.

Und gut ist böse, denn ich sag' es,
und Hott ist Hü und Hü ist Hott;
Gefällt mir's eines schönen Tages,
Mach' ich mich selbst zum lieben Gott.

Doch es waren keineswegs nur die Liberalen und Antiklerikalen, die sich gegen das päpstliche Dogma aussprachen, sondern auch viele fromme Katholiken. Geistliche und Theologen nannten es öffentlich eine Fehlentscheidung, eine »mit dem überlieferten Glauben der Kirche im Widerspruch stehende Neuerung«. Es bedeute gar das Ende des Evangeliums Christi und den Beginn des Evangeliums des Papstes, und dieser agiere anmaßend und despotisch, hieß es, ja, von einer »Vergewaltigung des freien Denkens« war die Rede. Im Wiener Gemeinderat nannte ein Abgeordneter das Dogma gar eine »an Terrorismus reichende Geistesdespotie«.

Im österreichischen Reichstag wurde im Juli 1870 der Antrag gestellt, »das Konkordat nunmehr durch die in seinem Wesen geänderte Natur der päpstlichen Gewalt … für unwirksam zu erklären«. Kaiser Franz Joseph, der sich nun in einer unangenehmen Situation befand, musste sich letztlich gegen die römische Amtskirche stellen und das Konkordat aufkündigen.

Doch der Kulturkampf schwelte weiter. In Deutschland wurden erste Theologen, die sich gegen das Unfehlbarkeitsdogma ausgesprochen hatten, exkommuniziert. Österreichische Professoren (darunter die berühmten Mediziner Ferdinand von Hebra, Josef Hyrtl und Carl von Rokitansky sowie der Kirchenrechtsexperte und Geschichtslehrer Kronprinz Rudolfs, Josef Zhisman) erklärten sich mit ihnen solidarisch.

In manchen Zeitungen wurde offen der Austritt aus der Kirche propagiert. Die *Linzer Tagespost* schrieb am 15. Juli von einer römischen »Kriegserklärung an den Geist des Christenthums« und rief zu Protesten auf: »Wer da mitthun will im Kampfe, möge seinen Namen im Redaktionslokale dieses Blattes aufzeichnen«. Als Unterschrift war zu lesen: »Einige Katholiken alten Glaubens«. Zum Begriff »Altkatholiken« war es nun nicht mehr weit. Als solche nämlich fanden sich – nach deutschem Vorbild – Tausende Christen in Österreich zusammen, die im Penzinger Geistlichen Alois Anton einen charismatischen Führer hatten.

Ihr Ziel war eine »freie autonome Kultusgemeinde«, so »wie sie vor 1800 Jahren bestanden« habe. Laien sollten darin verstärktes Mitspracherecht erhalten, Priester und Bischöfe frei von der Gemeinde gewählt werden, weiters sprach man sich gegen den Pflichtzölibat aus, gegen Ohrenbeichte, Wallfahrten und Reliquienglauben – kurz, es wehte ein wenig der josefinische Geist von einst.

Die romtreuen Gegner der neuen Gemeinschaft kannten in ihren Angriffen kaum Grenzen: Alois Anton wurde im *Kremser Wochenblatt* als »räudiges Schaf« beschimpft, als »verdorbener Mensch«, als »Verführer und Mörder … unsterblicher Seelen« und gar als »Höllen-Agent«. Die katholische Zeitung *Das Vaterland* griff die Altkatholiken als »bewusste und hartnäckige Häretiker« an, denen dereinst das kirchliche Begräbnis verweigert werden sollte. Sie seien »miserable Schwächlinge im Charakter, die sich von den Wellen der Zeitstimmung und der durch die jüdischen und freimaurerischen Tagesblätter erzeugten … Aufregung bewußtlos schaukeln lassen« würden.

In Wien waren es rund 3000 Familien aus allen sozialen Schichten, die sich um Anton scharten. Was noch fehlte, war ein Kirchengebäude, in dem sie ihre Gottesdienste abhalten konnten.

Der Kampf zwischen Klerikalen und Liberalen um das Konkordat, Karikatur aus dem Jahr 1882

Antons offizielles Ansuchen, seiner Gemeinde den Stephansdom zu überlassen, wurde – freilich wenig überraschend – abgelehnt. Vonseiten der römisch-katholischen Kirche durften sie kein Entgegenkommen erwarten, das erzbischöfliche Ordinariat drängte vielmehr durch Protestschreiben an das Kultusministerium, ihnen »mit allen gesetzlich zulässigen Mitteln in den Weg zu treten«. Doch die österreichische Regierung vertrat einen neutralen Standpunkt, in innerkirchliche Angelegenheiten, so hieß es, wolle sie sich nicht einmischen.

Doch der ebenfalls von der liberalen Partei dominierte Wiener Gemeinderat stand den Altkatholiken auf ihrer Suche nach einer Kirche zur Seite. Im Rathaus in der Wipplingerstraße gab es schließlich die alte Salvatorkapelle, die im Herbst 1871 der neuen Gemeinschaft zur Verfügung gestellt wurde.

Am 15. Oktober fand dort der letzte römisch-katholische Gottesdienst statt, anschließend wurde das ewige Licht gelöscht und der Tabernakel geöffnet, um auf die ab nun herrschende »Nicht-Präsenz« Gottes zu verweisen. Alte Frauen, so berichten Zeitgenossen, weinten und »zogen in Schimpfworten, wie sie nur auf dem Naschmarkte zu hören« seien, »auf die Altkatholiken und den Gemeinderath, auf den Reichsrath und namentlich auf die Studenten los«.

In der leeren Kirche hielten nun Alois Anton und seine Gemeinde Einzug, das ewige Licht wurde neu entzündet. Frenetischer Beifall folgte Antons erster selbstbewussten Predigt, wonach nicht die Altkatholischen, sondern vielmehr die Papsttreuen vom wahren Glauben abgefallen seien.

Die Misstöne zwischen den beiden Gemeinden dauerten noch lange an: Kardinal Rauscher verhängte das Interdikt über die Salvatorkirche, wonach kein römischer Katholik das Gebäude betreten durfte, sofern er nicht exkommuniziert werden wollte. Eine offizielle Versöhnung kam erst knapp hundert Jahre später zustande, als Kardinal Franz König das Interdikt aufhob und gemeinsam mit den Altkatholischen im Sinne ökumenischer Verständigung die Messe feierte.

40 Der König von Hawaii in Wien

Hotel Imperial, Kärntner Ring

Mancher schien fast ein wenig enttäuscht darüber, dass es sich bei Kalakaua, dem König von Hawaii, *nicht* um einen wilden Kannibalen handelte. Zwar war der exotische Gast aus der Südsee ohnehin Tagesgespräch der Wiener, wurde von Menschenmassen bestürmt, bestaunt und bejubelt, doch die Reporter lechzten nach immer neuen Sensationsgeschichten. Immerhin war es August 1881, »Saure Gurken«-Zeit für die Presse.

Siegmund Schlesinger, Redakteur des *Neuen Wiener Tagblatts*, machte sich über seine Kollegenschaft lustig: Wäre König Kalakaua »… ein ›wildbrauner‹ Fürst, so darf getrost die Vermuthung ausgesprochen werden, daß Frohner's Hotel (Hotel Imperial, Anm.) just in den unheimlichen Abendstunden noch von zehnfach dichteren Schaaren umlagert wäre, als jetzt, da es nur einen ›zivilisiertbraunen‹ König beherbergt.« Aber, so Schlesinger: »Die Menschenfresser von einst sind jetzt alle gutmüthig und harmlos geworden.«

David Kalakaua als unzivilisierten »Wilden« darzustellen, wäre tatsächlich ein Inbegriff der Vermessenheit gewesen. Aus altem hawaiianischen Adel stammend, war er 1874 vom dortigen Staatsrat zum Nachfolger des verstorbenen Königs Lunalilo gewählt worden und versuchte als liberaler Herrscher, sein polynesisches Inselreich (damals als Sandwich-Inseln bekannt) durch schwierige Zeiten zu führen.

Die wirtschaftliche Abhängigkeit von den USA wurde immer größer, und so war er bemüht, zumindest die politische und kulturelle Unabhängigkeit zu wahren. Er legte großen Wert auf die Erhaltung und Neubelebung der altpolynesischen Zeremonien seiner Ahnen. Als Freimaurer – er selbst war Mitglied der Loge »Progrès de l'Océanie« – konnte er auch die »Hula-Gesellschaften«, die seit jeher Ähnlichkeiten mit spirituellen Geheimgesellschaften aufwiesen, mit maurerischen Idealen verbinden. Das brachte ihn freilich in Konflikt mit den strengen calvinistischen Missionaren aus den USA, die seit Jahrzehnten eine große Macht auf Hawaii darstellten und die Hula-Rituale als »sittenlos« verdammten.

Auch hatte die große Zahl der einwandernden Chinesen, die sich als Billigarbeiter auf den meist von Europäern geführten Zuckerrohrplantagen verdingten, zu ernsten Problemen geführt. Die polynesische Urbevölkerung war wegen der niedrigen Geburtenrate auf dem besten Wege auszusterben, und um diese Entwicklung aufzuhalten, wollte sich der König um auswanderungswillige europäische Familien bemühen, die er lieber in seinem Land sah als die vielen alleinstehenden chinesischen Männer.

Die große Weltreise, die Kalakaua im Jänner 1881 antrat, diente somit nicht nur seinem Privatvergnügen, sondern sollte auch bei der Lösung bevölkerungspolitischer Fragen helfen. Von seinem Kammerherrn, Colonel Judd, und seinem ersten Minister Armstrong (der für Einwanderung zuständig war) begleitet, ging es zunächst nach San Francisco und dann über Japan, Hongkong und Indien nach Kairo, Neapel, Rom, London, Brüssel und Berlin. Am Vormittag des 5. August kam er schließlich am Wiener Nordwestbahnhof an.

Seine Reise hatte wohlgemerkt nur »halboffiziellen« Charakter, sein Wien-Aufenthalt war kein formeller Staatsbesuch. Ein solcher wäre zu jener Jahreszeit auch nicht üblich gewesen, befand sich Kaiser Franz Joseph doch gar nicht in der Stadt (er setzte damals gerade den Spatenstich für den Arlbergtunnel und reiste dann wie üblich nach Bad Ischl zur Sommerfrische). Aus Respekt vor dem hohen Gast stellten die österreichischen Behörden aber zwei hohe Offiziere ab, die König Kalakaua in Empfang nehmen und ihm während der kommenden Tage stets hilfreich zur Seite stehen sollten.

Neben ihnen warteten bereits Hunderte aufgeregte Schaulustige am Perron, die begierig waren, den dunkelhäutigen Monarchen zu sehen. Kalakaua war jedenfalls »sichtlich überrascht von dem officiellen Empfang«, so schrieb eine Zeitung, es »schien, als ob er erwartet hätte, unbemerkt den Bahnhof verlassen zu können«.

Das war schon ein kleiner Vorgeschmack darauf, was ihn binnen der nächsten vier Tage in Wien erwarten sollte, denn *unbemerkt* konnte er in dieser Zeit fast gar nichts unternehmen. Von dem Moment an, da er aus dem Zug stieg, wurde er umringt von Menschen, die ihm freundlich zujubelten. Reporter hefteten sich an seine Fersen, um brühwarm für

König David Kalakaua von Hawaii

ihre Zeitungen zu berichten, was er zum Frühstück aß, wie viele Gläser Bier er abends trank und welche Farbe seine Weste hatte. Auch vor dem Hotel Imperial, wo er abstieg, erwartete ihn bereits eine große Menschenmenge.

Den ersten Tag in Wien verbrachte der König mit einer Besichtigung des Arsenals und des Schlosses Belvedere und fuhr am späten Nachmittag in den Volksgarten, wo Eduard Strauß mit seiner Kapelle auftrat und wo sich »... ein außerordentlich zahlreiches Publicum ... eingefunden hatte, dessen ganze Aufmerksamkeit auf die Person des Königs Kalakaua concentrirt war«. Bald stieß der US-amerikanische Botschafter Phelps zu ihm, immerhin ein wichtiger Gesprächspartner, doch werden die beiden Herren kaum über hohe Politik verhandelt haben, denn der König, so schrieb die *Morgen-Post*, »schien durch die zahllosen unausgesetzt auf ihn gerichteten Augenpaare etwas befangen zu sein«.

Alles in allem dürfte es dem König im Volksgarten sehr gefallen haben. In einem privaten Brief an seine Schwester Liliuokalani, die ihn während seiner Abwesenheit auf Hawaii vertrat (und ihm später als Regentin folgen sollte), schwärmte er von der großartigen Musik, die der jüngste Strauß-Bruder zum Besten gab. Sowohl seine Schwester als auch er selbst waren hochmusikalisch, Liliuokalani dichtete und komponierte sogar (das bis heute berühmteste Lied Hawaiis etwa, *Aloha 'Oe*, wurde 1878 von ihr verfasst). Daheim in Honolulu gab es ein großes Opernhaus, und die europäische Militärmusik, die Walzer und Polkas erfreuten sich unter der hawaiianischen Aristokratie großer Beliebtheit. Kalakauas Lieblingsinstrument war die Ukulele, die zu seiner Regierungszeit von einem portugiesischen Gitarrenbauer auf Hawaii entwickelt wurde.

Nach dem Besuch im Volksgarten besuchte der musikbegeisterte König die Hofoper, wo das Publikum »wie begreiflich, seine Aufmerksamkeit weit weniger der Vorstellung als dem Gaste« zuwendete, so schreibt die *Neue Freie Presse*.

Auch am nächsten Morgen kam der König in den Genuss von Musik, nämlich auf dem Exerzierplatz auf der Schmelz. Nach allerlei militärischen Darbietungen intonierte die Marschmusik unter anderem

»aus Unkenntniß der hawaiischen Volkshymne die österreichische Volkshymne«. Dabei wäre es ganz einfach gewesen: Die Melodie der Hymne Hawaiis war damals jener von »Heil dir im Siegerkranz«, der Hymne des Deutschen Kaiserreichs, sehr ähnlich (und somit gleichzeitig der britischen, *God Save the Queen*). Ein nach Hawaii ausgewanderter Deutscher namens Henry Berger hatte sie lediglich instrumental neu arrangiert, der Text stammte von König Kalakaua persönlich.

Nach einem Höflichkeitsbesuch bei Erzherzog Albrecht in der Albertina, einer Besichtigung der Hofburg, der Hofstallungen und einem Treffen mit dem japanischen Gesandten in Wien ging es abends erneut in die Hofoper, wo Kalakaua mit Hochrufen erwartete wurde.

Am nächsten Tag, einem Sonntag, ging das Besichtigungsprogramm weiter: Schloss Schönbrunn, Tiergarten, Palmenhaus und Stephansdom. Am Nachmittag ließ Kalakaua sich in den Prater bringen, wo er unter anderem eines der Wahrzeichen der Stadt bestaunte, die Rotunde. Am meisten dürfte ihn allerdings der Besuch im legendären »Dritten Kaffeehaus« an der Hauptallee begeistert haben (heute befindet sich dort das Hockey-Stadion). Anton Ronacher, der damals so erfolgreiche Vergnügungsunternehmer aus Kärnten, war seit einiger Zeit Pächter des Etablissements und veranstaltete dort regelmäßig Operetten- und Konzertabende, die ein großes Publikum anzogen. Wenige Jahre später sollte er die Brandruine des einstigen Stadttheaters in der Seilerstätte aufkaufen, an dessen Stelle er sein berühmtes, noch heute existierendes Varietétheater erbauen ließ.

Ronacher begrüßte den König herzlich und führte ihn durch die Räumlichkeiten seines Lokals und den Biergarten. Kalakaua war so angetan, dass er am späten Abend, nach einem neuerlichen Opernbesuch, spontan entschloss, noch einmal in den Prater zu fahren.

Was nun folgte, war ganz nach dem Geschmack der sensationslüsternen Wiener Gesellschaftsreporter, die sich natürlich auch jetzt an Kalakauas Fersen hefteten: Bis in die frühen Morgenstunden ließ es sich der König im Dritten Kaffeehaus gut gehen, er trank Bier, rauchte Pfeife und unterhielt sich offenbar blendend mit einer jungen Wienerin, die sich ihm als Begleitung anbot. Als er mit ihr auch noch den Tanzboden betrat, wurden die Rufe »Bravo, Kalakaua!« und »Hoch Kalakaua!« laut.

Bald strömten – von Bekannten informiert – immer mehr junge Frauen aus den Nachtcafés der Umgebung ins Dritte Kaffeehaus, »um womöglich noch von der Gunst des Augenblicks Sr. Majestät ... zu profitiren«. Der König verließ schließlich als einer der Letzten das Lokal, immer noch in Begleitung der jungen Dame, mit der er – schwer betrunken, wie es hieß – in einem Fiaker zurück in die Stadt fuhr.

Ein Journalist der *Wiener Allgemeinen Zeitung* schrieb am nächsten Tag anzüglich: »Wir hoffen, daß die letzte Nacht dazu beitragen wird, daß der König nur angenehme Erinnerungen aus unserer Stadt mit sich nimmt.« Und die *Morgen-Post* stellte die Frage, ob Kalakaua »... daheim am häuslichen Herd seiner königlichen Gattin Frau Kapiolani von seinen Unterhaltungen beim Ronacher ausführlich erzählen wird?«

Der hawaiische Minister Armstrong zeigte sich empört über die Wiener Reporter, »die hartnäckigsten und unverschämtesten Neuigkeitenjäger ganz Europas« und deren »pittoreske und aufgebauschte Beschreibungen«, die nun in ganz Europa genüsslich nacherzählt wurden.

Das seriöse, liberale *Neue Wiener Tagblatt* zeigte übrigens in einem langen Artikel »grausame Enttäuschung« über Kalakauas Auftreten im Prater: »... das zerstörte Ideal ist der ›bei Ronacher‹ zu einem gewöhnlichen gekrönten Vergnügungsreisenden degradirte vermeintliche Weltweise von Hawaii!« Man müsse akzeptieren, dass »auch er in Wahrheit nur auf Eroberungen ausgegangen ist, zum Ronacher«. Das Mitgefühl der Zeitung galt der hawaiischen Königin, die von ihrem Mann öffentlich brüskiert worden sei. Und Eugen Ketterl, der Leibkammerdiener Kaiser Franz Josephs, erinnerte sich später: »Es war ein Skandal von noch nie dagewesenen Dimensionen. Der Hof fühlte sich auf das schwerste blamiert ... und dem König bedeutet, daß Österreich kein besonderes Gewicht auf seinen weiteren Aufenthalt lege.«

Kalakaua äußerte sich übrigens auch selbst zu diesem feuchtfröhlichen Abend. Für ihn, der von den calvinistischen Missionaren streng puritanisch und konservativ erzogen worden war, musste die Erfahrung, mit Hunderten Menschen an einem Sonntag bei Tanz und ausgelassener Stimmung in einem Biergarten sitzen zu können, etwas Besonderes und Beglückendes gewesen sein. In seiner Heimat war der Ruhetag in ernster, religiöser Meditation zu verbringen, sofern man sich nicht gottlosen Verhaltens schuldig machen wollte. Doch Kalakaua wollte die strengen Vorgaben nicht länger hinnehmen. In seinem Brief an die Schwester fragte der König nun provokativ: »Kann es möglich sein, dass alle diese unbeschwerten, glücklichen Menschen zur Hölle fahren? Alle, die sich ihrer Natur als der Natur bestes Geschenk erfreuen? Sicherlich nicht! Aber was für ein Kontrast zu unserer elenden bigotten Gemeinschaft. Alle nüchtern und niedergeschlagen, die einen falschen Sabbath halten statt eines richtigen Sonntags. Die Puritaner sind so rein, dass die Unreinen den Sonntag zu einem Tag des Spottes machen sollten.« Und dann ereiferte er sich gar über den »blödsinnigen Quatsch, den wir so lange angeleitet wurden zu glauben«.

Am folgenden Tag verließ der König Wien in Richtung Paris, von wo aus es weiterging nach Madrid und Portugal, nach New York und Washington und schließlich per Bahn nach San Francisco, wo er sich wieder nach Honolulu einschiffte. Ende Oktober hatte er seine Weltreise beendet.

Wehmütig hieß es in der Wiener *Morgen-Post*: »Aus ist's! Die schönen Tage, die Kalakaua uns bereitet, sind nun vorüber. David Kalakaua I., der Beherrscher der fernen Sandwich-Inseln, ist fort, David, der Freund der civilisirten Welt, … David, der Walzer- und Quadrille-Tänzer par excellence … Ob wir ihn in unserem Leben noch einmal wiedersehen werden, den fidelen, kaffeebraunen König von Honolulu – wer weiß es.« Und die *Neue Freie Presse* betonte, wie sehr »die Wiener den König liebgewonnen« hätten: »Bliebe er noch länger hier, er würde eine der populärsten Persönlichkeiten der Stadt geworden sein.«

König Kalakaua starb zehn Jahre später während einer Reise in San Francisco, seine Monarchie überdauerte ihn nicht lange. Unter dem Druck der USA wurde sie 1894 zur Republik ausgerufen, Königin Liliuokalani musste abdanken (für diesen unrechtmäßigen Putsch entschuldigte sich Präsident Bill Clinton hundert Jahre später). 1898 wurde Hawaii von den Vereinigten Staaten annektiert.

41 Die Familie Drory und die Geschichte der Gasbeleuchtung

Palais Epstein, Dr.-Karl-Renner-Ring

Bis es in Wien hell wurde, dauerte es seine Zeit. Noch in der zweiten Hälfte des 17. Jahrhunderts dürfte es recht unbehaglich gewesen sein, nachts durch die stockfinsteren Straßen zu gehen. Es war zwar behördlich vorgeschrieben, eine brennende Laterne mit sich zu führen, doch genau dadurch machte man sich als gesetzestreuer Bürger kenntlich, der seinerseits zum leichten Opfer jener werden konnte, die aus guten Gründen lieber im Dunkeln lauerten.

Erst 1687 begann man, eine öffentliche Straßenbeleuchtung zu organisieren, wobei die Besitzer jener Häuser, vor denen die bauchigen Glaslampen hingen, für deren Wartung und Befüllung mit Unschlitt (Rindertalg) selbst verantwortlich gemacht wurden. Viel heller machten die flackernden kleinen Lichter die Straßen zwar auch nicht, aber es war ein Anfang – auch wenn man damals spottete, die Straßenbeleuchtung sei nur dazu da, um die Finsternis besser sehen zu können. Wer

Die feierliche Eröffnung des Großgaswerks Simmering im Jahr 1899

mutwillig eine Laterne beschädigte, dem drohte eine harte Strafe: Ihm wurde die Hand abgehackt.

Rund hundert Jahre später wechselte man zu Öllampen, die nun erstmals auch am Glacis und in den Vorstädten angebracht wurden. Selbst die lange Strecke zwischen Hofburg und Schönbrunn wurde mit 452 Laternen erleuchtet, sodass »so komod und sicher bei der Nacht als bei Tag zu gehen ist«. Eigens angestellte »Lampenknechte« nahmen ab nun den Hausbesitzern die ungeliebte Arbeit des Nachfüllens und der Reinigung der gläsernen Behälter ab.

Eine technische Revolution setzte im frühen 19. Jahrhundert ein. Zwar war damals schon lange bekannt, dass bei der Destillation von Holz oder Kohle brennbares Gas freigesetzt wird, aber dessen sinnvolle Nutzung begann erst jetzt: Es war geradezu ideal für die Straßenbeleuchtung, brannte es doch sehr hell und gleichmäßig und war darüber hinaus leicht zu regulieren.

Fast zeitgleich begannen die Ingenieure in West- und Mitteleuropa mit dem Gas zu experimentieren, allen voran die Briten. Als 1814 der Londoner Stadtteil St. Margaret und 1815 Teile von Paris mit Gas beleuchtet wurden, flackerten die ersten Gaslichter auch in Wien, zunächst im Theresianum und seit 1816 im Schaufenster der Löwen-Apotheke in der Josefstädter Straße 30 (die Apotheke zog später auf die Hausnummer 25 um). Diese Flämmchen wurden damals zu einer echten Sehenswürdigkeit, selbst Mitglieder der kaiserlichen Familie sollen gekommen sein, um sie zu bestaunen. Doch noch waren das nicht viel mehr als technische Spielereien, die der breiten Öffentlichkeit keinen großen Nutzen brachten. Als Straßenbeleuchtung wurden die Gaslaternen erst ab 1818 verwendet.

Johann Josef Prechtl, damals seit Kurzem Direktor des Wiener Polytechnikums, richtete beim Kärntnertor eine kleine Anlage ein, in der er mittels Steinkohle Gas erzeugte, das er zu 25 Laternen in der nahe gelegenen Krugerstraße und in der Walfischgasse leitete. Ab nun war der Siegeszug der Gasbeleuchtung nicht mehr aufzuhalten, sowohl für die Straßen und Plätze der Stadt als auch für das Innere öffentlicher Gebäude. Es bildeten sich kleine, private Firmen, die Gas herstellten und etwa an die kaiserliche Hofküche, die Akademie der

Bildenden Künste und andere Großabnehmer verkauften. Im Jahr 1832 wurde schließlich das erste Privathaus Wiens vollständig mit Gas beleuchtet, das (nicht mehr bestehende) Engelskirchner-Palais auf der Wiedner Hauptstraße.

In ganz Europa stieg der Bedarf an Gas, und jene Gesellschaft, die versprach, ihn zu decken, kam aus England, dem Mutterland technologischen Fortschritts schlechthin. Die »Imperial Continental Gas Association« (ICGA) bot den Städten auf dem Festland ihr Know-how an, um moderne Gaswerke zu errichten, Leitungen zu verlegen und Laternen aufzustellen; im Gegenzug sollten sie die Erträge des lukrativen Geschäfts erhalten. Ab 1825 war George William Drory Chefingenieur der Gesellschaft und somit verantwortlich für die höchst erfolgreiche Expansion in viele Länder Europas.

So wie zuvor Hannover und Berlin bot auch die Kaiserstadt Wien einen vielversprechenden Markt. Ab den 1840er-Jahren etablierte sich die ICGA hier und betrieb das Geschäft in großem Stil. Sie schloss erste Verträge mit der Stadtregierung ab, kaufte bereits bestehende Gaswerke auf, baute weitere hinzu und verlegte ein neues, effizientes Rohrnetz bis in die Vororte. Einheimische Konkurrenten waren bald verdrängt, was einerseits an der finanziellen Überlegenheit des Gesellschaftskapitals lag, andererseits an den hervorragenden technischen Leistungen der englischen Ingenieure.

Unter Letzteren fanden sich gleich mehrere Mitglieder der Familie Drory: Leonard, der Bruder des bereits erwähnten George William und selbst Direktor des Berliner Werks, hatte nämlich zehn Söhne, die allesamt Gasingenieure wurden. Sie leiteten die Niederlassungen der ICGA in Aachen, Frankfurt, Amsterdam, Toulouse, Bordeaux, Lille und Antwerpen. Drei dieser Söhne, Leonard George, Edward und Henry, waren – zeitweise gleichzeitig – viele Jahre in Wien tätig. Ihre Gesellschaft kaufte 1876 das Palais Epstein an der Ringstraße als noblen Firmensitz, wo Henry Drory mit seiner Familie auch wohnte.

Unter ihm erreichten die Gewinne ungeahnte Höhen: Lag 1835 der Gasverbrauch der Stadt noch bei 50 000 Kubikmetern, so stieg er bis in die 1860er-Jahre auf 19 Millionen Kubikmeter (und bis 1915 gar auf 300 Millionen). Gegen Ende des Jahrhunderts wurde Gas schließlich nicht nur zur Beleuchtung eingesetzt, sondern vermehrt auch in der Küche, wo sich ein Herd, der sich einfach ein- und ausschalten ließ, als viel effizienter erwies als herkömmliche Holzöfen.

Angesichts der immer höheren Gewinne, die die ICGA machte, wuchs jedoch auch der Unmut gegen ihr Gasmonopol in Wien. Viele wollten nicht mehr akzeptieren, dass das viele Geld in eine ausländische Firma floss und nicht direkt in die Stadtkasse. Im Jahr 1893 beschloss der Gemeinderat die Errichtung kommunaler Gaswerke, der spätere Bürgermeister Karl Lueger wetterte: »Wir bauen eine eigene Fabrik, ein eigenes Rohrnetz. Wir müssen den Engländern zeigen, dass wir die Herren in Wien sind!«

Doch die Zeit drängte. Der bestehende Vertrag mit der ICGA lief bis Ende 1899, wollte man ihn nicht ein weiteres Mal verlängern, musste bis dahin also die städtische Gasversorgung gewährleistet sein. Im Dezember 1896 setzte man in Simmering den Spatenstich zum neuen Wiener Großgaswerk (»Gasometer«). Mit enormem personellen und technischen Aufwand schaffte man es tatsächlich, fristgerecht fertig zu werden, ein neues, knapp 600 Kilometer langes Rohrnetz zu verlegen und über 20 000 neue Gasglühlichter in Wien zu installieren. Eine Woche vor Ablauf des Vertrags wurde das damals größte Gaswerk Europas in Betrieb genommen.

Henry Drory war wenige Monate zuvor gestorben. Seine Familie wohnte noch einige Jahre im Palais Epstein, bevor sich die ICGA vollends aus Österreich zurückzog. Es war bereits die Zeit, da man begann, die Straßenbeleuchtung abermals zu modernisieren: Das Zeitalter der Elektrizität begann.

42

Das »Erweckungserlebnis« des Alfred Hermann Fried

Künstlerhaus, Karlsplatz

Wassili Wassilijewitsch Wereschtschagin war Mitte 20, als er als junger Offizer der russischen Armee an seinem ersten Feldzug teilnahm. Damals, 1867, unterwarfen die Russen das zentralasiatische Emirat Buchara und eroberten das sagenumwobene Samarkand. Zehn Jahre später erlebte Wereschtschagin den russisch-türkischen Krieg und die Schlacht um den Schipkapass, die erst nach monatelangen Kämpfen im Jänner 1878 für die zaristischen Truppen entschieden werden konnte.

Die Eindrücke, die er auf den Schlachtfeldern gewonnen hatte, verarbeitete der Offizier und akademisch ausgebildete Maler in zahlreichen Ölgemälden, die international für Aufsehen sorgten. Wereschtschagin kannte den Krieg, das unterschied ihn von vielen anderen Künstlern, die zwar Schlachtenbilder malten, aber das Sterben und Töten immer als etwas Heroisches darstellten, ganz dem Geschmack der Zeit entsprechend. Bei Wereschtschagin hingegen stand das Grauen des Krieges im Vordergrund, die Sinnlosigkeit und die Verzweiflung. Auf chauvinistische Posen verzichtete er, Klischees des Heldenhaften kamen bei ihm nicht vor. Seine eigenen Erfahrungen hatten ihn zum überzeugten Kriegsgegner gemacht.

An die spätere österreichische Friedensnobelpreisträgerin Bertha von Suttner schrieb er einmal: »Sie glauben vielleicht, dies sei übertrieben? Nein, die Wirklichkeit ist noch viel schrecklicher … man hat mir sehr oft Vorwürfe gemacht, dass ich den Krieg von der schlechten, abstoßenden Seite dargestellt hätte … als ob der Krieg zwei Seiten habe – eine angenehme, anziehende und eine andere unschöne, abstoßende – es gibt nur einen Krieg mit nur einem Ziel: der Feind muss möglichst viel dulden, möglichst viel Menschen an Gefallenen, Verwundeten und Gefangenen verlieren, einen Schlag nach dem anderen bekommen, bis er um Schonung bittet.«

Im Herbst 1881 veranstaltete das Wiener Künstlerhaus eine Ausstellung mit Wereschtschagins Werken. Da waren Bilder zu sehen von erfrorenen Soldaten, verstümmelten Leichnamen, kahlen Schlachtfeldern, über denen Rauch und Nebel hingen, und natürlich eines von Wereschtschagins berühmtesten Bildern, die *Apotheose des Krieges*: eine riesige, von Krähen umflatterte Pyramide aus bleichen Menschenschädeln in einer Wüstenlandschaft. »Allen großen Eroberern« hatte der Maler dieses Bild gewidmet.

Auf die Ausstellungsbesucher müssen die Gemälde mit ihrer ungeschönten Darstellung des Krieges einen verstörenden Eindruck gemacht haben. Weder in der Literatur noch in der bildenden Kunst wurde der Tod zwar verschwiegen oder verleugnet, er war aber stets mit einer Bedeutung gekoppelt: Wer auf dem Feld der Ehre fiel, so lernten es bereits die Kleinsten in der Volksschule, starb heldenhaft für Kaiser und Vaterland. Das Einrücken zum Militär sollte für jeden Knaben Höhepunkt seines Lebens werden. »Wenn ich erst groß geworden, so groß als wie ein Mann/dass ich die Flinte tragen und recht marschieren kann/dann sollt ihr einmal sehen, dann geh' ich wacker mit/marschier' mit den Soldaten in gleichem Schritt und Tritt«, hieß es etwa in einem österreichischen Lesebuch für Achtjährige, und es ließen sich noch Hunderte ähnlicher Stellen zitieren. In Österreich-Ungarn (und sämtlichen anderen Staaten Europas) hatte alles Militärische ein ausgesprochen positives Image. Wer daran kratzte, lief Gefahr, als »Vaterlandsverräter« oder »Weichling« beschimpft zu werden.

Auch ein damals 16-jähriger Buchhändlerlehrling namens Alfred Hermann Fried hatte bislang keinen Grund gesehen, den Krieg und das Soldatentum infrage zu stellen. Im Gegenteil: Am liebsten las er schwülstige Kriegslyrik, mit zwölf hatte er sich sein erstes Buch vom Mund abgespart, es strotzte nur so vor chauvinistisch-blutrünstigen Versen. Auch die heroischen Geschichten über die Befreiung Wiens von der Türkenbelagerung versetzten den jungen Fried in »patriotische Ekstase«, wie er sich später erinnerte. Mit seinen Freunden spielte er am liebsten Krieg.

Der Anblick der Wereschtschagin-Bilder aber sollte zu einem regelrechten Erweckungserlebnis führen. Eindrucksvoll schilderte Fried in seinen Lebenserinnerungen: »Dieser Ausstellungsbesuch gab meinem Leben die entscheidende Richtung. Hier lernte ich den Krieg hassen.

Noch heute, nach vier Jahrzehnten, fühle ich so ganz die Empörung, die in mir aufloderte, als ich diese Bilder sah. (…) Ich verließ an jenem denkwürdigen Tage das Wiener Künstlerhaus mit einer Gesinnung, für die es damals den Namen noch nicht gab. Ich war Pazifist geworden.«

Es sollten freilich noch einige Jahre vergehen, bevor er aus dem Pazifismus einen »Beruf« machte, denn noch war es nicht mehr als eine diffuse Empfindung, die ihn ergriffen hatte, noch fehlte Fried der theoretische Unterbau für seine neue Weltanschauung.

1891, er arbeitete zu jener Zeit als Verlagsbuchhändler in Berlin, stieß Fried zufällig auf eine Zeitungsnotiz, in der er über die Gründung der Österreichischen Friedensgesellschaft durch Bertha von Suttner las und über den in Kürze stattfindenden Internationalen Friedenskongress in Rom. Fried war sofort hellauf begeistert: »Es gab also in Wien eine Gesellschaft, die sich die Bekämpfung des Krieges zur Aufgabe stellte, es gab also noch Menschen, die wie ich den Krieg als Übel ansahen, es gab solche Menschen sogar in verschiedenen Ländern, so dass sie sich zu einem internationalen Kongress vereinigen konnten.« Sofort nahm er Kontakt mit Baronin Suttner auf und schlug ihr die Gründung einer gemeinsamen pazifistischen Zeitschrift vor. Es sollte der Beginn einer langen Zusammenarbeit und einer innigen Freundschaft werden. Gemeinsam gründete man die Monatsschrift *Die Waffen nieder!* (benannt nach Suttners weltberühmtem Antikriegsroman) und im Jahr 1892 die Deutsche Friedensgesellschaft.

Fried entwickelte sich binnen kurzer Zeit zu einem der führenden Theoretiker des internationalen Pazifismus und schrieb unermüdlich Artikel, Bücher und Broschüren. Energisch betonte er die Notwendigkeit einer Aussöhnung der »Erzfeinde« Frankreich und Deutschland, er warb für die Bildung der »Vereinigten Staaten von Europa«, ja eines weltumspannenden Staatenbundes, der durch ein neutrales Schiedsgericht für die friedliche Beilegung von zwischenstaatlichen Konflikten sorgen könnte. Notfalls dürfe dann diese »Weltorganisation« auch militärisch gegen Rechtsbrecher vorgehen, denn »… hier wird es sich nicht mehr darum handeln, einen Streit durch die Macht des Stärkeren zu lösen, durch die Gewalt ein Recht erst zu schaffen, sondern durch freie Vereinbarung bereits geschaffenes Recht durchzuführen.«

Der Publizist Alfred Hermann Fried, Bertha von Suttners engster Mitarbeiter und Friedensnobelpreisträger von 1911

1903 übersiedelte Fried von Berlin zurück nach Wien und wurde Bertha von Suttners engster Mitarbeiter. Die Zusammenarbeit bot beiden Vorteile. Die mondäne Aristokratin verschaffte Fried viele internationale Kontakte und tat alles, um aus ihm, dem Sohn eines arbeitslosen Hutmachers aus der Vorstadt, der nie eine höhere Schulbildung genossen hatte, einen weltgewandten Herrn zu machen. Fried wiederum war für seine Mentorin stets zur Stelle, wenn sie die Schwermut überkam und wenn die Anfeindungen und der Spott ihrer gemeinsamen Gegner ihr besonders hart zusetzten. Wenn ihre Energie zu erlahmen drohte und Rückschläge sich häuften, war es Fried, der die Suttner wieder anspornte, ja »anpeitschte wie ein altes Ross«, wie sie einmal schrieb.

1905 bekam Suttner den Nobelpreis zugesprochen, die lang erwartete Auszeichnung, deren Preisgeld sie dringend benötigte, um ihre Projekte fortführen zu können. Sechs Jahre später schlug dann auch Frieds große Stunde. Suttner vermerkte in ihrem Tagebuch: »Fried kommt – stürzt mir weinend an die Brust – ich glaube seine Frau sei tot – Nein, das Unglück meldet er so: … ich hab den Nobelpreis.«

Auch er hatte den plötzlichen Geldsegen bitter nötig, denn die Lage war inzwischen für die Friedensbewegung immer schwieriger geworden. Eine internationale Krise folgte der anderen, ganz Europa sprach bereits offen von einem neuen Krieg. Wer nicht in die patriotischen und martialischen Parolen einfiel, wurde rasch scheel angesehen. Fried stand als Jude, Freimaurer, Internationalist und Pazifist besonders exponiert da und war Angriffsziel sowohl österreichischer als auch deutscher Antisemiten und Nationalisten.

Bertha von Suttner blieb es bekanntlich erspart, den Ausbruch des Ersten Weltkrieges miterleben zu müssen, sie starb eine Woche vor den Schüssen von Sarajevo. Fried, dessen Bücher nun – zur Zeit der alles übertönenden patriotischen Kriegsbegeisterung – verboten wurden, sah sich bald als Persona non grata und stand unter polizeilicher Beobachtung. Mit seiner Frau floh er im Oktober 1914 in die Schweiz.

Als er im Jahr darauf kurz nach Wien zurückkehrte, wurde er auf der Kärntner Straße angepöbelt und als »Hochverräter« beschimpft. Er musste so tun, als hätte er nichts gehört, denn ein »Exzess … bei der jetzigen Stimmung wäre gefährlich gewesen«. Er musste gar fürchten, von irgendeinem nationalistischen Hitzkopf niedergeschossen zu werden; die Erinnerung an die Attentate auf den österreichischen Sozialdemokraten Franz Schuhmeier (1913) und auf den französischen Pazifisten Jean Jaurès (1914) war noch frisch.

1920 ließ Fried sich endgültig wieder in seiner Heimatstadt nieder, arbeitete unermüdlich als Vorsitzender der erneut gegründeten Österreichischen Friedensgesellschaft, schrieb Artikel und hielt Vorträge. Doch viel Zeit blieb ihm nicht mehr. Der schwer lungenkranke Kettenraucher starb am 4. Mai 1921 im Alter von 56 Jahren. So wie einst Bertha von Suttner ließ auch er sich verbrennen, sein Grab befindet sich im Urnenhain des Wiener Krematoriums.

In einem seiner letzten Vorträge hatte er übrigens von einem kommenden, noch schrecklicheren Krieg gesprochen, einem, der die ganze Menschheit betreffen werde. Doch danach, so zeigte er sich überzeugt, werde es endlich gelingen, durch internationale Zusammenarbeit einen dauerhaften Frieden in Europa und in der Welt zu erlangen.

43 Emil Holubs afrikanische Visionen

Zentralfriedhof

Der Arzt und Afrikaforscher Emil Holub. Auf seiner zweiten Reise an den Sambesi wurde er von seiner jungen Ehefrau Rosa begleitet.

Die Zeiten, da Holub als Berühmtheit gelten konnte, sind lange vorbei. Bereits in den letzten Jahren seines Lebens wurde es zunehmend still um den einst gefeierten Afrikaforscher, das öffentliche Interesse hatte sich gelegt und somit wurden auch die Honorare, die er durch seine nunmehr selteneren Vorträge verdiente, immer geringer. Kurz vor seinem Tod kam das Gerücht auf, er sei bereits gestorben. Auf ein voreiliges Kondolenzschreiben an seine vermeintliche Witwe antwortete der Schwerkranke: »Für den guten und herzlichen Nachruf und das liebevolle Angedenken, das Sie mir auch nach meinem Tode bewahren, sage ich meinen besten Dank. Tot bin ich wohl noch nicht, aber nun schon den sechsten Monat bettlägerig und so elend, dass ich nicht einmal selbst Ihnen schreiben kann.« Im Februar 1902 starb er in bitterer Armut.

Ein letztes Mal berichteten die Zeitungen pietätvoll von seinen Leistungen, die Stadt Wien spendierte ein Ehrengrab, Tausende Menschen begleiteten den Trauerzug. Dann wurde es still um ihn und ist es bis heute geblieben.

Sein »Scherflein zu dem großen Werke der Erschließung und Durchforschung Afrikas beitragen zu können«, war sein, wie er sagte, »seit früher Jugend gehegter und stets genährter Wunsch«. Als Sohn eines Landarztes in der böhmischen Provinz geboren, machte er sich nach seinem abgeschlossenen Medizinstudium 1872 mit geliehenem Geld auf den Weg nach Kapstadt. Er war 25 Jahre alt und voller Tatendrang. In Kimberley, wo erst vor Kurzem riesige Diamantvorkommen entdeckt worden waren, die Tausende Abenteurer und Glücksritter aus aller Welt anzogen, arbeitete er zunächst als Arzt, um dann Expeditionen durch das damalige Betschuanaland zum Sambesi zu unternehmen, dessen Quellgebiet er erkunden wollte.

Es war die Zeit der berühmten Afrikareisenden, die Zeit der »heroischen« Entdecker, deren Bücher man fasziniert in den Salons Europas las und deren Forschungsergebnisse von den Kolonialmächten gierig ausgewertet wurden, um den Kontinent möglichst effizient unterwerfen und ausbeuten zu können. Es war die Zeit Henry Stanleys, Samuel Bakers, Richard F. Burtons, John Hanning Spekes und natürlich David Livingstones, des schottischen Arztes und Missionars, den Holub stets als großes Vorbild sah. Dieser wollte in naiv-romantischem Patriotismus auch seine Heimat Österreich-Ungarn an der vermeintlich ehrenvollen Aufgabe teilhaben lassen, afrikanische Länder zu »entdecken« und zu »zivilisieren«.

Mit großem Eifer sammelte er während seiner abenteuerlichen Reisen Tiere, Pflanzen und Mineralien, stellte geologische, meteorologische und hydrographische Untersuchungen an, zeichnete Landkarten und verfasste völkerkundliche Studien – all das wohlgemerkt als Laie, denn die nötigen Kenntnisse musste er sich erst mühsam aneignen. Holub wollte sich in die Riege der namhaften Forscher vorarbeiten.

Als er 1879 nach Europa zurückkehrte, wurde Holub tatsächlich ein berühmter Mann. Tausende strömten in die Ausstellungen in Prag und Wien, wo seine exotischen afrikanischen Objekte zu bestaunen waren, sein Buch *Sieben Jahre in Südafrika* verkaufte sich hervorragend, er hielt Vorträge, wurde zur Hoftafel des Kronprinzen Rudolf geladen und zum Ehrenmitglied der Österreichischen Geographischen Gesellschaft ernannt.

1883 heiratete er Rosa, die damals 18-jährige Tochter des Gebäudeinspektors der Rotunde im Prater (wo Holub eine seiner Afrika-Ausstellungen veranstaltete und eine Dienstwohnung erhielt). Sie begleitete ihren Ehemann gemeinsam mit einer Truppe sorgsam ausgewählter Männer auf eine zweite Expedition an den Sambesi. Diese endete allerdings in einer Katastrophe. Im Lande der Ila (im heutigen Sambia) wurde die Gruppe von Einheimischen überfallen, das Lager verwüstet, einer der Begleiter durch einen Speerwurf tödlich verwundet. Erst nach strapazenreicher Flucht konnte man sich in Sicherheit bringen und den Heimweg nach Europa antreten.

Am Bahnhof in Wien empfing man ihn jubelnd, es hatte sich »... bis auf die Straße hinaus eine nach Tausenden zählende Menschenmenge angesammelt. Ein betäubendes Hoch- und Hurrah-Rufen wurde laut, als die Menge Holubs ansichtig wurde.« Abermals wurde er mit Orden, Auszeichnungen und wohlmeinenden Worten überhäuft, er hielt Vorträge im In- und Ausland (darunter auch in New York und Washington), veranstaltete Ausstellungen, aber immer deutlicher zeigte sich, dass sich die offiziellen Stellen Österreichs ihm gegenüber in einer gewissen Zurückhaltung übten.

Denn Holub war in den vergangenen Jahren in eine regelrechte koloniale Schwärmerei verfallen. Er war fest davon überzeugt, dass Afrika der »Kontinent der Zukunft« sei und sich seine Heimat Österreich-Ungarn dort in verstärktem Maße engagieren sollte. So wurde er nicht müde, auf den großen Nutzen einer Kolonie auf afrikanischem Boden für die heimische Wirtschaft hinzuweisen: Man gewänne neue Absatzmärkte, wodurch der Handel gefördert würde, und könnte gleichzeitig all den Auswanderungswilligen, die bislang in Amerika ihr Glück versuchten, eine Alternative bieten. Für Tausende könne man in Afrika eine neue Heimat schaffen: »Mich dauerten jene Menschen, die aus Österreich auswanderten, um in Brasilien etc. ein Eldorado zu suchen. Dann, wenn ich von großen Unglücksfällen, Überschwemmungen, Hungersnot las, da dachte ich mir, ob es nicht in Afrika Ländereien gäbe, wo sich unsere arbeitsame Armut niederlassen könnte.«

»Ein wenig Kolonialpolitik zu treiben«, schrieb er, sei daher »sehr ersprießlich«. Nördlich des Sambesi, im damaligen Barotse-Reich (heute ein Teil Sambias), wohne »ein sehr friedliches Völkchen, welches über ein bedeutendes Territorium verfügt«. Dort könnte man »... nicht nur vielen strebsamen Österreichern eine angenehme und sorgenfreie Existenz verschaffen ..., sondern wir gewännen auch eine Kolonie, also ein Absatzgebiet, welches nicht zu unterschätzen wäre«.

Holubs Forschungen zur Bodenbeschaffenheit, zu Feldfrüchten, Klimaverhältnissen und vor allem zu den dort lebenden Indigenen mit ihren religiösen Vorstellungen, Sprachen und Riten sollten seinen Landsleuten wichtige Informationen liefern. Er wollte damit auch am (seiner Meinung nach) hehren Werk der »Zivilisierung« der Afrikaner mitwirken, sah er in diesen doch bloß unmündige Kinder, die von den weißen Lehrern erst erzogen werden müssten. Heute sorgt sein grenzenloser Paternalismus zu Recht für ärgerliches Kopfschütteln, damals war er Ausdruck des ehrlichen, aber wenig reflektierten Wunsches, »die in den Banden des rohen Urzustandes schmachtenden Eingebornen« in die »Zeit menschenwürdiger Entwicklung« zu führen.

Mit seinen Kolonialphantasien konnte sich Emil Holub nicht durchsetzen. Während der 1880er-Jahre hatte der Wettlauf der europäischen Mächte um Afrika begonnen, neben den Briten, Franzosen und Portugiesen kamen auch noch das Deutsche Kaiserreich und Belgien hinzu. An den Verhandlungstischen in Berlin und London feilschte man beinhart um Territorien, man zog willkürliche Grenzen durch den Kontinent und versuchte, sich möglichst viel von afrikanischem Gold, Diamanten, Kautschuk, Kupfer und Elfenbein zu sichern.

Österreich-Ungarn hingegen hatte zu jener Zeit ganz andere Sorgen. Im Inneren zerstritten, durch Nationalitätenkämpfe zerrüttet und am »Pulverfass« Balkan in gefährliche Konflikte verstrickt, konnte niemand ernsthaft annehmen, dass es sich auch noch eine afrikanische Kolonie aufbürden würde. Emil Holub war in dieser Hinsicht also reichlich naiv.

Das Interesse an ihm und seinen Plänen nahm stetig ab. Sein großer Traum – ein eigenes Afrikamuseum in Prag – wurde nie verwirklicht. Enttäuscht darüber verschenkte er die Zehntausenden Objekte seiner Sammlungen schließlich an Schulen und Museen im gesamten Kaiserreich.

Die Krankheiten, die er sich während seiner strapazenreichen Expeditionen geholt hatte, kosteten ihn schließlich das Leben, er wurde nur 55 Jahre alt. Über die ärmlichen Verhältnisse, in denen er zuletzt gelebt hatte, waren offizielle Stellen durchaus informiert, doch erst wenige Wochen vor seinem Tod wurde ihm eine bescheidene Rente bewilligt. Die *Arbeiter-Zeitung* schrieb verärgert: »Erst als es schon zu spät war, erinnerte man sich seiner (...) Er war keine Krämerseele gewesen, also ließ man ihn im Elend. Wahrlich, unerforschlicher als das dunkelste Afrika ist die Einsicht der österreichischen Bürokratie!«

An Emil Holubs Grab am Wiener Zentralfriedhof (Gruppe 14A/11) sitzt die allegorische Figur der Erdkunde. Sie wendet trauernd ihren Blick ab und stützt sich auf eine große, steinerne Kugel. Wenn man genau hinsieht, erkennt man darin den Globus und die eingravierten Umrisse Afrikas, des vermeintlichen »Kontinents der Zukunft« eines letztlich gescheiterten Mannes.

44

Zwei Erzherzöge und die Geister

Dr.-Karl-Lueger-Platz 2

Mit der Leichtgläubigkeit der Menschen hat man bekanntlich schon immer viel Geld verdienen können. Wer sich einigermaßen geschickt anstellte, konnte sich etwa in der zweiten Hälfte des 19. Jahrhunderts als spiritistisches »Medium« Zugang zu den höchsten Kreisen Europas und Amerikas verschaffen. Der Okkultismus war groß in Mode und schlug Millionen Menschen in seinen Bann. In bürgerlichen Salons und Adelspalais traf man einander zu unheimlichen Séancen und Geisterbeschwörungen.

Kronprinz Rudolf schrieb 1882 an seinen Vertrauten Moritz Szeps: »Die Leute hören nicht gerne die Wahrheit; entweder sind sie aus Dummheit oder aus Mangel an anderen besseren Kenntnissen oder weil es jetzt elegant ist … Spiritisten geworden; ein großer Teil der Wiener und auch der hiesigen Aristokratie interessiert sich sehr für diese Dinge.«

Rudolf wusste, wovon er sprach. Hart hatte er einst daran arbeiten müssen, sich selbst vom peinigenden Geisterglauben zu befreien. Als sensibler, kränklicher und – durch die frühe militärische Erziehung – traumatisierter Knabe litt er sehr unter der Furcht vor Gespenstern. Sein Geschichtslehrer Zhisman notierte in sein Tagebuch, der 13-jährige Kronprinz sei bereits beim Wort *umbrae* (lat. Schatten oder Geister) zusammengezuckt. Darüber hinaus war Rudolfs eigene Mutter, Kaiserin Elisabeth, überzeugte Spiritistin, die, wie sie meinte, mit den Geistern Heinrich Heines und Ludwigs II. von Bayern in Kontakt stand.

Doch die modernen Naturwissenschaften und die Kraft des Intellekts halfen Rudolf letztlich, seine irrationale Furcht zu überwinden. Nun war er, wie er es ausdrückte, bereit, »in die Arena zu treten«, um gegen die »dunklen Apostel einer noch dunkleren Lehre« vorzugehen. Gemeinsam mit dem skandalumwitterten Maler Hans Canon besuchte er spiritistische Sitzungen, um diese dann in (natürlich anonymen) Artikeln anzuprangern und zu verhöhnen.

Unter seinen Verwandten fand er in Erzherzog Johann Salvator (dem später aus der Familie Habsburg ausgetretenen Johann Orth) einen gleich gesinnten Mitkämpfer. Gemeinsam fasste man den Plan, eines der damals berühmtesten Medien, den Amerikaner Harry Bastian, als Hochstapler und Betrüger zu entlarven.

Bastian galt als ein »zweiter Cagliostro«. Er konnte im Zuge von sogenannten »Materialisierungssitzungen« Kontakt zur »vierten Dimension« herstellen, zur Welt der Seelen von Verstorbenen – das behauptete er zumindest, und seine ebenso zahlungswillige wie zahlungskräftige Kundschaft glaubte es nur allzu gerne.

In Wien hatte Bastian vor allem in Baron Lazar von Hellenbach einen glühenden Anhänger und Bewunderer. Dieser, ein reicher Privatgelehrter und zu jener Zeit der bekannteste Fürsprecher des Spiritismus in Österreich, lud immer wieder berühmte internationale Medien zu Séancen nach Wien ein. Auch Hellenbach sollte in der Öffentlichkeit bloßgestellt werden, so der Plan der beiden Erzherzöge.

Um Bastian als Scharlatan entlarven zu können, brauchten Rudolf und Johann Salvator jedoch fachkundige Hilfe – nämlich einen Zauberer! Schließlich wusste niemand besser Bescheid über die ausgeklügelten Tricks, derer sich die spiritistischen Medien bedienten, als Zauberkünstler, und damals gab es in Österreich keinen berühmteren als George Homes.

Mit bürgerlichem Namen hieß er Emil Gottlieb, war in Brünn geboren und hatte gemeinsam mit seiner Ehefrau und Bühnenpartnerin Maria Homes-Fey seit den frühen 1870er-Jahren internationalen Erfolg. Ob in New York oder Berlin, St. Petersburg, Athen oder Konstantinopel, überall füllte das Paar als »Homes und Fey« die großen Säle. In ihren aufwendigen Shows schwebten Möbel wie von Geisterhand getragen durch die Luft, der Geist Maria Stuarts erschien und Madame Fey setzte das Publikum mit ihren Fähigkeiten im Gedankenlesen in helles Erstaunen.

Homes und Fey waren Illusionskünstler, die sich klar von den selbst ernannten Medien abgrenzten und keinen Zweifel daran ließen, dass all der Hokuspokus auf der Bühne reines Blendwerk sei, nichts als Unterhaltung – allerdings äußerst raffiniert dargeboten und stets auf dem neuesten technischen Stand. Sie arbeiteten mit versteckten Telefonkabeln, Sprechcodes, Entfesselungen, Verkleidungen und vielem mehr und kamen auf diese Weise gänzlich ohne »vierte Dimension« aus, um Geister erscheinen zu lassen.

Was der weltberühmte Harry Houdini später in den USA machte, machten Homes und Fey in Europa: Sie stellten sich gegen jene, die ihre technischen Tricks als übersinnliche Kräfte verkauften. Die Leipziger *Illustrierte Zeitung* schrieb einmal anerkennend: »Mit Dank muss es aber begrüßt werden, daß Herr G. Homes und seine Gattin Frau Homes-Fey an der großen Mission aller Vernünftigen theilnehmen, das Volk vor den Irrlehren der Spiritisten zu bewahren.« Und in der Ankündigung eines Auftritts in Berlin heißt es: »Eine fantastische spiritistische Vorstellung werden die berühmten Künstler Homes und Fey … geben, die Produktionen haben den Zweck, dem Geister- und Medium-Glauben der Spiritisten den Boden zu entziehen, und sie verweisen das nach zahlreichen und vorliegenden Berichten von Blättern ersten Ranges in brillanter Weise.«

Einer der vielen technischen Tricks, derer sich sowohl Illusionskünstler als auch »Medien« gerne bedienten

Kurz: Homes und Fey schienen die geeigneten Ratgeber für Kronprinz Rudolf und Erzherzog Johann Salvator zu sein. Letzterer wandte sich Anfang 1884 unter falschem Namen an das Künstlerpaar, das gerade in Ungarn auftrat, und engagierte es für einige Privatvorstellungen in Wien. Diese fanden in der Seilerstätte statt, in der Wohnung der Tänzerin Milli Stubel (jener Frau, die Johann Salvator wenige Jahre später heiratete und damit den Bruch mit seiner Familie perfekt machte). Hier erst gaben sich die beiden Erzherzöge zu erkennen und brachten Homes und Fey gegen Zahlung einer hohen Summe dazu, ihnen die raffinierten Geister-Kunststücke zu erläutern.

Solcherart vorbereitet, nahm man Kontakt mit Baron Hellenbach auf, den man bat, Harry Bastian für einige Séancen nach Wien einzuladen. In der Wollzeile 40 (heute Dr.-Karl-Lueger-Platz 2), in der Privatwohnung Johann Salvators, wurden diese schließlich im Februar 1884 abgehalten. An den ersten zwei Abenden beschränkten sich die beiden Habsburger auf das Beobachten und verhielten sich still, um Bastian nicht misstrauisch zu machen. Am dritten Abend aber, dem 11. Februar, sollte ihre Falle zuschnappen – und zwar im wahrsten Sinne des Wortes.

An der Séance nahmen neben Rudolf, Johann Salvator und Baron Hellenbach auch der Fürst Batthyány, Baron Schleußnigg und Oberstleutnant Mentzhenger teil. Die Herren hatten in einem abgedunkelten Zimmer zu sitzen und einander an den Händen zu halten, während sich Harry Bastian im Nebenraum in Trance versetzen wollte, um in Kontakt mit den Verstorbenen zu treten. Tatsächlich schien über den Köpfen der Männer plötzlich eine Gitarre zu schweben, die wie von Geisterhand gespielt wurde, dann rasselte ein Tamburin und eiskalte Hände berührten flüchtig die Sitzenden.

Dann folgte der Höhepunkt des Abends: die Materialisierung der Geister. Während Baron Hellenbach am Klavier für stimmungsvolle Begleitmusik sorgte, erschienen nacheinander vor dem schwarzen Vorhang, der das Zimmer von Bastians Kabinett trennte, im schwachen Kerzenschein mehrere diffuse weiße Gestalten – offenbar die Geister, die das Medium mittels okkulter Kräfte herbeigerufen hatte.

Plötzlich erhob sich Kronprinz Rudolf, und Johann Salvator zog ruckartig an einer verborgenen Schnur hinter seinem Stuhl. Diese führte zu einem eigens eingebauten Schnappmechanismus, der dafür sorgte, dass die Verbindungstür zum Kabinett mit lautem Krachen zufiel. Der Geist war nun zwischen Vorhang und Tür gefangen und entpuppte sich wenig überraschend als Harry Bastian, dessen Füße in dicken Socken steckten, die seine Schritte dämpften. Schnell zog er sich den weißen Schleier vom Gesicht, mit dem er sich verkleidet hatte, und stopfte ihn sich in die Fracktasche.

Vor Angst zitternd wurde er von Rudolf und Johann Salvator den verblüfften Gästen präsentiert. In Windeseile packte Bastian seine Sachen zusammen und verschwand – froh, nicht der Polizei ausgeliefert zu werden – noch am selben Abend aus Wien.

Unter den Herren verbreitete sich allgemeine Heiterkeit. Rudolf schrieb am nächsten Tag: »Ein geistvoller und wohlkombinierter Coup war vollständig gelungen, dem modernsten Aberglauben, dem Spiritismus, eine tiefe Wunde geschlagen.«

Die Zeitungen im In- und Ausland berichteten ausführlich über die spektakuläre Entlarvung des amerikanischen Hochstaplers. Die *Neue Freie Presse* schrieb: »Es herrscht … in spiritistischen Kreisen große Niedergeschlagenheit über dieses Fiasco eines ihrer gefeiertsten Matadore, dessen große Geschicklichkeit bisher so vielen Demaskierungs-Versuchen getrotzt hatte.« Und in der *Wiener Allgemeinen Zeitung* las man: »Dass abermals ein Medium als grober Betrüger entlarvt wurde … wird zahllose Menschen diesem abgeschmackten Aberglauben entfremden. Der Spiritismus selbst ist jedoch damit noch lange nicht erschüttert.«

Letzteres stimmte zweifellos, konnte doch nicht einmal Baron Hellenbach sich dazu durchringen, Abstand vom Geisterglauben zu nehmen. In einem Interview mit dem *New York Herald* verteidigte er Bastian vielmehr: Dieser sei ohne jeden Zweifel ein echtes Medium, habe aber offensichtlich seine Kraft eingebüßt, weshalb er nun gezwungen sei, zu schwindeln. Hellenbach beharrte darauf: »Ich berufe mich auf Tatsachen! Diese Tatsachen sind unleugbar! Ich habe sie selbst beobachtet! … Der Schwindel eines Einzelnen kann an diesen Tatsachen nichts ändern!«

Homes und Fey führten ihre Shows übrigens noch jahrelang erfolgreich fort. 1890 eröffneten sie den »Salon moderner Wunder« (Schubertring 7, später in der »Casa piccola«, Mariahilferstraße 1), eine Mischung aus Zaubervarieté und Museum. 1901 übersiedelten sie damit auf den Kohlmarkt 10, wo sie im folgenden Jahr eines der ersten Kinos Wiens gründeten.

Der Erste Weltkrieg bedeutete für den mittlerweile verwitweten Homes allerdings den Anfang vom Ende. Er musste sein Kino auflassen und zog ab 1918 mit einem tragbaren Projektor durch die Landgasthäuser in der Umgebung Wiens. Seine finanzielle Lage und seine Gesundheit verschlechterten sich zusehends, mit seiner zweiten Ehefrau lebte er zum Schluss in bitterer Armut.

Zeit seines Lebens hatte der einst international gefeierte Illusionist sich gegen jene gestellt, die den Menschen mit esoterischen und okkulten Pseudowissenschaften das Geld aus der Tasche zogen. Es ist daher eine bittere Ironie des Schicksals, dass ausgerechnet er als alter, bettelarmer und fast erblindeter Mann darauf angewiesen war, sich seinen Lebensunterhalt durch Kartenlegen und Handlesen zu verdienen. 1934 starb Emil Gottlieb alias George Homes im Alter von 83 Jahren.

45 Schani Breitwieser, der »König von Meidling«

Wiener Kriminalmuseum, Große Sperlgasse 24

Im Zuge der zweiten großen Stadterweiterung wurden am 1. Jänner 1892 die heutigen Bezirke XI bis XIX eingemeindet, der Linienwall, der Wien bislang von den Vororten getrennt hatte, wurde bald darauf abgetragen. Wiens Fläche wuchs dadurch mit einem Schlag auf mehr als das Dreifache an, und die Bevölkerungszahl stieg von 820 000 auf über 1,3 Millionen. Kaiser Franz Joseph verkündete: »Seit mehreren Jahren schon verfolge Ich mit Aufmerksamkeit und wahrer Freude die mächtige Entwicklung und den Aufschwung dieser Vororte … Ich wünsche herzlichst, dass mit dem Blühen und Gedeihen dieses jungen Gartens auch der erfreuliche Aufschwung der Vororte … stets zunehme und dass der Anblick Wiens und der Vororte … den echten Bürgersinn, den wahren Patriotismus und die Liebe zur Heimat unter dem Schutze des Allmächtigen stets neu beleben möge.«

Johann Breitwieser war zu jener Zeit nicht einmal ein Jahr alt. Obwohl sein Heimatbezirk Meidling nun zu Wien gehörte, war die glanzvolle Kaiserstadt des Fin de Siècle so weit entfernt wie eh und je. In der Breitenfurter Straße, wo er auf die Welt kam, hörte man nur wenig von den Walzern und Operetten, von den Kaffeehausliteraten, den Malern und Architekten und den Stars des Burgtheaters, die heute noch das Bild jener Zeit prägen. Auch vom »erfreulichen Aufschwung«, von dem der Kaiser sprach, war in seiner Familie nichts zu bemerken.

Als eines von 16 Kindern wurde Johann (»Schani«) geboren, der Vater war Schustergehilfe, die Mutter Wäscherin. Da im einzigen Bett der kleinen Wohnung bereits vier seiner Geschwister bei den Eltern schliefen und ein paar Strohsäcke, der Waschtrog und der Wäschekorb den anderen reichen mussten, blieb für ihn bloß ein alter, lumpengefüllter Koffer als Schlafstatt. Die Familie ernährte sich hauptsächlich von den Erdäpfeln, die der Vater am Rande des Meidlinger Friedhofs anbaute.

Es war das Milieu des »Lumpenproletariats«, in dem Schani Breitwieser groß wurde, es war die, wie Karl Marx es nannte, »hin- und her-

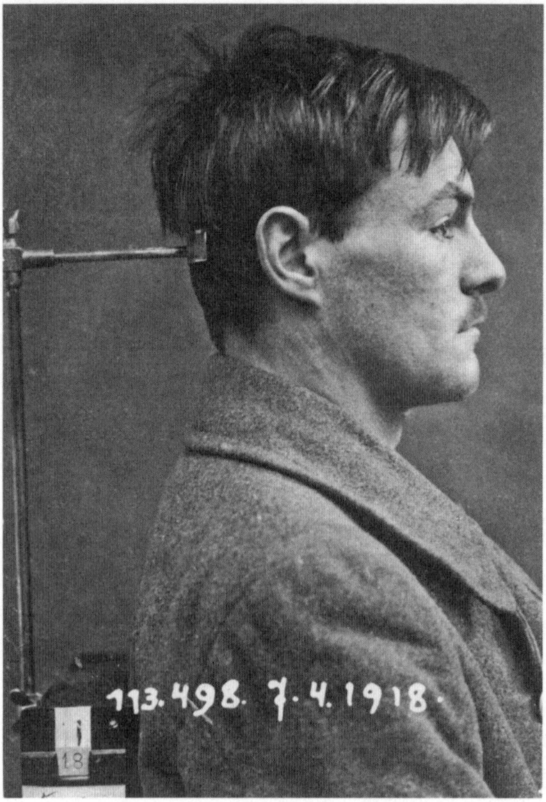

Polizeifoto des Einbrecherkönigs Schani Breitwieser, ein Jahr vor seiner Erschießung

geworfene Masse«, der »Bodensatz« der Gesellschaft – den Sozialisten und den Bürgerlichen gleichermaßen suspekt. Um hier zu überleben, musste man hart kämpfen.

Die Wohnungen wurden immer teurer, die Hauseigentümer waren Autoritäten, die man kaum infrage zu stellen wagte und die völlig willkürlich agieren konnten. Zwischen 1880 und 1910 stiegen die Mieten in den Vororten um unglaubliche 2650 Prozent! Wer sich keine Wohnung mehr leisten konnte, wurde Untermieter, und wer kein eigenes Zimmer zahlen konnte, musste sich als »Bettgeher« stundenweise eine Schlafstatt mieten. Auch die Familie Breitwieser musste binnen weniger Jahre vier Mal umziehen. Ihre Unterkünfte wurden immer armseliger.

Schani wuchs als verwahrlostes Straßenkind auf, sein Spielplatz war der Meidlinger Friedhof. Tage- und nächtelang trieb er sich auch im berüchtigten Gatterhölzl herum, und wenn das nahe gelegene Schloss Schönbrunn unbewohnt war, verschaffte er sich Zutritt, um unbemerkt in den prunkvollen Zimmern zu übernachten. Gerne auch ließ er sich abends im kaiserlichen Tiergarten einsperren. Als ein Richter ihn später einmal nach seiner Schulbildung fragte, antwortete er: »A Aff' war mein Lehrer und a Bär mein Professor.«

Als 13-Jähriger verliebte er sich und wollte sich für den Spaziergang mit seiner Freundin fesch machen, deshalb stahl er einen Anzug. Mit 15 fasste er eine einmonatige Kerkerstrafe aus, nachdem er bei einem Einbruch mehrere Paar Schuhe hatte stehlen wollen. Seine Steinmetzlehre brach er ab, schlug sich mit Gelegenheitsarbeiten durch und wurde schließlich professioneller Einbrecher, der sich zunächst auf großbürgerliche Villen und Ringstraßenpalais spezialisierte. Es folgten Gefängnisaufenthalte, Flucht und weitere Einbrüche.

In Meidling war der intelligente, charismatische und jähzornige junge Mann bald eine Berühmtheit. Er galt als einer, der sich nicht von Autoritäten einschüchtern ließ, als einer, der sich traute, »denen da oben« die Stirn zu bieten. Vielerorts begegnete man ihm mit Respekt, ja Sympathie, zumal er sich als großzügig und spendabel erwies.

Von den offiziellen Autoritäten hingegen fühlten sich die Bewohner der Elendsquartiere Wiens im Stich gelassen, von den Hauseigentümern ausgebeutet, von der Polizei drangsaliert. Politische Mitsprache war dieser sozialen Schicht verwehrt, denn das Wahlrecht besaßen nur die besitzenden Bürger (also nicht einmal zehn Prozent der Wiener Bevölkerung).

Weder im Reichsrat noch im Rathaus schien sich jemand für ihre Bedürfnisse zu interessieren: Im Februar 1908 forderten Tausende Arbeitslose vor dem Parlament Maßnahmen gegen die grassierende Teuerung sowie die Einführung von dringend nötigen Sozialgesetzen – vergeblich. Im Jahr darauf wiesen die Straßenarbeiter auf ihre desperate Lage hin und baten, »… es möglich zu machen, dass sie von Fremden auf der Straße nicht für Vagabunden angesehen werden …« Sie wollten »wenigstens wie die Sträflinge im Landesgericht einmal wöchentlich einen Bissen Fleisch haben«. Bürgermeister Lueger sagte daraufhin im

Gemeinderat, er lasse sich »nicht erpressen« und werde »etwaige Demonstrationen auf das unbarmherzigste bestrafen«.

1910 demonstrierten 200 000 Menschen gegen Mietwucher und Hungersnot auf der Ringstraße, ebenfalls ohne Erfolg, die Lebenshaltungs- und Nahrungsmittelpreise stiegen weiter an. 1911 folgte schließlich der dramatische Höhepunkt: Bei Protesten gegen die neuerliche Erhöhung der Brotpreise kam es zu Krawallen in den Außenbezirken. Die Polizei erhielt Schießbefehl, fünf Menschen starben, rund zweihundert wurden verwundet.

Diese verzweifelte Not, diese Ohnmacht gegenüber den Mächtigen kann erklären, weshalb aus dem Gewohnheitsverbrecher Breitwieser ein Volksheld wurde. Er und andere »Strizzis« und »Vorstadtdesperados« – so schreibt Wolfgang Maderthaner treffend – waren zwar für Bürger und Polizei »... Feinde der Zivilisation; für große Teile der verarmten Vorstadtbevölkerung aber ... eine Projektionsfolie für ihre Hoffnungen und Sehnsüchte«.

So wie die berühmten Räuberhauptleute des frühen 19. Jahrhunderts, wie der Schinderhannes, der Prager Hansl oder Johann Georg Grasel, wurde auch Breitwieser zum Mythos verklärt, da er sich nahm, was der großen Masse verwehrt blieb.

Als die Not während des Ersten Weltkrieges abermals zunahm, wurde er endgültig als »Sozialrevoluzzer« gefeiert. Ab 1916 – er war eben erst wieder aus dem Gefängnis entlassen worden – brach Breitwieser nämlich nicht mehr in Privathäuser ein, sondern in die Büros von Konzernen, Fabriken, ja selbst in jene des Kriegsministeriums! Er entwickelte eine eigene, höchst erfolgreiche Methode, um Tresore und Geldkassen aufzubrechen, und bediente sich dabei mit großem Geschick der neuesten Technik. Wie man später herausfand, hatte er sich ein eigenes Versuchslabor eingerichtet, mit Schweißapparat und Sauerstoffflaschen, mit Fachliteratur und selbst gebastelten elektrischen Bohrern sowie mehreren Tresoren, an denen er seine Fertigkeiten übte. Diese Einbruchsinstrumente sind heute im Wiener Kriminalmuseum zu sehen.

Seinen letzten spektakulären Coup landete er im Jänner 1919 in der Hirtenberger Munitionsfabrik südlich von Wien. Er machte dabei eine Beute von einer halben Million Goldkronen.

Doch die Polizei kam ihm auf die Spur: Am 1. April umstellte sie die Villa in St. Andrä-Wördern, die er mit seiner Geliebten unter falschem Namen gemietet hatte. Als Breitwieser das Haus mit dem Fahrrad verlassen wollte, wurde das Feuer auf ihn eröffnet. Schwer verletzt suchte er in einem Schuppen Zuflucht und ergab sich schließlich mit den Worten: »Net schießen, i tu eh nix mehr!« Wenige Stunden später starb der 27-Jährige im Wiener Inquisitenspital.

Das Begräbnis am Meidlinger Friedhof drei Tage später zeigte, wie groß der Rückhalt und die Sympathien waren, auf die Schani Breitwieser, der »König von Meidling«, während der letzten Jahre seines Lebens hatte bauen können: Zwischen 20 000 und 40 000 Menschen sollen dem Trauerzug gefolgt sein!

Ein Quartett der Hofoper sang am Grab, und der Pfarrer hielt eine dermaßen flammende, wohlwollende Rede auf den Verstorbenen, dass er daraufhin in den Innendienst strafversetzt wurde.

Breitwiesers Kollegen aus der Unterwelt hatten übrigens eine ganz eigene Art, ihren Respekt vor dem zu Grabe Getragenen auszudrücken: Es heißt, dass sämtliche Einbrecher Wiens aus Pietät für eine Woche ihr Handwerk ruhen ließen.

46

Karl Wilhelm Diefenbach, der »Kohlrabi-Apostel«

Himmelhof, Ober St. Veit

Auf die Bewohner des damals noch sehr ländlichen Ober St. Veit muss die Gesellschaft, die sich Ende 1897 auf dem Gelände des »Himmelhofs«, einer einst beliebten Ausflugswirtschaft, niederließ, einen merkwürdigen Eindruck gemacht haben. Die rund 20 Personen trugen schlichte Kutten und gingen meist barfuß, die Männer hatten langes Haar und lange Bärte, und gerne lief die kleine Schar auch splitternackt herum.

An der Spitze dieser aufsehenerregenden Gemeinschaft stand ein Mann, der seit 15 Jahren als »Guru« unterwegs war, als selbst ernannter Prophet, der sich auserwählt fühlte, zur spirituellen Erleuchtung seiner Mitmenschen beizutragen: Karl Wilhelm Diefenbach.

Der hessische Maler hatte sich bereits früh von den Dogmen der Kirche abgewendet und ein eigenes theosophisches Weltbild entwickelt, das in allen Bereichen dem herrschenden Katholizismus, dem Kapitalismus und dem Militarismus entgegenstand. Diefenbach propagierte nach einem »Erweckungserlebnis«, das er 1882 am bayrischen Hohenpeißenberg gehabt hatte, die freie Liebe und den Verzicht auf Eigentum, sprach sich für Gewaltverzicht aus und trat für eine streng vegetarische Ernährung ein, die für ihn die wahre »Grundlage der Bibel« war, wie er sagte. In zahlreichen Vorträgen prangerte er die Schulmedizin an, den Impfzwang und jeglichen Fleisch- und Alkoholkonsum. Von den Zeitungen bekam Diefenbach sehr bald einen schmissigen Spottnamen verpasst, als »Kohlrabi-Apostel« wurde er verhöhnt oder als »Wurzensepp«.

Mit seiner Familie zog er in einen aufgelassenen Steinbruch in der Nähe von München, wo er Gleichgesinnte um sich scharte und eine Kommune gründete, in der er als einzige und absolute Autorität fungierte. Sein engster Vertrauter und »Jünger« war der blutjunge Maler Hugo Höppener (besser bekannt als Fidus), mit dem er wegen »groben Unfugs« zu mehreren Wochen Haft verurteilt wurde, nachdem die beiden nackt in Anwesenheit von Kindern an ihren Gemälden gearbeitet hatten. Überhaupt bekam Diefenbach immer wieder Schwierigkeiten mit seiner bürgerlichen Umgebung, mancher Arzt war der Ansicht, er sei geisteskrank, die Behörden versuchten, ihm seinen Sohn (namens Helios) zu entziehen, und der Presse galt er, wenn schon nicht verrückt, dann zumindest als Scharlatan.

Doch in der Kunstszene hatte er durchaus Anhänger, die sich für seine düsteren, symbolistisch-mystischen Bilder begeistern konnten. 1889 fand in München seine erste Einzelausstellung statt, zwei Jahre später kam er auf Einladung des »Österreichischen Kunstvereins« erstmals nach Wien, wo seine Gemälde auf der Tuchlauben 8 gezeigt wurden. Der Erfolg war so groß, dass Diefenbach längere Zeit im Lande blieb, zuerst in Baden und ab 1894 in Hütteldorf, wo er mit seiner pittoresken Entourage eine leer stehende Villa bezog.

So wie bereits in München, schlug er auch in Wien meist junge Maler in seinen Bann, die dem charismatischen »Messias« in tiefer Ehrfurcht und mit Hingabe folgten. Unter ihnen war etwa der später berühmte František Kupka aus Prag, der zuvor als Medium einer okkultistischen Sekte in Böhmen fungiert hatte und nun an der Wiener Akademie studierte. Auch der damals 17-jährige Arthur Roessler stieß zum Diefenbach-Kreis, jener bald einflussreiche Kunsthistoriker und Kunstkritiker, dessen berühmtes Porträt aus der Hand Egon Schieles heute im Oberen Belvedere hängt.

Diefenbach diktierte ihm sein Buch *Mein Verhältnis zum österreichischen Kunstverein* und im Zuge dieser engen Zusammenarbeit musste Roessler bedauernd feststellen, dass der verehrte Meister keineswegs so heilig, erhaben und weise war, wie er immer tat. Er forderte vielmehr absoluten Gehorsam, duldete keinen Widerspruch und nahm sich selbst Freiheiten heraus, die seinen Kommunarden versagt blieben. Auch berichtet Roessler in einem Brief von »einer fast lächerlichen persönlichen Eitelkeit« Diefenbachs und schildert weiters, wie dieser einmal ein Gemälde, das Kupka und ein anderer »Jünger« gemalt hatten, Besuchern gegenüber als sein eigenes Werk ausgab, wobei er mit »röchelnder Stimme« erklärte, es »… mit dem letzten Aufgebot aller seiner Kräfte, schmerzbebenden Leibes u. zitternden Händen geschaffen« zu haben. Roessler wandte sich schließlich desillusioniert von Diefenbach ab, so wie es früher oder später übrigens die meisten seiner Gefolgsleute taten. »Fidus« Höppener hatte bereits Jahre zuvor mit ihm gebrochen, danach folgte – neben Roessler – auch František Kupka.

Im Sommer 1895 zog Diefenbach mit seiner Familie zu Fuß über die Alpen, um anschließend weiter ins ägyptische Alexandria zu reisen. Er träumte davon, dort eines Tages einen monumentalen Sphinx-Tempel errichten zu können, für den er bereits Entwürfe zeichnete. Zurück in Wien gründete er die neue Kommune am »Himmelhof« und fand abermals glühende Verehrer, darunter den 18-jährigen idealistischen Kunststudenten Gustav Arthur »Gusto« Gräser aus Siebenbürgen.

Dieser glaubte in Diefenbach endlich jenen Meister gefunden zu haben, »... den ich zu finden gehofft hatte, einen Überwinder, wie ihn die Natur noch nicht oft gezeugt. Er hat erkannt, was ich erkennen

Der Maler Karl Wilhelm Diefenbach (stehend) mit Familie und Mitgliedern seiner Kommune

wollte, dass nur ein gänzliches Lossagen von der heutigen Gesellschaft uns die Möglichkeit bietet, ein menschenwürdiges Dasein zu führen.«

Gräser, der das Leben in der Stadt als widernatürlich empfand und vollkommen auf Geld und Besitz verzichtete, lebte auf eindrucksvolle Weise und kompromisslos aus, was Diefenbach immer gepredigt hatte. In dieser Radikalität des Verzichts führte er dem »Meister« aber gleichzeitig dessen eigene Inkonsequenz vor Augen, was Diefenbach natürlich ärgerte. Vom eigenen Schüler wollte er sich nicht beschämen lassen! Als Gräser wenige Jahre später – Diefenbach wohnte zu jener Zeit in Triest – an dessen Tür klopfte, um Aufnahme für die Nacht zu erbitten, wurde er brüsk abgewiesen. Wütend schrieb Diefenbach damals, er habe »nichts gemein ... mit den vegetarischen Tiermenschen, die als arbeitsscheue ›Naturmenschen‹, nur mit einem Hemd bekleidet, durch Italien reisen, um bei mir Unterkunft oder Unterstützung zu verlangen als ›Gesinnungsgenossen‹. Diese Menschen, die sich als meine Anhänger ausgeben ..., schädigen mein Ansehen und meine Existenz auf das schwerste ...« An gleicher Stelle heißt es: »Die Vegetarier, welchen ich seit 25 Jahren sorgenlose Unterkunft in meinem Hause gegen Verrichtung der Haus- und Gartenarbeiten gegeben habe, haben sich sämtlich als arbeitsscheue, faule, dünkelhaft eingebildete und anmaßende Menschen benommen, welche den Vegetarismus nicht als niederste Stufe zu einem höheren Menschentum, sondern als höchste Lebensstufe betrachteten und betätigten: vegetarische Tiermenschen.« Nach Harmonie und Gottesnähe klangen solche Worte wahrlich nicht.

Während sich Diefenbach schließlich auf Capri niederließ (wo er 1913 starb), wanderte Gusto Gräser nach Ascona aus, wo er die berühmte Künstlerkommune Monte Verità mitbegründete. Zu den vielen bedeutenden Persönlichkeiten aus Malerei, Bildhauerei, Musik und Literatur, die sich im frühen 20. Jahrhundert dort tummelten, gehörte auch Hermann Hesse, der sich von Gräser, der zumeist einsam in einer Höhle hauste und sich nur von Beeren und Wurzeln ernährte, tief beeindruckt zeigte. In mehreren Erzählungen verarbeitete der spätere Literaturnobelpreisträger seine Erinnerungen an den »Naturmenschen«, unter anderem in *Der Weltverbesserer*.

47 Mark Twain, der (un)geliebte Gast aus Amerika

Hotel Métropole, Morzinplatz

Im September 1897 kam der berühmte amerikanische Schriftsteller Mark Twain gemeinsam mit seiner Frau Olivia, seinen Töchtern Clara und Jean sowie seiner Haushälterin Katie Leary nach Wien. Viele Jahre hatte er schon auf Reisen verbracht und ausgedehnte Aufenthalte in Europa hinter sich. Nun, mittlerweile war er 62, schlug er seine Zelte in der glanzvollen Haupt- und Residenzstadt auf. Doch während der kommenden 20 Monate wurde er keineswegs nur mit den schönen Seiten Wiens konfrontiert.

Kaum war seine Ankunft bekannt geworden, standen die Reporter und Autogrammjäger scharenweise vor dem Hotel Métropole, Twains mondäner Absteige am Donaukanal. Da er sich damals erst seit Kurzem von schweren finanziellen Kalamitäten erholt hatte, war es ihm ganz recht, dass man ihm dort sehr günstige Konditionen anbot, es kam ihm jedenfalls billiger, als, wie ursprünglich geplant, eine Villa im noblen Cottageviertel zu mieten.

Man riss sich um Interviews mit dem weltberühmten Humoristen, die dieser bereitwillig in großer Zahl gab. Man schnappte jedes seiner Bonmots auf, gab jede seiner witzigen Äußerungen an die Tagespresse weiter, kurz: Während seines Aufenthaltes waren die Zeitungen voll mit Berichten über den amerikanischen Gast. Mark Twain war bald stadtbekannt.

Er besuchte Konzerte, Theateraufführungen, Ausstellungen und Bälle, hielt Vorträge und wurde im Café Griensteidl ebenso gern gesehen wie im Griechenbeisl. Er machte die Bekanntschaft von Johann Strauß, Alexander Girardi und dem berühmten Polarforscher Fridtjof Nansen, der zwischenzeitlich ebenfalls Wien besuchte. Auch für Bertha von Suttners »Verein der Friedensfreunde« hielt er Anfang 1898 eine Rede im Ronacher, wobei er die Baronin seiner Sympathie der Friedensbewegung gegenüber versicherte und launisch anmerkte, auch er sei im Interesse des Weltfriedens gerne bereit, sich entwaffnen zu lassen – er führe allerdings bloß ein kleines Taschenmesser mit sich.

So genau Twain bei all seinen Auftritten von der Presse beobachtet wurde, so aufmerksam betrachtete auch er seine Umgebung. Dem interessierten Amerikaner entgingen die politischen Spannungen und die heftigen Nationalitätenkämpfe, die in Österreich-Ungarn herrschten, nicht. Das war auch kaum möglich, denn immer radikaler und lauter wurde der Antisemitismus, immer gewalttätiger wurden die Auseinandersetzungen zwischen Deutschnationalen und Tschechen.

Im Herbst 1897 erreichten die Krawalle ihren Höhepunkt, nachdem Innenminister Badeni versucht hatte, Tschechisch offiziell als zweite Behördensprache in den böhmischen Ländern durchzusetzen. Die Deutschnationalen unter Führung Georg von Schönerers

Das Hotel Métropole am Donaukanal,
Mark Twains noble Absteige in Wien

tobten und lieferten sich mit tschechischen Studenten heftige Straßenschlachten; über Prag musste der Ausnahmezustand verhängt werden.

Schönerer, der rabiat antisemitische Reichsratsabgeordnete, hatte wenige Jahre zuvor mit einem Schlägertrupp die Redaktion des *Neuen Wiener Tagblatts* – des in Schönerers Diktion »jüdischen Schundblattes« – gestürmt und mehrere Journalisten zusammengeschlagen. Zwischen den liberalen, großbürgerlichen Zeitungen (für die unbestritten viele jüdische Autoren schrieben) und den radikalen deutschnationalen und antisemitischen Blättern entspann sich ein regelrechter Krieg – und Mark Twain geriet mitten hinein.

Twain mochte die Juden, er sah in ihnen, wie er sagte, die »intellektuelle Aristokratie der Welt«. Auch stellte er sich grundsätzlich gegen rassistische Vorurteile und politische Radikalismen, sowohl in seinen literarischen Werken als auch in seinen politischen Aufsätzen. In Wien hatte er vor allem Kontakt zu jenen Journalisten, die für die sogenannten »jüdischen« liberalen Zeitungen schrieben. Vor allem Eduard Pötzl, der zu den einst von Schönerer Verprügelten zählte, wurde ein guter Freund.

Twain scheute sich nicht, offen Stellung zu den Verhältnissen im Habsburgerreich zu beziehen, was freilich nicht immer schmeichelhaft ausfiel. Nachdem er im Wiener Parlament Augenzeuge der handgreiflichen Auseinandersetzungen zwischen österreichischen und tschechischen Abgeordneten geworden war, nachdem er die stundenlangen Obstruktionsreden und Tumulte miterlebt und gesehen hatte, wie die Polizei den Sitzungssaal räumen musste, konnte er sich nur wundern, weshalb überhebliche Europäer die Verrohung der politischen Sitten ausgerechnet den Amerikanern vorwarfen! Sein Artikel über die chaotischen Verhältnisse erschien Anfang 1898 in den USA unter dem Titel »Stirring Times in Austria« und fand – ins Deutsche übersetzt – großen Widerhall in Österreich.

Seine offensichtliche Nähe zu den großbürgerlichen Zeitungen brachte ihm die Feindschaft der antisemitischen Blätter ein, die bald eine gehässige Kampagne gegen ihn führten. Die christlichsoziale *Reichspost* mutmaßte gar, Twain, dessen bürgerlicher Name bekanntlich

Samuel Langhorne Clemens war, sei selbst Jude (was nicht stimmte) und die große Aufmerksamkeit, die ihm zuteil wurde, sei nur Reklame, die die »Judenpresse« für ihn mache. Immer wieder tauchten nun mehr oder weniger offene Hinweise auf seine vermeintlich mosaische Abstammung auf.

Als er sich erdreistete, im (ebenfalls als »jüdisch« verschrienen) Presseclub Concordia seine berühmte Rede *Über die Schrecken der deutschen Sprache* zu halten, schäumten seine Feinde förmlich über. Twains Text war und ist zwar nicht mehr als ein überaus witziger und harmloser Spaß über die Schwierigkeiten eines Ausländers, sich in der deutschen Grammatik und Syntax zurechtzufinden, kam bei den Deutschnationalen jedoch einem höchst geschmacklosen Sakrileg gleich. In der Zeitschrift *Kikeriki* hieß es:

> Der Gast – auch wer er immer sei
> Das Gastrecht darf er nie verletzen;
> Sonst wird man ohn´ und sonder Scheu
> Ihn kurzweg vor die Türe setzen.

Auch Karl Kraus, der scharfzüngige Sprachpurist, fand in dem Amerikaner eines seiner vielen Opfer, an dem er sich festbiss und abarbeitete. Wie könne es sein, so fragte Kraus gehässig, dass Wien sich dazu hergebe, »vor M. Twain andächtig im Staube zu liegen« und diesem Gelegenheit zu geben, »… in fortwährender Verhöhnung der Wiener Sitten und Gebräuche sein noch ungelenkes Deutsch zu üben«? Weiter heißt es bei Kraus: »Und als er gar eines Tages in der ›Concordia‹ erschien und … die deutsche Sprache abfällig und ironisch beurteilte, da wollte sich alles, was in Wien öffentliche Meinung zu machen vorgibt, anbetend zu einer förmlichen Huldigung für den Erlöser-Humoristen vereinigen.« Für den »geschmacklosen Groll des Humorgreises gegen die deutsche Sprache« zeigte er nicht das geringste Verständnis. Karl Kraus, bekanntlich selbst Jude, ließ es sich auch nicht nehmen, süffisante antisemitische Formulierungen zu gebrauchen, indem er darauf hinwies, dass Twain »nicht mit Unrecht ursprünglich Samuel Langhorne« geheißen habe.

Mark Twain schrieb 1898 während seiner Sommerfrische im Kurort Kaltenleutgeben den Aufsatz *Concerning the Jews*, worin er abermals seine Sympathie mit dem jüdischen Volk ausdrückte. Es war einerseits der laufende spektakuläre Dreyfus-Prozess in Paris, der ihn dazu bewog, andererseits die allgegenwärtigen antisemitischen Ausfälle in Österreichs Zeitungen, deren Zeuge und Opfer er während der vergangenen Monate selbst geworden war. Wohlweislich ließ Twain den Artikel erst im September 1899 in den USA veröffentlichen, zu einer Zeit, da er Wien bereits verlassen hatte.

Eine Wiener Tageszeitung bat Mark Twain zum Jahreswechsel 1899/1900 um einen Beitrag für ihre Weihnachtsnummer. Dieser, mittlerweile längst zurück in Amerika, sendete als Antwort bloß den knappen Gruß: »Glück und Wohlergehen allen meinen Freunden im ganzen Kaiserreich. Dasselbe wünsche ich meinen Feinden – am Weihnachtstag, aber nicht einen Tag länger.«

Das »Métropole« gibt es nicht mehr. Das einst so vornehme Hotel diente während der letzten Jahre seines Bestehens der nationalsozialistischen Gestapo als Wiener Hauptquartier. Tausende Menschen wurden ab 1938 in seinen Räumen von den geistigen Nachfolgern Georg von Schönerers verhört und gefoltert und von hier aus in die Vernichtungslager des Dritten Reichs verschleppt. In den letzten Kriegsmonaten beschädigten die Bomben alliierter Flugzeuge das Gebäude so schwer, dass man es 1948 abriss.

48

Karl May im »Reich der Edelmenschen«

Sophiensaal, Marxergasse

Egon Friedell schickte seiner Freundin, der Schauspielerin Lina Loos, im März 1912 eine kurze Nachricht: »Ich bekomme soeben zwei Karten für die Vorlesung von Karl May. Es heißt: ›Empor ins Reich des Edelmenschen!‹ und verspricht ein sehr lustiger unfreiwilliger Stuss zu werden. Außerdem sind große Kundgebungen pro und contra geplant, es wird also bestimmt gerauft werden. Sei daher um ¾ 7 in der Casa Gruß E.«

Von Raufereien ist zwar nichts überliefert, aber sie wären tatsächlich zumindest denkbar gewesen: Der berühmte Abenteuerschriftsteller polarisierte damals wie kaum ein anderer im deutschen Sprachraum, und seine fanatischen Anhänger standen ebenso bereit, ihn zu verteidigen, wie seine nicht minder fanatischen Gegner, ihn zu diffamieren. Ein großes Echo rief der Auftritt des 70-jährigen Karl May in Wien auf jeden Fall hervor.

Dabei war es nicht einmal sein erster Aufenthalt in Österreich. Immer wieder hatte er zuvor die Kronländer besucht, sowohl privat als auch beruflich. Bisheriger Höhepunkt war 1898 die Audienz am kaiserlichen Hof in Wien gewesen (neben weiteren Mitgliedern der Habsburgerfamilie war auch der 11-jährige Karl, der spätere Kaiser, anwesend).

Ein Empfang in der vornehmen Hofburg war keineswegs selbstverständlich für einen Mann, der in seiner Jugend halb erfroren und verhungert an der böhmisch-sächsischen Grenze wegen Landstreicherei aufgegriffen worden war und bei seiner Einvernahme durch die Gendarmerie wirre Geschichten erzählte: Er sei eigentlich ein reicher Plantagenbesitzer in der Karibik, so gab er zu Protokoll. Man schob ihn damals kurzerhand zurück nach Sachsen ab.

Mays überreiche Phantasie, sein zweifellos zwanghaftes Bedürfnis, andere Identitäten zu erfinden und anzunehmen, seine Kunst des grenzenlosen Fabulierens wurden schließlich der Grundstein seines enormen Erfolges. Durch seine Bücher erlangte er in weiten Teilen Europas

Bekanntheit und zählt bis heute zu den erfolgreichsten deutschsprachigen Autoren aller Zeiten. Seine Abenteuergeschichten aus dem Wilden Westen Amerikas, von Reisen durch die arabischen Wüsten und durch den damals noch exotischen Balkan machten ihn zum reichen Mann.

Doch in den letzten Jahren seines Lebens holte ihn seine Vergangenheit ein. Zu tief hatte er sich mittlerweile in eine Phantasiewelt verstrickt, aus der er keinen Ausweg mehr fand.

Die vierjährige Haftstrafe, die er als junger Mann wegen Diebstahls abgesessen hatte, kam ans Licht, Reporter deckten auf, dass er all die Reisen als Old Shatterhand und Kara Ben Nemsi unmöglich unternommen haben konnte, deren Echtheit er aber weiterhin steif und fest behauptete. Sein falscher Doktortitel wurde ihm vorgeworfen und die Scheidung von seiner ersten Frau. Protestanten kritisierten seine Hinwendung zum Katholizismus, Katholiken seine Nähe zum Spiritismus und die selbst ernannten Tugendwächter beider Konfessionen schließlich den »verderblichen«, »sittengefährdenden« Einfluss des »Schundautors« auf die Jugend. Während die Sozialisten sein frömmlerisches Gehabe und die Gewaltverherrlichung ablehnten, stießen sich die Nationalen an seinem Eintreten für die Verständigung der Völker. Gar als ehemaliger Räuberhauptmann wurde er diffamiert und letztendlich als »geborener Verbrecher« (was schließlich einen aufsehenerregenden Ehrenbeleidigungsprozess nach sich zog, den May gewann). Ganze zehn Jahre wogte der Streit um ihn, was seine vielen Anhänger jedoch nicht davon abhielt, ihm die Treue zu halten. Auch Hermann Bahr, Heinrich Mann, Egon Erwin Kisch, Peter Rosegger und andere nahmen ihn stets gegen die heftigen Angriffe in Schutz.

Karl May war ein erschöpfter Mann, als er mit seiner zweiten Ehefrau Klara ins Hotel Krantz kam (dem heutigen Hotel Ambassador zwischen Neuem Markt und Kärntner Straße), erschöpft von der Pressekampagne in Deutschland und den Gerichtsprozessen. Eine eben überstandene Lungenentzündung schwächte den 70-Jährigen zusätzlich, sein Arzt hatte ihm abgeraten, die Beschwernisse der Reise nach Wien auf sich zu nehmen.

Der angesehene »Akademische Verband für Literatur und Musik« hatte ihn eingeladen, am 22. März 1912 zu einem frei gewählten Thema

Karl May hielt in Wien den letzten Vortrag vor seinem Tod.

einen Vortrag im Sophiensaal zu halten. Es sollte ein letzter, großer Triumph werden, denn das Publikum bestand aus seiner treuen, meist jungen und trotz aller Schmähartikel begeisterten Lesergemeinde. Enthusiastisch wurde er begrüßt, »und da er sich linkisch, unbeholfen, sichtlich überrascht bedankt, wird der Beifall zehnfach stärker«, schrieb die *Kleine Österreichische Volkszeitung*.

Wer allerdings spannende Geschichten aus der Prärie und über abenteuerliche Kämpfe gegen Grizzlys, Indianer und Wüstenräuber erwartete, wurde enttäuscht. May hatte sich in den vergangenen Jahren zum überzeugten Pazifisten gewandelt und einen bisweilen nur schwer verständlichen Mystizismus entwickelt, über den er in Wien nun sprach. Sein Vortrag ist gut dokumentiert, Mays handschriftliche Entwürfe existieren noch. Wer sie liest und keinen ausgeprägten Hang zur Esoterik hat, wird allerdings nur wenig damit anfangen können.

May zeigte sich überzeugt, dass die Menschheit sich – durch Kunst, Wissenschaft und Religion – erheben müsse aus dem Zustand der rohen Gegenwart, empor in ein edles Reich, in dem Nächstenliebe und Frieden herrschen. Den Begriff des »Edelmenschen« hatte er übrigens von Bertha von Suttner übernommen, der berühmten österreichischen Friedensaktivistin und Nobelpreisträgerin. Zu Tränen gerührt hatte er 1905 einen ihrer Vorträge gehört und war daraufhin brieflich in Kontakt zu ihr getreten. Suttner, die stets auf der Suche nach prominenten Unterstützern war, lud ihn hocherfreut zur Mitarbeit für den Weltfrieden ein. »Dass Sie mein Gesinnungsgenosse in Friedenssachen ... sind«, schrieb sie ihm, »das weiß ich ja: empor! Ist unser beider Devise.«

Es versteht sich von selbst, dass Suttner als Ehrengast nun auch bei Mays Vortrag im Sophiensaal anwesend war, um seinen Ausführungen über den »Seelenflug« auf den Stern Sitara, die beiden Reiche Ardistan und Dschinnistan, über die »Geisterschmiede«, über Gott, die Liebe, den Islam und den Aufstieg ins edle Reich zu folgen. Gegen Ende seines Vortrags wandte er sich direkt an Bertha von Suttner: »Oesterreich ist uns voran. Wer hat uns gesagt, dass wir fliegen sollen? Meines Wissens noch Niemand. Hier ist eine, die es längst schon sagte!«

Gute zwei Stunden dauerte sein Auftritt, das Publikum war begeistert. Weniger angetan reagierte die Mehrzahl der Journalisten, die darüber berichteten. Einer »recht weitläufigen Osterpredigt« habe der Vortrag geglichen, so das *Neue Wiener Journal*. Die *Neue Freie Presse* schrieb von einer »argen Geduldprobe« und das *Fremdenblatt* konstatierte: »Die Pose des Menschheitsbefreiers ..., dieses ewige Zitieren eigener Werke, nicht etwa der amüsanten Reiseszenen, sondern solcher plattester Art, dieses Vorlesen eigener Verse, die den Idealen sentimentaler Köchinnen entsprechen mögen, dieser immer wiederkehrende versteckte Hinweis darauf, dass der Vortragende selbst auf dem einzig richtigen Wege zum Edelmenschen sei, wirkte bald nicht nur peinlich, sondern tödlich langweilig.«

Nur wenige Tage später erschienen in denselben Zeitungen die Nachrufe auf Karl May. Der geschwächte Mann war am 30. März in seiner sächsischen Heimat an den Folgen einer Erkältung gestorben, die er sich in Wien geholt hatte. In der Wiener *Zeit* schrieb Bertha von Suttner: »Die Nachricht von Karl Mays Tode wird alle jene, die hier im Sophiensaal dem allerletzten Vortrag, den er gehalten, beigewohnt haben, ganz besonders erschüttern. (…) Wer den schönen alten Mann an jenem 22. März … sprechen gehört, … weihevoll, begeisterungsvoll, in die höchsten Regionen des Gedankens strebend – der musste das Gefühl gehabt haben: In dieser Seele lodert das Feuer der Güte.«

Wie den Ankündigungsplakaten des Vortrags zu entnehmen ist, wurde ein Teil des Reinerlöses dem Wiener Obdachlosenasyl überwiesen. Das ist insofern interessant, als es eine gedankliche Verbindung zu einem jungen Mann schafft, der damals als glückloser Möchtegern-Künstler im Männerheim der Meldemannstraße wohnte: Adolf Hitler. Als glühender Verehrer Mays verteidigte er diesen wortstark in den Streitgesprächen, die auch dort über Mays Vergangenheit geführt wurden. Als May im Sophiensaal auftrat, ließ es sich der junge Hitler nicht nehmen, sich zu Fuß auf den Weg von der Brigittenau in die Marxergasse zu machen, um den Ausführungen des großen Idols zu lauschen. Um nicht gar zu schäbig dort zu erscheinen, lieh er sich von einem Bekannten ein besseres Paar Schuhe. »Unermesslich begeistert« kehrte er anschließend ins Männerwohnheim zurück.

Zum Pazifisten entwickelte er sich bekanntermaßen dennoch nicht, und auch die Sache mit den »Edelmenschen« dürfte er gänzlich falsch interpretiert haben. Tatsache ist, dass er sich viele Jahre später – mittlerweile deutscher Reichskanzler – die Zeit nahm, noch einmal sämtliche May-Romane zu lesen. Rüstungsminister Albert Speer schrieb in diesem Zusammenhang einmal, diese Bücher »richteten ihn (Hitler, Anm.) innerlich auf, wie andere Menschen ein philosophischer Text oder ältere Leute die Bibel«. Gerade in der Gestalt des Apachenhäuptlings Winnetou erkannte Hitler, so Speer, das »Vorbild eines edlen Menschen« und das »Musterbeispiel eines Kompanieführers«. Noch 1943 ließ er Hunderttausende Exemplare des *Winnetou* als Feldlektüre für die Wehrmacht drucken.

49 Der »Wehrmann in Eisen«

Felderstraße 6–8, Arkaden Ecke Rathausstraße

Der mit Abertausenden Nägeln gespickte Krieger aus Lindenholz ist ein düsteres Zeichen seiner Zeit, ein Denkmal, das unbehagliche Gefühle aufkommen lässt, unnahbar, martialisch und bedrohlich. Josef Müllner (von dem auch der umstrittene »Siegfriedskopf« im Arkadenhof der Universität und das Lueger-Denkmal am Stubentor stammen) schuf die Skulptur im Jahr 1914. 1934 stellte man sie in den Arkaden nahe des Rathauses auf.

Der Erste Weltkrieg tobte seit über einem halben Jahr, als man den hölzernen Ritter Anfang März 1915 am Schwarzenbergplatz der Wiener Bevölkerung präsentierte. Es war die Zeit, da von einem schnellen, heldenhaften Sieg über die Gegner nicht mehr die Rede sein konnte: Die russische Armee war in Galizien eingedrungen, die Offensive gegen Serbien längst ins Stocken geraten, die deutschen Verbündeten steckten im verlustreichen Stellungskrieg in Frankreich fest. Hunderttausende Flüchtlinge strömten bereits nach Wien, die beherbergt und verköstigt werden mussten. Bald stiegen die Preise, und die Lebensmittel wurden erstmals rationiert. Der Krieg brachte schon jetzt die Menschen an ihre Grenzen – und sollte noch dreieinhalb Jahre andauern!

Es war an der Zeit, die »Heimatfront« zu aktivieren. Zivilisten – Männer, Frauen und Kinder – sollten ihren Beitrag leisten, um die Soldaten im Feld zu unterstützen und damit den Krieg.

Rohstoffe wurden knapp. Fünfjährige mussten im Kindergarten Scharpie aus Leinentüchern zupfen (Fädchen, aus denen Verbandstoff hergestellt wurde), Küchengeräte, Kirchenglocken und Musikinstrumente wurden eingesammelt, um daraus Patronenhülsen zu fertigen, und Schulklassen wurden vom k. k. Unterrichtsministerium dazu vergattert, Brombeer- und Erdbeerblätter als Teeersatz zu pflücken.

Österreich-Ungarn finanzierte den Krieg hauptsächlich durch Anleihen, die aus dem Vermögen der Bevölkerung stammten. In siegesgewisser Hoffnung investierte vor allem das mittlere und gehobene Bürgertum enorme Summen in Wertpapiere, »mit denen man später das Häusel tapezieren konnte«, wie ein Zeitzeuge es in seinen Erinnerungen treffend ausdrückte.

Auch die Versorgung von Kriegsinvaliden, Witwen und Waisen kostete viel Geld, waren doch schon in den ersten Schlachten Zehntausende Soldaten gefallen und noch viel mehr verwundet und verkrüppelt worden. Rotes Kreuz, Kriegsfürsorgeamt und andere Hilfsorganisationen waren auf Spenden dringend angewiesen. Der hölzerne Ritter am Schwarzenbergplatz hatte den Zweck, um ebendiese zu werben.

Feierlich wurde die Skulptur in Anwesenheit des österreichischen General-Artillerie-Inspektors Erzherzog Leopold Salvator, des deutschen Botschafters sowie jenes des Osmanischen Reichs enthüllt. Die drei Herren schlugen die ersten eisernen Nägel ins Holz, nach zwei Tagen waren es bereits 1400, bis Kriegsende sollten rund 500 000 weitere folgen.

Die Nägel erhielt man gegen eine Mindestspende von einer Krone, dazu gab es eine Bestätigung, auf der die patriotische Tat vermerkt wurde, sowie den Eintrag ins »Denkmal-Gedenkbuch«. Das eingenommene Geld ging an den Witwen- und Waisenfonds der Armee, doch das Geld war nicht das Wichtigste. Von mindestens ebenso großer Bedeutung war der propagandistische Aspekt: Achtlos am Wehrmann vorüberzugehen, hätte einen der Gefahr ausgesetzt, von den Mitbürgern als »Vaterlandsverräter« angesehen zu werden.

Im patriotischen Hochgefühl fand diese erste Wiener »Kriegsnagelung« binnen kürzester Zeit viele Nachahmer. In der ganzen Stadt, in ganz Österreich-Ungarn, ja selbst im verbündeten Deutschen Kaiserreich wurden bald Hunderte Ritterfiguren, Wehrschilde, Doppeladler, Tischplatten und Kanonen aus Holz aufgestellt, in die man gegen eine Spende Nägel einschlug. »Vaterlandstreue« Kaffeehauskellner, Trachten- und Gesangsvereine, Schulklassen und Bürgerkomitees ließen es sich nicht nehmen, Kriegsnagelungen zu initiieren, sei es in Wirtshäusern, Ministerien, Kasernen oder an Bahnhöfen. Im Prater stand etwa ein hölzernes Unterseeboot, in Grinzing der »eiserne Weinstock«, in Floridsdorf die »Hötzendorf-Eiche«, benannt nach dem österreichischen Generalstabschef. Selbst in den USA wurde von den deutsch- und österreichischstämmigen Einwanderern genagelt, deren Spenden

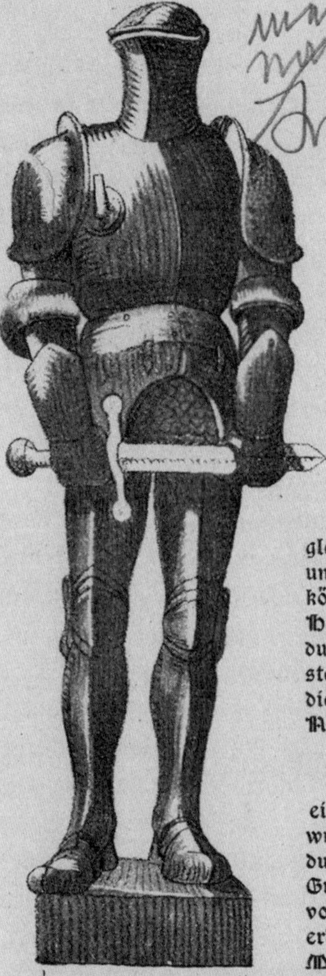

Der Wehrmann im Eisen.

Dieses Kriegsdenkmal 1914/1915 wurde 1915 unter der glorreichen Regierung Seiner kaiserlichen und königlich apostolischen Majestät Franz Josef I., während der Amtsführung des Bürgermeisters Dr. Richard Weiskirchner errichtet.

An seiner Errichtung hat sich der Besitzer dieses Erinnerungsblattes durch Einschlagen eines Nagels beteiligt, bei gleichzeitiger Widmung einer Spende für den unter dem Protektorate Ihrer kaiserlichen und königlichen Hoheiten des durchlauchtigsten Herrn Erzherzogs Leopold Salvator und der durchlauchtigsten Frau Erzherzogin Blanca stehenden Witwen- und Waisenhilfsfond für die gesamte bewaffnete Macht. Des Spenders Name ist im Denkmal-Gedenkbuche unter

Serie 0047 Nummer 0655

eingetragen. Die Errichtung des Denkmales wurde beim Witwen- und Waisenhilfsfond durch den k. u. k. Korvettenkapitän Theodor Graf Hartig angeregt, der Durchführungsplan vom Stadtbaudirektor Heinrich Goldemund erdacht, das Denkmal von Professor Josef Müllner entworfen und ausgeführt. Die Gemeinde Wien förderte zufolge einstimmigen Beschlusses des Stadtrates die Errichtung des Denkmales durch Überlassung des Platzes und die Übernahme der Fundierungs- und Erhaltungskosten. Referent des Magistrates war Dr. Gustav Alfred Ehrenberg.

Für das Präsidium:

Nandine Gräfin Berchtold
Präsidentin

Franz Freiherr von Schönaich, G. d. I.
Präsident

Paul Siebertz
Schriftführer

Fritz Spitzer
Kassaverwalter

Sieg. Freiherr von Springer
Revisor

Präsidentin des Kronlandkomitee Niederösterreich: Hanna Prinzessin L an die jeweiligen nationalen Rot-Kreuz-Verbände weitergeleitet wurden. Die größte Skulptur stellte man im September 1915 schließlich in Berlin auf: Paul von Hindenburg, deutscher Generalfeldmarschall des Weltkrieges und Sieger in der Schlacht von Tannenberg gegen die Russen, wurde durch eine über zwölf Meter hohe und 26 Tonnen schwere Holzfigur geehrt.

Ob es an der schieren Menge des Angebots lag oder am abnehmenden Interesse der Wiener Bevölkerung, sicher ist jedenfalls, dass im Laufe des Krieges immer weniger Menschen zum Kriegsnageln auf den Schwarzenbergplatz kamen. Der eiserne Wehrmann wurde 1918 in einem Depot verstaut, kam dann in ein Regimentsmuseum, um im Ständestaat noch einmal reaktiviert zu werden – diesmal ging es ums Spendensammeln für die Neugestaltung des Äußeren Burgtors der Hofburg. Schließlich stellte man ihn in die eigens für ihn geschaffene Nische beim Rathaus. Der Text zu seinen Füßen (»Wehrmann Wiens gemahne an die Zeit/Da unerschöpflich wie des Krieges Leid/Die Liebe war und die Barmherzigkeit«) stammt vom deutschnationalen Priester Ottokar Kernstock, dem Schöpfer vieler blutrünstiger, schwülstiger Gedichte während des Krieges.

Übrigens sind nur wenige Kriegsnagelungen heute noch erhalten, brauchte man doch in den Hungerwintern ab 1918 Brennholz dringender als patriotische Denkmäler.

Die berühmteste Wiener »Kriegsnagelung«, der Wehrmann in Eisen, der bis 1918 am Schwarzenbergplatz stand (links)

50 Das Attentat auf Hugo Bettauer

Lange Gasse 7

Die 1920er-Jahre waren eine gleichermaßen hoffnungsvolle wie trostlose Zeit. Alfred Polgar schrieb damals: »Die Berichte von Wiens Elend sind wahr. Die Berichte von Wiens Wohlbehagen sind auch wahr. Der Berichterstatter muss nur definieren, was er meint, wenn er ›Wien‹ sagt.«

Da gab es einerseits das Wien des Proletariats und der vielen Arbeitslosen, der Wohnungsnot und des Flüchtlingselends nach dem Ersten Weltkrieg, jenes Wien, um das sich seit 1919 erstmals eine sozialdemokratische Stadtregierung bemühte, indem sie Gemeindebauten, Kindergärten, Mutterberatungsstellen und Gesundheitseinrichtungen baute. Dann gab es das bis in die Gegenwart hinein strahlende und berühmte Wien der modernen Kunst und Architektur, der Literatur, des Theaters und der Musik, die Stadt eines Arnold Schönberg, Arthur Schnitzler, Robert Musil und Richard Strauss.

Und dann war da noch ein »drittes« Wien: jenes der rechten, nationalistischen, »völkischen« Kreise. Diese Menschen reagierten mit großer Ablehnung auf die neuen, demokratischen Verhältnisse. Sie glaubten ihre einst als ehern empfundenen Werte wie Gehorsam, Ehrgefühl und Vaterlandstreue mit Füßen getreten, und aus ihrer Ablehnung wurde Hass. Den Sozialisten und den Juden gaben sie die Schuld am verlorenen Krieg und am nun herrschenden »Sittenverfall«. Mit Demokratie und Frauenwahlrecht konnten sie nichts anfangen, und in der Avantgardemusik Schönbergs, in den Theaterstücken Schnitzlers und in der Wissenschaft Sigmund Freuds sahen sie bloß »Entartung« und Pornografie. Selbst in den kürzeren Röcken und den modischen Bubikopf-Frisuren der Frauen vermeinten sie »Propaganda für den Bolschewismus« zu erkennen, wie Ernst Fischer es ausdrückte.

Die Autoren der rechtsradikalen und antisemitischen Blätter jener Zeit boten der Gewalt einen Nährboden. Regelmäßig konnte man in einschlägigen Zeitungen lesen, dass politische Gegner »unschädlich« gemacht werden sollten, »ehestens zu vernichten« oder »auszurotten«

Der Publizist Hugo Bettauer, der 1925 von einem jungen Nationalsozialisten erschossen wurde

seien. Die Drohungen richteten sich hauptsächlich gegen Sozialdemokraten, wie den Finanzstadtrat Hugo Breitner, den Stadtschulratspräsidenten Otto Glöckel und den Parlamentsabgeordneten Julius Deutsch.

Labile, leicht beeinflussbare Gemüter konnten solche Worte schnell als direkte Aufforderung zum Mord verstehen. Gewalt war damals allgegenwärtig, Attentate hatten geradezu Hochkonjunktur, und sie wurden keineswegs nur von Rechtsradikalen verübt. Der christlichsoziale Bundeskanzler Ignaz Seipel, der Sozialdemokrat Julius Zipper, Wiens Bürgermeister Karl Seitz, sie alle entgingen bei Anschlägen nur knapp dem Tod.

Um das Opfer von Hass zu werden, musste man freilich kein Politiker sein. Der Publizist und Schriftsteller Hugo Bettauer wurde am 10. März 1925 von einem Nationalsozialisten erschossen, nachdem die rechten Zeitungen monatelang gegen den »literarischen Sittenstrolch« gehetzt hatten.

Bettauer hatte ein bewegtes Leben hinter sich. 1872 geboren, trat er mit 18 vom jüdischen zum evangelischen Glauben über, diente fünf Monate bei den Kaiserjägern, desertierte und lebte während der folgenden Jahre als Journalist in New York, Berlin und Hamburg, bevor er ab 1910 für die *Neue Freie Presse* in Wien arbeitete.

Nach dem Ersten Weltkrieg machte er sich als Romanautor einen Namen. Es waren nicht immer künstlerische Meisterwerke, die er schrieb, doch hatten sie meist großen Erfolg. *Die freudlose Gasse* etwa wurde 1925 von G. W. Pabst mit Werner Krauß, Asta Nielsen und – in ihrer ersten größeren Rolle – der 19-jährigen Greta Garbo verfilmt.

Sein berühmtestes Buch, *Die Stadt ohne Juden*, erschien 1922 und verkaufte sich binnen kurzer Zeit rund 250 000 Mal, 1924 wurde es ebenfalls verfilmt (mit Hans Moser in einer seiner ersten Filmrollen). Einen »Roman von übermorgen« hatte Bettauer es genannt, eine düster-satirische Vision dessen, was sich aufgrund des aggressiven Antisemitismus der Gegenwart für die Zukunft erahnen ließ: Ein christlichsozialer Bundeskanzler namens Schwertfeger lässt darin alle Juden aus Wien vertreiben, die übrige Bevölkerung jubelt zunächst. Doch bald zeigt sich, dass die Stadt zu einem provinziellen Kaff verödet: Die Operettentheater gehen Bankrott, da nur noch von »Ariern« verfasste Libretti gesungen werden dürfen, am Theater spielt man nur noch Ganghofer und Anzengruber, die Kaffeehäuser bleiben leer, die Wirtschaft stagniert, die Arbeitslosigkeit steigt. Zum Schluss dürfen die Juden unter dem Jubel der Menschen zurückkehren, der gescheiterte Schwertfeger begeht Selbstmord.

Dass das Buch von Christlichsozialen und Antisemiten als Provokation aufgefasst wurde, liegt auf der Hand, zumal die Figur Schwertfegers wie auch jene des fiktiven Wiener Bürgermeisters Karl Maria Laberl deutliche Assoziationen mit dem legendären Karl Lueger zuließ. Auch Pfarrer Zweibacher, ein christlichsozialer Abgeordneter im Roman, hatte zweifellos ein reales Vorbild: Bundeskanzler Seipel, der bekanntlich Priester und Professor für Moraltheologie war.

Aber auch viele Juden waren mit Bettauers Roman ganz und gar nicht einverstanden. So schrieb Hans Tietze später einmal, man könne »diese seichte Satire, die als freche Verhöhnung des ›arischen‹ Wien gemeint war …, auch als nicht minder verzerrende Karikatur des jüdischen lesen«. Doch an Kritik, Widerspruch und Konflikte war Bettauer längst gewohnt, Auseinandersetzungen war er noch nie aus dem Weg gegangen.

Auch sein neues Projekt sollte für viel Ärger sorgen – und ihn letztlich das Leben kosten: Seit Februar 1924 war er Herausgeber von *Er und Sie. Wochenschrift für Lebenskultur und Erotik.*

Es war ein Blatt, das sich um die sexuelle Aufklärung der Bevölkerung bemühte und versuchte, den »Sumpf einer verlogenen Pseudomoral« trockenzulegen. Es enthielt Fortsetzungsromane, Kontaktanzeigen, fachärztliche Antworten zu eingesendeten Fragen sexueller Natur und den Leitartikel, verfasst von Bettauer. Darin nahm er Standpunkte ein, die bei vielen Ablehnung und Wut hervorriefen: Frauen sollten selbstbestimmt und frei über ihre Sexualität bestimmen können, Schwangerschaftsabbrüche sollten nicht länger verboten sein, Homosexualität gehöre zu den »Privatangelegenheiten, die … den Staat, die Behörden, die Polizei einen ›Schmarrn‹ angehen«, sofern sie freiwillig und ohne Gewalt praktiziert werde.

Bettauers Erfolg beim Publikum war groß, doch trat nun das Jugendamt unter der Leitung des Sozialdemokraten Julius Tandler auf den Plan: Zwar billigte dieser durchaus einige der Bettauer'schen Forderungen, hielt dessen Wochenschrift aber insgesamt für »eine ganz besondere Gefahr für die Jugend«, da sie an allen Straßenecken »für jedermann frei zu haben ist«. Nach wenigen Ausgaben wurde das weitere Erscheinen von *Er und Sie* von der Bundespolizeidirektion Wien untersagt.

Die Sache wurde zum Politikum, das an dieser Stelle nicht ausgiebig erläutert werden kann. Es endete nach einigem Hin und Her damit, dass Wiens Bürgermeister Karl Seitz das Verbot der Zeitschrift wieder aufhob. Nun aber schaltete sich Bundeskanzler Seipel ein, der sich ja in steter Auseinandersetzung mit dem Roten Wien befand: Seitz würde mit der Erlaubnis dieser »Schmutzschrift« bewusst das »Anschwellen der Unmoral« fördern, sagte Seipel, weshalb »… wir Christlichsoziale nicht rasten und nicht ruhen (werden), bis die Einsicht allgemein wird: Eine Partei im Rathaus, die etwas Derartiges schützt und unterstützt, die hat auf dem Wiener Boden nichts zu suchen.« Seitz war um eine Antwort nicht verlegen und meinte süffisant: »Der Bundeskanzler muss sich bewusst sein, dass man das gesellschaftliche Leben einer Weltstadt nicht beurteilen kann von dem Gesichtspunkte von Dingskirchen aus und nicht von dem Gesichtspunkte eines Dominikanermönchs, sondern dass in einer Weltstadt natürlich auch gewisse Bevölkerungsschichten in bezug auf Erotik anders gerichtet sind als die einfache und schlichte Bevölkerung des Landes oder irgend ein Mönch in seiner klösterlichen Abgeschiedenheit.«

Die Affäre zog immer weitere Kreise, bald tobte ein heftiger Zeitungskrieg um Bettauer. Auch die *Neue Freie Presse*, sozialdemokratische und zionistische Blätter wandten sich kritisch gegen *Er und Sie*, ebenso wie christlich-bürgerliche Frauenvereine. Am radikalsten meldeten sich freilich die Antisemiten zu Wort. In Bettauer sahen sie den »Verderber der arischen Jugend« und einen »Propagandist(en) der Rassenmischung«. Der christlichsoziale Abgeordnete Anton Orel sagte im Gemeinderat: »Wir lassen uns nicht durch den Bürgermeister den Juden Bettauer aufdrängen, der unsere Kinder versauen will mit jüdischem Gift und jüdischer Schweinerei!« Es kam zu Tumulten und Raufereien im Rathaus.

Hugo Bettauer gab schließlich auf und stellte seine Zeitschrift ein: »Es werden andere kommen«, schrieb er damals, »in einer späteren … Zeit, dann wird man staunen und lächeln darüber, dass einmal ein Schriftsteller deswegen fast gesteinigt worden ist.«

Selbstbewusst und klug argumentierend stand er den folgenden Gerichtsprozess durch, der ihm im Herbst 1924 wegen Verdachts auf »Verletzung der öffentlichen Sittlichkeit« gemacht wurde. Die Geschworenen sprachen ihn letztlich in allen 16 Anklagepunkten frei.

Jetzt aber schäumten seine Feinde erst recht. Kaspar Hellering, ein rechtsradikaler Mittelschullehrer und Herausgeber der Zeitschrift *Der*

Grobian, schrieb, man müsse nun mit »rücksichtsloser Selbsthilfe gegen Bettauer« vorgehen, der ohnehin »längst gelyncht gehört«. In einem von Hellerings Gedichten hieß es: »Bettauer, diese Judensau/Lehrt ja: ›Die idealste Frau/ist jene, die sich unbeschränkt/Heut diesem, morgen jenem schenkt.‹/Und wenn der Jud gesättigt ist/Dann kommt wohl noch ein blöder Christ,/Der sich den halbverfaulten Leib/Beglückt erkürt zum Eheweib.«

Bettauer zog sich während der immer heftiger werdenden Angriffe nicht etwa zurück, sondern gründete eine neue Zeitschrift, die sich mit denselben Themen beschäftigte wie *Er und Sie*. *Bettauers Wochenschrift* diente ihm gleichzeitig als Plattform, von der aus er sich gegen die Hetze zu verteidigen suchte.

Er war mittlerweile in Lebensgefahr, das war ihm bewusst. Den angebotenen Polizeischutz lehnte er dennoch ab und machte bloß sein Testament. Ende Februar 1925, drei Wochen vor den tödlichen Schüssen, wurde er im rechten Krawallblatt *Deutsche Arbeiter-Presse* als »skrofuloses Wildschwein oder gemeine Sau« bezeichnet, das sich »von faulem Weiberfleisch und anderen Abfallsprodukten« ernähre und »daher auszurotten« sei.

Der 20-jährige Zahntechnikergehilfe Otto Rothstock hatte sich zu jenem Zeitpunkt bereits zur Tat entschlossen. Der Nationalsozialist sagte später beim Gerichtsprozess, Jesus sei auf die Welt gekommen, »... um den Kampf zu führen gegen diese jüdischen Schriftsteller und Gelehrten, weil sie die Söhne der Lüge und des Satans sind. Ich kam auf die Welt, um diesen Kampf weiterzuführen.« Im Winter war er aus der NSDAP ausgetreten, »um dieselbe mit meiner späteren Tat nicht zu belasten«.

Am Nachmittag des 10. März 1925 kam Rothstock in die Redaktion von *Bettauers Wochenschrift* in der Lange Gasse. Er ließ sich von Bettauer in dessen Büro führen, wo er fünf Schüsse auf ihn abfeuerte. Als die Polizei eintraf, ließ er sich widerstandslos festnehmen. Bettauer erlag zwei Wochen später im Krankenhaus seinen Verletzungen.

Die Nationalsozialisten und Antisemiten zeigten sich in ihren Blättern über die feige Tat zufrieden, wobei sie in ihrer Wortwahl darauf achteten, nicht wegen Gutheißung einer Straftat Probleme mit dem Gesetz zu bekommen. Auch die christlichsoziale *Reichspost* glaubte Rothstocks »ehrlich sittliche Empörung« anerkennen zu müssen, merkte bloß an, dass dieser sich »bei der Wahl seiner Mittel vergriffen« habe.

Der eigentliche Skandal sollte aber noch folgen. Die Gerichtsverhandlung geriet nämlich, so schreibt der Historiker Gerhard Botz, »eher zu einem Prozess gegen den Ermordeten als gegen den Mörder«. Rothstocks Anwalt Walter Riehl, selbst ein Nationalsozialist, zählte mit Vorliebe die »Untaten« Bettauers auf, unter anderem führte er dessen Roman *Stadt ohne Juden* an, »die frechste Verhöhnung der bodenständigen Bevölkerung durch ein fremdrassiges Volk, das die Gastfreundschaft genießt«. In seinem Plädoyer hob er gar die »Ritterlichkeit« hervor, mit der sein Mandant die Tat begangen habe! Riehl hatte es mit seiner Verteidigungsstrategie nicht allzu schwer, ließ ihn doch Staatsanwalt Franz Butschek ohne großen Widerspruch gewähren.

Die Geschworenen befanden Rothstock letztlich zwar einstimmig des Mordes für schuldig, hielten ihn gleichzeitig aber für unzurechnungsfähig, weshalb er in eine Heilanstalt eingeliefert wurde (eine ärztliche Kommission unter der Leitung des berühmten Julius von Wagner-Jauregg sah in einem gründlichem Gutachten allerdings »nicht den mindesten Anlass, an der Gesundheit seines Geistes zu zweifeln«).

Nach nur anderthalb Jahren kam Rothstock frei und eröffnete mit Spenden seiner Sympathisanten eine eigene Dentistenpraxis im 6. Bezirk. Noch im Jahr 1976, er lebte damals in Hannover, beschwerte sich der Mörder in einem mehrseitigen Brief an den deutschen Bundestag über die Verlotterung der Sitten durch Pornografie.

Ausgewählte Literatur

JbVGStW = Jahrbuch des Vereins für Geschichte der Stadt Wien
WGB = Wiener Geschichtsblätter, Verein für Geschichte der Stadt Wien (Hg.)

Maximilian Bach, Geschichte der Wiener Revolution im Jahre 1848 (Wien 1898).

Ekkehard Bartsch, Karl Mays Wiener Rede. Eine Dokumentation. In: Jahrbuch der Karl-May-Gesellschaft 1970 (Hamburg 1970). karl-may-gesellschaft.de/kmg/seklit/jbkmg/1970/47

Ludwig van Beethoven in Briefen und Lebensdokumenten (Stuttgart 1977).

Frank Berger, Julius Payer. Die unerforschte Welt der Berge und des Eises (Innsbruck-Wien 2015).

Joseph Bergmann, Medaillen auf berühmte und ausgezeichnete Männer des Oesterreichischen Kaiserstaates vom XVI. bis zum XIX. Jahrhunderte (3 Bde., Wien 1844).

Friedrich Ferdinand von Beust, Aus drei Viertel-Jahrhunderten. Erinnerungen und Aufzeichnungen (2 Bde., Stuttgart 1887).

Bezirksmuseum Meidling (Hg.), Falsche Medien, echte Schwindler. Homes-Fey, Antispiritisten aus Wien-Meidling (Katalog, Wien 2009).

Rodney Bolt, Lorenzo da Ponte. Mozarts Librettist und sein Aufbruch in die Neue Welt (Berlin 2011).

Ernst Borkowsky, Das Schönbrunner Attentat im Jahre 1809 nach unveröffentlichten Quellen. In: Die Grenzboten. Zeitschrift für Politik, Literatur und Kunst Jg. 57 (Berlin 1898). 293–301.

Gerhard Botz, Gewalt in der Politik. Attentate, Zusammenstöße, Putschversuche, Unruhen in Österreich 1918 bis 1938 (Wien 1983).

Wilhelm Brauneder (Hg.), Karl May und Österreich. Realität – Fiktion – Rezeption. Bildung und Trivialliteratur (Husum 1996).

Ignaz Franz Castelli, Memoiren meines Lebens (Bregenz o. J.).

Hermine Cloeter, Häuser und Menschen von Wien (Wien 1916).

Hermine Cloeter, Geist und Geister aus dem alten Wien. Bilder und Gestalten (Wien 1922).

Felix Czeike, Historisches Lexikon Wien (5 Bde., Wien 1992–97).

Felix Czeike, Wiener Bürgermeister. Eine Geschichte der Stadt Wien (Wien-München 1975).

Die Landstraße in alter und neuer Zeit. Ein Heimatbuch herausgegeben von Landstraßer Lehrern (Wien 1921).

Richard van Dülmen, Theater des Schreckens. Gerichtspraxis und Strafrituale in der frühen Neuzeit (München 1988).

Gerhard Eberstaller, Zirkus und Varieté in Wien (Wien-München 1974).

Anna Ehrlich, Auf den Spuren der Josefine Mutzenbacher. Eine Sittengeschichte von den Römern bis ins 20. Jahrhundert (Wien 2005).

Lotte Eskelund, »... sah ich zum erstenmal die Donau«. Hans Christian Andersen in Österreich (Wien 1979).

Frietema Feemke, In meo hortulo. 44 Jahre Austausch von Pflanzen und Wissen über Pflanzen zwischen Leiden und Wien (Leiden 1998).

Jörg-Peter Findeisen, Jean Baptiste Bernadotte. Revolutionsgeneral, Marschall Napoleons und König von Schweden und Norwegen (Gernsbach 2010).

Marion Fürst, Maria Theresia Paradis. Mozarts berühmte Zeitgenossin (Wien-Köln 2005).

Uta Goebl-Streicher, Biographisches zur Familie Streicher. In: WGB Heft 1 (1993). 32–38.

Susanna Haiden, Die »Waisenhauskirche« am Rennweg (Dipl.-Arb. Wien 2006).

Christian Halama, Altkatholiken in Österreich. Geschichte und Bestandsaufnahme (Wien-Köln-Weimar 2004).

Murray G. Hall, Der Fall Bettauer (Wien 1978).

Brigitte Hamann, Die Habsburger. Ein biographisches Lexikon (4., korr. Aufl., Wien 1988).

Brigitte Hamann, Hitlers Wien. Lehrjahre eines Diktators (2. Aufl., München 1996).

Brigitte Hamann, Kronprinz Rudolf. Ein Leben (2. Aufl., Wien 2006).

Georg Friedrich Hamann, Emil Holub. Der selbsternannte Vertreter Österreich-Ungarns im südlichen Afrika. In: Walter Sauer (Hg.), k. u. k. kolonial. Habsburgermonarchie und europäische Herrschaft in Afrika (2. Aufl., Wien-Köln-Weimar 2007).

Franz Herre, Kaiser Franz Joseph von Österreich. Sein Leben - seine Zeit (Köln 1992).

Historisches Museum Wien (Hg.), 200 Jahre Rechtsleben in Wien. Advokaten, Richter, Rechtsgelehrte (Katalog, Wien 1985).

Historisches Museum Wien (Hg.), Zauberflöte. Mozart in Wien 1781–1791 (Katalog, Wien 1990).

Rudolf Holzer, Villa Wertheimstein. Haus der Genien und Dämonen (Wien 1960).

Hans Hülber, Wolfgang Holzer. Bürgermeister zu Wien 1462/63. In: Aspernig/Czeike/Hülber/Mayer/Perger (Hg.), Wiener Bürgermeister im Spätmittelalter (Wien 1980). 59–80.

Hans Jessen (Hg.), Friedrich der Große und Maria Theresia in Augenzeugenberichten (München 1972).

Gennadij E. Kagan, Für und gegen Österreich. Österreich und die Österreicher aus der Sicht der Russen in zwei Jahrhunderten (Wien 1998).

Emerich Kastner (Hg.), Ludwig van Beethovens sämtliche Briefe (Leipzig o. J.).

Wilhelm Kisch, Die alten Straßen und Plätze Wien's und ihre historisch interessanten Häuser (Wien 1883).

Wilhelm Kisch, Die alten Strassen und Plätze von Wiens Vorstädten und ihre historisch interessanten Häuser (Bd. 2, Wien 1895).

Alfred Kohler, Ferdinand I. 1503–1564. Fürst, König und Kaiser (München 2003).

Alfred Körner, Die Wiener Jakobiner (Stuttgart 1972).

Pamela Kort (Hg.), Künstler und Propheten. Eine geheime Geschichte der Moderne 1872–1972 (Köln 2015).

Richard F. Kreutel (Hg.), Kara Mustafa vor Wien (= Osmanische Geschichtsschreiber I, Graz-Wien-Köln 1955).

Karl-Friedrich Krieger, Rudolf von Habsburg (Darmstadt 2003).

Alphons Lhotsky, Die Wiener Artistenfakultät 1365–1497. Festgabe der österreichischen Akademie der Wissenschaften zur 600-Jahrfeier der Universität Wien (Graz-Wien-Köln 1965).

Erwin Liebert, Zwingli in Wien (Wien 1984).

Franz Loidl/Martin Krexner, Wiens Bischöfe und Erzbischöfe (Wien 1983).

Marie Lorbeer/Beate Wild (Hg.), Menschenfresser, Negerküsse. Das Bild vom Fremden im deutschen Alltag (Berlin 1991).

Wolfgang Maderthaner/Lutz Musner, Die Anarchie der Vorstadt. Das andere Wien um 1900 (Frankfurt a. M. 1999).

Golo Mann, Wallenstein (5. Aufl., Frankfurt a. M. 1971).

Andreas Ulrich Mayer/Gerard van Swieten, Abhandlung des Daseyns der Gespenster, nebst einem Anhange vom Vampyrismus (Augsburg 1768).

Irene Montjoye, Maria Theresias Türkenkind. Die abenteuerliche Lebensgeschichte der Anna Maria Königin (Wien 2000).

Martin Müller, Julius von Payer. Ein Bahnbrecher der Alpen- und Polarforschung und Maler der Polarwelt (Stuttgart 1956).

Wilibald Müller, Gerhard van Swieten. Biographischer Beitrag zur Geschichte der Aufklärung in Oesterreich (Wien 1883).

Nina Nemetschke/Georg J. Kugler, Lexikon der Wiener Kunst und Kultur (Wien 1990).

Neueste Beschreibung aller Merkwürdigkeiten Wiens. Ein Handbuch für Fremde und Inländer (Wien 1779).

Ferdinand Opll, »… ein(e) vorhin in Wien nie gesehene Rarität von jedermann bewundert«. Zu Leben, Tod und Nachleben des ersten Wiener Elefanten. In: JbVGStW 60 (2004). 229–273.

Ferdinand Opll, Leben im mittelalterlichen Wien (Wien-Köln-Weimar 1998).

Ferdinand Opll, Neue Erkenntnisse zum ersten Wiener Elefanten. In: JbVGStW 61 (2005). 337–343.

Friedrich Parnemann, Der Briefwechsel der Generäle Gallas, Aldringen und Piccolomini im Januar und Februar 1634. Ein Beitrag zum Untergange Wallensteins (Berlin 1911).

Hans Pemmer, Das Parhamersche Waisenhaus auf dem Rennweg. In: WGB Heft 2 (1973). 33–38.

Heinrich Penn, Die Geschichte der Stadt Wien und ihrer Vorstädte. Von ihrem Ursprung bis auf die gegenwärtige Zeit (Brünn-Wien 1880).

Johann Pezzl, Skizze von Wien. Ein Kultur- und Sittenbild aus der josefinischen Zeit (ed. Gustav Gugitz u. Anton Schlossar, Graz 1923).

Caroline Pichler, Denkwürdigkeiten aus meinem Leben (ed. Emil Karl Blümml, 2 Bde., München 1914).

Ernst Pichler, Beethoven. Mythos und Wirklichkeit (Wien-München 1994).

Lorenzo da Ponte, Mein abenteuerliches Leben. Die Erinnerungen des Mozart-Librettisten (Zürich 1993).

Oswald Redlich, Rudolf von Habsburg in der volkstümlichen Überlieferung (Vortrag, gehalten im Verein f. Landeskunde am 27. April 1918) sagen.at/texte/sagen/sagen_historisch/kaiser_weltliche_herren/rudolf_habsburg.htm

Peter Reichel, Robert Blum. Ein deutscher Revolutionär 1807–1848 (Göttingen 2007).

Hubert Reitterer, »Incuria Rectoris«. Zum Tod des ersten Wiener Elefanten. In: JbVGStW 61 (2005). 333–335.

Walter Sauer (Hg.), Das afrikanische Wien. Ein Führer zu Bieber, Malangatana, Soliman (Wien 1996).

Erich Schlöss, Über die Begegnungen des Zaren Peter I. mit Kaiser Leopold I. In: WGB Heft 3 (1994). 149–162.

Hilde Schmölzer, Die Pest in Wien. »Deß wütenden Todts Ein umbständig Beschreibung …« (Wien 1985).

Godehard Schwarz, Döbling. Zehn kulturhistorische Spaziergänge durch Wiens 19. Bezirk (2., verb. Aufl., Wien 2004).

Friedrich Sieburg (Hg.), Gespräche mit Napoleon (München 1962).

Tibor Simányi, Die Österreicher in Berlin (Wien-München 1987).

Wolfgang Stenke, Alfred Hermann Fried – »Ein Pazifist der Tat«. In: Der Friedens-Nobelpreis von 1905 bis 1916 (ed. Michael Neumann, Zug 1988). 168–179.

Karl Stiehl, Mark Twain in der Wiener Presse zur Zeit seines Aufenthaltes in Wien 1897–1899 (Diss., Wien 1955).

Andreas Streicher, Schiller's Flucht von Stuttgart und Aufenthalt in Mannheim von 1782–1785 (Wien 1902).

Julius Szeps (Hg.), Kronprinz Rudolf. Politische Briefe an einen Freund 1882–1889 (Wien-München-Leipzig 1922).

Karl Teply, Der Kopf des Abaza Kör Hüseyin Pascha. Vom »umgehenden Türken« und von anderem Zeughausspuk. In: Studien zur Wiener Geschichte. Festschrift aus Anlass des 125jährigen Bestehens des Vereins f. Geschichte der Stadt Wien = JbVGStW 34 (1978). 165–179.

Hans Tietze, Wien. Kultur, Kunst, Geschichte (Wien-Leipzig 1931).

Andrea Traxler, »Diessmahl ist der Samstag an einem Sonntag«. Ignaz Franz Castelli und die Ludlamshöhle. In: WGB Heft 3 (2002). 185–201.

tuerkengedaechtnis.oeaw.ac.at

Stephan Vajda, Die Belagerung. Bericht über das Türkenjahr 1683 (2. Aufl., Wien 1983).

Adam Wandruszka, Geschichte einer Zeitung. Das Schicksal der »Presse« und der »Neuen Freien Presse« von 1848 zur Zweiten Republik (Wien 1958).

Ernst Wangermann, Von Joseph II. zu den Jakobinerprozessen (Wien 1966).

Karl Weiß, Geschichte der Stadt Wien (2 Bde., Wien 1882).

Friedrich Weissensteiner, Ein Aussteiger aus dem Kaiserhaus: Johann Orth. Das eskapadenreiche Leben des Erzherzogs Johann Salvator (Wien 1985).

Karl R. Wernhart, Der König von Hawaii in Wien 1881. Der Besuch des polynesischen Herrschers Kalakaua (Wien-Köln-Graz 1987).

Siegfried Weyr, Die Wiener. Zuagraste und Leut' vom Grund (Wien-Hamburg 1971).

Siegfried Weyr, Wien. Magie der Inneren Stadt (Wien-Hamburg 1968).

Geoffrey Malden Willis (Hg.), Hannovers Schicksalsjahr 1866 im Briefwechsel König Georgs V. mit der Königin Marie (Hildesheim 1966).

Harald Zimmermann, Der Protestantismus in Österreich ob und unter der Enns im Spiegel landesherrlicher Erlässe 1520–1610. In: Jahrbuch für die Geschichte des Protestantismus in Österreich 98 (Wien 1982). 98–210.

Stefan Zweig, Balzac. Eine Biographie (16. Aufl., Frankfurt a. M. 2015).

Personenregister

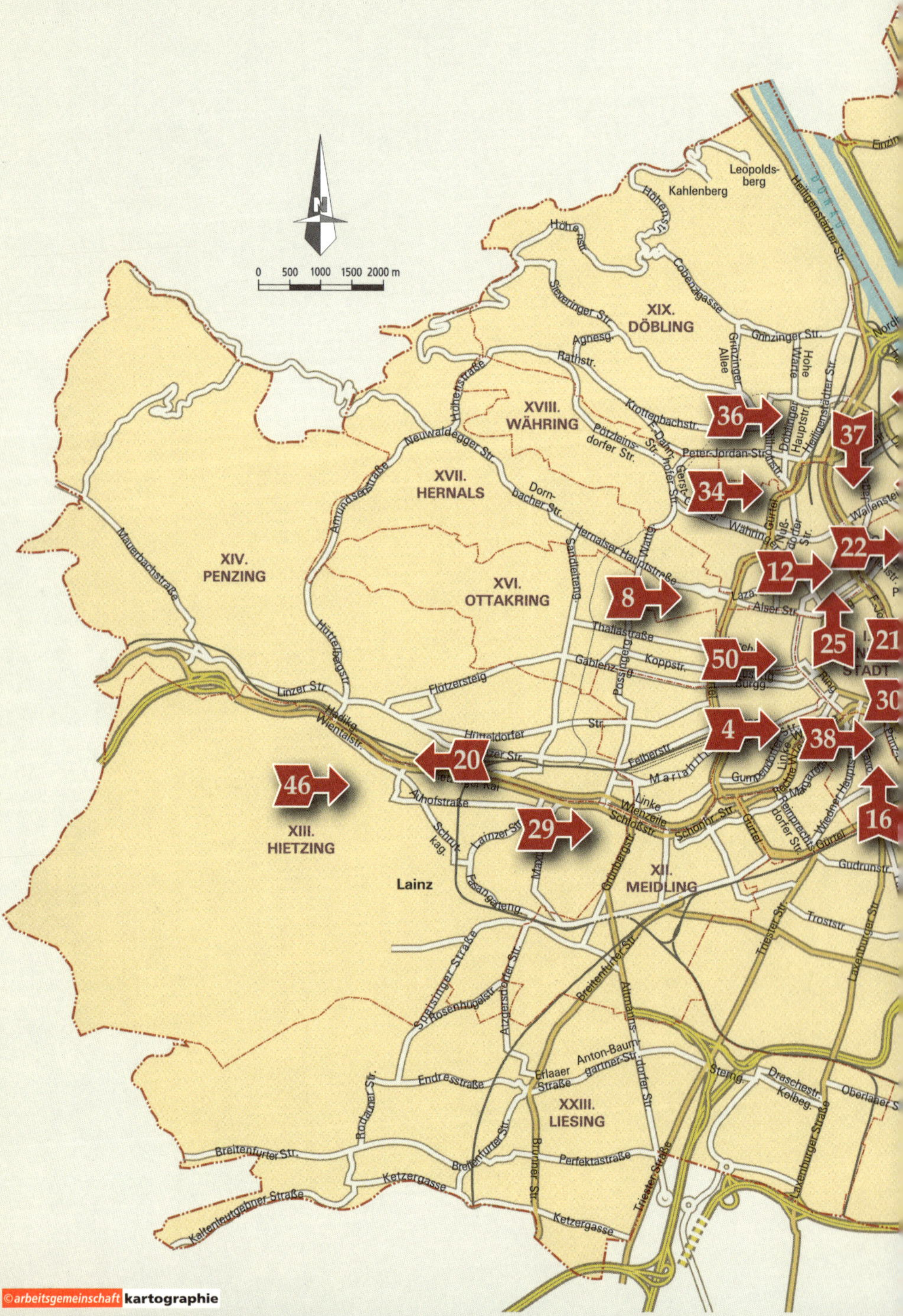

0 500 1000 1500 2000 m
N
Kahlenberg
Leopolds-berg
DONAU
XIX. DÖBLING
XVIII. WÄHRING
XVII. HERNALS
XVI. OTTAKRING
XIV. PENZING
XIII. HIETZING
XII. MEIDLING
XXIII. LIESING
I. STADT
Lainz
Heiligenstädter Str.
Höhenstr.
Cobenzlgasse
Sieveringer Str.
Grinzinger Str.
Grinzinger Allee
Hohe Warte
Agnesg.
Rathstr.
Krottenbachstr.
Döblinger Hauptstr.
Heiligenstädter Str.
Peter-Jordan-Str.
Pötzleinsdorfer Str.
Neuwaldegger Str.
Dornbacher Str.
Hernalser Hauptstraße
Amundsenstraße
Mauerbachstraße
Hüttelbergstr.
Thaliastraße
Gablenzg.
Koppstr.
Flötzersteig
Linzer Str.
Hadikg.
Wientalstr.
Hütteldorfer Str.
Auhofstraße
Lainzer Str.
Felberstr.
Mariahilfer
Linke Wienzeile
Schloßstr.
Schönbr. Str.
Gumpendorfer Str.
Rechte Wienzeile
Margaretengürtel
Reinprechtsdorfer Str.
Wiedner Hauptstr.
Gürtel
Gudrunstr.
Troststr.
Triester Str.
Laxenburger Str.
Grünbergstr.
Breitenfurter Str.
Altmannsdorfer Str.
Atzgersdorfer Str.
Rosenhügelstr.
Speisinger Straße
Endresstraße
Erlaaer Straße
Anton-Baumgartner-Str.
Sterng.
Draschestr.
Kolbeg.
Oberlaaer Str.
Rodauner Str.
Breitenfurter Str.
Perfektastraße
Brunner Str.
Triester Straße
Ketzergasse
Kaltenleutgebner Straße
Laxenburger Straße
Alser Str.
Währinger Str.
Nußdorfer Str.
Wallensteinstr.
Ring
36
37
34
22
12
8
25
21
50
30
4
38
20
46
29
16
©arbeitsgemeinschaft kartographie